从土地革命到乡村振兴

——中国农政百年变迁

周晓庆◎编著

中国农业出版社

北 京

编 写 说 明

　　"三农"问题是中国实现现代化过程中的重点问题之一，中国共产党自从诞生之日起就开始探索和解决这个问题，在党的一百年历史生涯中，经过艰辛而曲折的探索，在其理论和实践上都取得了巨大成就，尤其体现在党的农业政策及其实施效果上。

　　在中国共产党成立100周年之际，为了向公众宣传党在解决"三农"问题上的历史性贡献，作者精心编写了《从土地改革到乡村振兴——中国农政百年变迁》一书。这是一部描述中国共产党成立以来农业农村政策的变迁历程的大众性、科普性读物，全书按时间先后顺序，简要介绍各历史时期党和政府制定的有关农业农村发展改革的政策措施和重要历史事件，展现了我国农业农村发展的历史进程和不同历史阶段取得的伟大成就。篇章结构脉络清晰，图文并茂，主要面向大中学生、农业农村管理干部以及广大"三农"研究爱好者。

　　本书将农业政策变迁沿革放到社会大环境时代背景中去加以考察，描述农业政策的历史演变，揭示促使这种演变的主要原因和曲折而艰辛的探索历程，同时对重要农业政策措施及其在历史上所产生的影响和效果进行了阐述，说明它们的价值和意义，展现我们党解决"三农"问题的情怀和智慧。

　　希望通过此书使读者了解到我们党在解决"三农"问题方面所取得的巨大成就，并对百年"三农"变迁历程和党的"三农"政策有一个基本认识，从而进一步增强道路自信、理论自信、制度自信和文化自信，有助于打造一支"一懂两爱三过硬"的"三农"队伍，为实施乡村振兴战略和推进农业农村现代化凝心聚力。

序

习近平总书记指出："我国农村改革是从调整农民和土地的关系开始的。新形势下深化农村改革，主线仍然是处理好农民和土地的关系。"[a]回顾百年党史，党一直注重处理农民和土地的关系，这是党从小到大、从弱到强的根本原因之一，也是在中国这样一个农业大国建党的必然选择。百年党史表明，党发展顺利的时候，正是农民和土地关系处理得好的时候；而遇到挫折的时候，恰恰是农民和土地关系没有处理好的时候。

建党初期的中国共产党人，尽管没有明确认识到农民和土地问题的重要性，但基于中国是一个农业大国的现实，党的领导人很早就开始关注农民问题。毛泽东同志在1925年撰写的名著《中国社会各阶级的分析》中，详细分析了农民的状况，并称之为"半无产阶级"，认为"是我们最接近的朋友"[b]。在北伐战争期间，凡是北伐军所到之处，共产党员便会发动农民成立农民协会。最早开展农民运动的广东省早在1925年就成立了农民协会，湖南、江西、湖北等省分别于1926年、1927年成立了农民协会。按照毛泽东同志的总结，农民协会主要干了十四件大事，其中前七件分别为：将农民组织在农会里；政治上打击地主；经济上打击地主；推翻土豪劣绅的封建统治——打到都团；推翻地主武装，建立农民武装；推翻县官老爷衙门差役的

---

① 中共中央党史和文献研究院，2019.习近平关于"三农"工作论述摘编［M］.北京：中央文献出版社：58.

② 毛泽东，1991.毛泽东选集：第一卷［M］.北京：人民出版社：9.

政权；推翻祠堂族长的族权和城隍土地菩萨的神权乃至丈夫的男权[a]。这七件事，除了第一件和第六件，都和地主有关（族长一般为地方乡绅，也就是地主），一些地方甚至出现了驱逐、枪毙地主，把土地分给农民的现象。大革命期间的农民协会，是党试图调整农民和土地关系的尝试。到了土地革命时期，党在局部地区建立了政权，为了争取广大农民的支持，必须处理好农民和土地的关系。在井冈山时期，边区土地的60%以上在地主手里，一些地方如遂川、茶陵等地70%在地主手里，这样，没收一切土地重新分配能够得到大多数人的拥护[b]。《中共闽西特委第二次扩大会议关于土地问题决议案》指出："闽西田地百分之九十在地主阶级手里，……"因此，"土地问题是目前中国民权革命阶段中的中心问题，怎样改良土地，以增加土地生产，怎样夺取广大贫民群众，以巩固苏维埃政权，是决定土地问题的两个目标。"[c]尽管在对待地主、富农问题上普遍存在着扩大化和"左"倾的问题，但红军队伍的不断扩大与此政策有着密切的关系。抗日战争时期，为了团结开明士绅，党宣布取消没收地主土地的政策，改为减租减息，这是此期间抗日根据地不断扩大的制度基础。解放战争时期，党有了稳定的政权，可以把耕者有其田的理想付诸实施。1946年5月4日，中共中央发布的《关于关于清算减租及土地问题的指示》，简称《五四指示》，决定将减租减息政策改为没收地主土地分配给农民，揭开了解放区土地改革的序幕。1947年9月，中共中央在西柏坡召开全国土地会议，通过了《中国土地法大纲》，第一条就是"废除封建性及半封建性剥削的土地制度，实行耕者有其田的土地制度。"这一法律规定的土地改革方针迅速在新老解放区执行。1950年6月30日，中央人民政府颁布了《中华人民共和国土地改革法》，总结了党过去领导土地改革的经验，又根据全国解放的新形势确定了新政策，提出了保护富农经济、不动中农土地、限制没收地主财产范围等措施，减少了土地改革的阻力，促进了生产力的发展。到1952年底，除部分少数民族地区外，全国的土地改革基本

---

① 毛泽东，1991. 毛泽东选集：第一卷 [M]. 北京：人民出版社：22-34.
② 毛泽东，1991. 毛泽东选集：第一卷 [M]. 北京：人民出版社：68-69.
③ 蒋伯英，2016. 邓子恢闽西文稿 [M]. 北京：中共党史出版社：165.

完成。包括老解放区在内，全国无地少地的农民无偿获得了7亿亩土地，免除了过去每年向地主交纳的3 000万吨以上粮食的地租，极大地解放了农业生产力。这个过程说明，党用了30年的时间实现了耕者有其田的奋斗目标，农民和土地的关系得到了根本性改变。

1953年9月，《人民日报》公布了党在七届二中全会上提出的过渡时期总路线并载入1954年通过的国家第一部宪法，即："从中华人民共和国成立到社会主义社会建成，这是一个过渡时期。国家在过渡时期的总任务是逐步实现国家的社会主义工业化，逐步完成对农业、手工业和资本主义工商业的社会主义改造。"这个过渡时期有多长？按照1953年6月15日召开的中共中央政治局会议精神，要经历10～15年或者更长时间。但为了保证国家工业化、城市化对粮食的需求，1953年，中共中央发布一系列文件，对粮棉油实行统购统销制度，1957年又对烤烟、重要中药材等近60种重要农产品实行派购制度。上述商品即使完成了国家计划收购或统一收购任务，也不能在市场上自由销售，必须卖给国家及其委托的收购商店。由于当时国家收购的价格都比较低，而且，国家的收购计划或任务不是收购农民的剩余农产品，因而在一定程度上侵犯了农民的利益，农民和基层干部抵触情绪很大。从1953年起，中央政策就开始推进合作化进程，1953年发布的"一五"计划部署到1957年农村入社户数达到总户数的1/3左右，但实际上到1956年4月底就基本上实现了初级形式的合作化，10月底，多数省份实现了高级形式的合作化。根据第一届全国人民代表大会第三次会议1956年6月30日通过的《中华人民共和国高级农业生产合作社示范章程》，高级农业生产合作社的性质是集体所有制。1958年成立的人民公社是由高级社小社并大社后形成的，其性质并没有发生变化。因此，党实现广大农村从私有制到社会主义公有制的转变仅仅用了4年的时间，农民和土地的关系再次发生历史性变化。由于"政社合一"的人民公社体制经营管理过于集中，分配上存在着严重的平均主义，因而严重影响了农业生产效率。尽管此后经过多次改进，但到了1978年，只有3个省能够调出粮食，农业经济乃至整个国民经济几乎到了崩溃的边缘，从而引致了20世纪70年代末期开始的农村改革。

正如习近平总书记所说，农村改革是从调整农民和土地的关系开始的。1978年12月，党的十一届三中全会召开，会议提出了要尊重生产队的自主权，恢复按劳分配制度，坚决纠正平均主义。尽管全会通过的《中共中央关于加快农业发展若干问题的决定（草案）》仍然强调"不许分田单干，不许包产到户"，但当安徽省凤阳县小岗村的18户村民在昏暗的煤油灯下商量着下一年的生计问题时，文件中"尊重生产队自主权"的提法激励着他们自主但秘密地把集体土地承包到户经营，并签订了保密协议。仅安徽一省，到1978年底以隐蔽或者半公开形式实行"包产到户""包干到户"的生产队就达1 200多个。在经历了政学两界的激烈争论后，中央连续发布了1982年、1983年两个1号文件，肯定各种形式的责任制都是社会主义性质的，是在党的领导下我国农民的伟大创造，是马克思主义农业合作化理论在我国实践中的新发展。这就肯定了来自基层的改革成果，再次调整了农民和土地的关系。应该看到，这次调整并不是回到土地私有制，而是保留集体经济框架不变，实现农村集体和家庭的"双层经营"。在"统"的层面，能够解决一家一户解决不了、解决不好和即使解决了也不合算的事情；在"分"的层面，能够充分发挥农民个体的积极性、创造性，形成了具有中国特色的农村基本经营制度，是对马克思主义政治经济学理论的伟大贡献。土地制度是农业中所有制度的核心，也是后来劳动力管理制度、农村工业化制度、农村市场制度等一系列制度变迁的基础。这次改革不仅使农业农村面貌迅速发生质的变化，而且引致了城市体制、行政管理体制等各个方面的改革，取得了举世瞩目的成就。可见，农民和土地关系的正确调整，其效果的外溢性大得难以想象。

1984年，中央1号文件提出土地承包期为15年；1993年中央11号文件指出第一轮承包到期后再延长30年不变，并提出"增人不增地，减人不减地"；2007年3月16日第十届全国人民代表大会第五次会议通过的《中华人民共和国物权法》规定农村土地承包经营权为用益物权；2008年，党的十七届三中全会提出"赋予农民更加充分而有保障的土地承包经营权，现有土地承包关系要保持稳定并长久不变"；2018年修改的《中华人民共和国农村土地承包法》第二十一条第二款明确规定："前款规定的耕地承包期届满后再延长三十年，草地、林地承包期届满后依照前款规定相应延长。"这些都是改革开放40年来党对农民和土地关系的保障和强化，是党的十九大提出的实施乡村振兴战略、实现农业农村现代化的基础。

百年党史表明，正确处理农民和土地的关系是党的事业兴旺发达的基础。可以认为，即使按照党的十九大的部署，到2035年基本实现农业农村现代化，农民和土地之间仍然必须保持一种密切的关系，当然那时相当一部分农民已经离开了土地，变成了非农民。不管国家现代化到什么程度，农业都是国民经济的基础，农民和土地的关系都是各种经济关系中最重要的关系。

中国农业博物馆的周晓庆研究员长期从事近现代农业史研究和相关陈列展览内容策划工作，建树颇丰。晓庆是我的老朋友，他的大作《从土地革命到乡村振兴——中国农政百年变迁》即将付梓，嘱我作序，我却之不恭。书稿体系完整、论证严密、史料丰富，待出版后将是我给学生指定的必读书目。如果单纯介绍本书的内容，估计作者和读者都不会满意，无奈之下，只好不揣谫陋，写一点自己结合专业学习党史的一点体会。在建党百年大庆之际，中央号召全党学党史，我想，作为一个三农工作者学习党史，不仅要学习党的成长、发展的过程和规律，还要结合三农发展的历史学习，从专业角度解释、理解党的发展史，并深入研究其背后的事实和规律，坚定中国特色社会主义的道路自信、理论自信、制度自信。从这个角度看，晓庆研究员的著作给了我们更加深刻的启示。

是为序。

孔祥智

2021年4月23日

目录

第一篇　新民主主义革命时期的农业方略和措施

第一章
半殖民地半封建时期的农业危机

1840年鸦片战争以前，中国是一个独立的封建国家。鸦片战争以后，帝国主义列强使用军事的、政治的、经济的和文化的侵略手段，把中国一步一步推向半殖民地半封建的深渊。列强们不仅向中国倾销农产品，还侵占了我国的无数耕地，搜刮廉价农产品作为其工业原料，使无数农民和手工业者破产，严重打击了我国的农业生产，使农业农村呈现一幅衰败的景象。

1840年，英帝国主义对中国发动了第一次鸦片战争

国门的打开，使一些知识分子看到了中国农业与外国的差距，特别是丝、茶等中国传统农产品在国际市场上竞争失利，使许多有识之士痛感改革和振兴农业的必要，他们奔走呼号，倡言学习西法。特别是中日甲午战争后，在社会各界的努力下，兴农和农业改良成为维新派戊戌变法的一项重要内容。1898年7月光绪帝发布上谕"训农通商，为富国大端""各省府州县皆立农务学堂，广开农会，刊农报，购农器，由绅富之有田业者试办"，要求在北京设立农工商总局。此前后全国上下通过创办农务学堂、刊农报、设农会、讲农政、派遣留学生、广译西方农书等方式来推动农业的转型，改造

传统农业，从而掀起一场颇具规模的兴农运动。

　　然而，兴农运动虽然开启了中国农业近代化进程，但并没有给中国农业和农村发展带来实质性改变。一是因为帝国主义对中国的各个方面特别是经济方面的侵略没有改变；二是封建主义和官僚资本主义的重重压迫和剥削没有改变。

　　辛亥革命后，随着第一次世界大战结束后西方列强加强对中国的经济侵略，中国的传统农业经济逐步走向崩溃。特别是1929—1933年世界暴发经济大危机，美英等国为了转嫁危机的后果，在国民党政府的纵容下，不惜以政治手段，通过贷款的方式低价向中国大肆倾销过剩的农产品。从1929年开始，洋米、洋麦、洋面、棉花等农产品进口量大幅度增加，严重冲击国内市场，使国内农产品价格大幅下跌。如1933—1934年，江苏、湖南等地的米价跌落到每石5元以下，而这一价格仅及生产成本的50%。同时，国际市场对工业原料需求大幅度减少，即使有需求，原料价格也被大幅度压低，致使为资本主义工业国提供原料的中国农民纷纷破产。

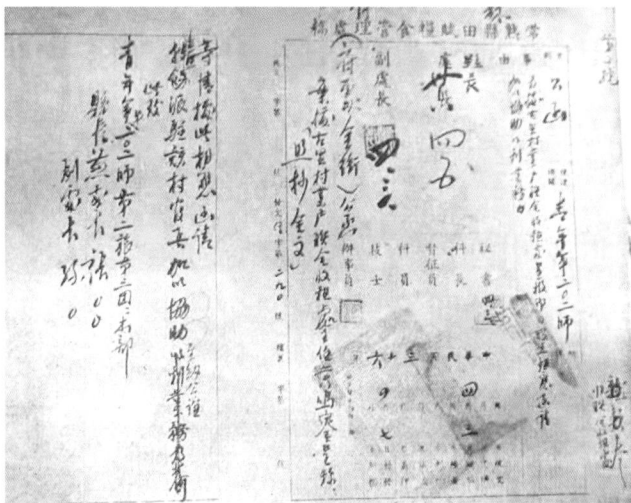

民国时期，国民党地方政府派部队为地主强行收租，图为相关文书

　　与此同时，国民党政府加紧了对农民的盘剥，使农民在各种苛捐杂税中艰难生活。1933年河北省田赋附加种类达48种，平均超过正税的1倍；河南省达42种之多，有的县超过正税近10倍。同时，由于乡村征税权被乡村豪绅所篡夺，他们利用各种手段将负担转嫁到一般农民身上，甚至保卫团团总和村长也要私收亩捐。陕西省农民交纳税款，要经过粮头、庄头、甲长、粮赋长、村长、乡长、区长的手，才到县政府，这些经手人都要得些利益，由此农民身上又增加了一层负担。除田赋及其附加外，民国时期的苛捐杂税也种类繁多，各地杂捐的名目不一，从屠宰捐、花捐、烟捐到大

粪捐，无所不有，这是地方政府财税的重要来源。由于苛捐杂税过于繁重，国民党政府也曾多次调整苛杂政策，但苛捐杂税仍然有增无减，而且有的县"税收加倍"。

由于帝国主义、封建主义和官僚资本主义的重重压迫和剥削，加上天灾人祸，使20世纪20—30年代中国农村经济凋敝，广大农民极度困苦。农业和农村状况引起了社会各界的广泛关注，一批国内有识之士和从海外学成归国的学者更是先知先觉，在全国多个地方掀起了一场"救活农村"的乡村建设运动，出现了数以百计的乡村建设团体和机构，在各地设立的实验区达1 000余处。1933年，国民党政府提出了"复兴农村"的口号，组织了"农村复兴委员会"，专门倡导"乡村建设运动"。然而，民国时期的民间乡村建设运动和国民党政府农村复兴政策最终都归于失败，国民党政府也因此放弃了对农村改革的努力。

民国时期的农村复兴运动为什么会失败？正如乡村建设工作者陈礼江1936年在《乡村工作的理论与实践》一文中指出的那样："多年来复兴农村的计划和方案，大都偏重农业经济技术方面，如改良农具、农业方法、种子及化肥等，进步的间于农业经济方面如合作社的提倡，农业仓库之设立等。但这些都是表面的，即使办理得当，也不能根本解除农民的痛苦和救济农村。因为农民的痛苦，除了缺乏农业技术与知识外，尚有土地及租税制度等问题的存在。若不设法善谋解决，那么我们的农村建设工作，直等于隔靴搔痒。"

据记载，北洋政府时期，袁世凯在河南有田产4万亩*，段祺瑞在东北占有土地20余万亩，张作霖在东北的土地有150余万亩，其他各方军阀也大多拥有成千上万亩的土地。不仅如此，各军阀的下级军官也都占有相当多的土地，形成了大大小小不同的官僚地主。北伐战争后新军阀也对土地进行掠夺，成为大地主。据江苏省民政厅1928—1934年统计，该省拥有1 000亩以上土地的大地主共374个，其中有77个是国民党的官吏。

民国时期的地主阶级是军阀、官僚、商人和高利贷者四位一体的。在山西等商业发达地区，商人地主和高利贷地主迅速发展。据1929年调查，广东新会县191户地主中，兼各类商人的为138户，占72.3%。

---

* 亩为非法定计量单位，1亩 =1/15公顷，下同。——编者注

随着各类新兴地主的出现，土地占有呈现更加集中的趋势。据1927年国民党土地委员会的材料，全国占人口14%的地主，占有62%的土地，而无地农民占总人口的55%。1940年四川占人口8.6%的地主却占有79.7%的土地。

对于封建土地所有制对农业生产力的阻碍作用，对于农民对土地的迫切要求，中华民国的缔造者孙中山先生也已深刻认识。民国成立之初，他便期望以"平均地权"的办法来解决中国的土地问题。1924年7月，国民党将孙中山"平均地权"的思想，正式写进国民党一大宣言，使其成为《建国大纲》和《对内政策》的重要施政方针。

1927年南京国民党政府成立后，国民党政府制定的《中华民国土地法》名义上规定土地归全体国民所有，实质上肯定了地主阶级对土地的占有和租佃，如第七条规定"中华民国领域内之土地，属于中华民国国民全体，其经人民依法取得所有权者，为私有地"；第一百七十一条规定"以自为耕作为目的之约定支付地租使用他人之农地者，为耕地租用"。

事实上，民国时期的地主阶级是国民党政权的一个重要支柱。许多地主本身就是国民党的军政官吏，而在政权的建立和运行过程中，许多官吏又成为新兴的地主，使得这一阶级不断膨胀。这种状况，决定了国民党政府必然要维护封建的土地占有关系。

第二章
大革命时期党对农民问题的基本认识

01　建党初期党对农民的重要地位和作用的认识

面对帝国主义、封建主义和官资本主义的重重压迫，中国向何处去？中华民族向何处去？中国的农民如何才能得到解放？许多爱国志士为此奔走、呐喊。正在此时，1921年中国共产党成立了！党的一大通过的纲领明确提出，要把工人、农民和士兵组织起来，并确定党的根本政治目的是实行社会革命。1922年7月，党的二大在宣言中指出："中国三万万的农民，乃是革命运动中的最大要素。""如果贫苦农民要除去穷困和痛苦的环境，那就非起来革命不可。而且那大量的贫苦农民能和工人握手革命，那时可以保证中国革命的成功。"1923年6月，党的三大决定实行国共合作。国共合作的实现，促进了农民运动的开展。

陈独秀在1923年发表的《中国农民问题》中指出："这种农民的大群众，在目前已是国民革命之一种伟大的潜势力，所以在中国目前需要的而且可能的国民运动（即排斥外力打倒军阀官僚）中，不可漠视农民问题。"1924年，国共合作后，在以共产党员为主的国民党中央农民部和国民党中央农民运动委员会的推动下，国民党中央执行委员会初步确定农民运动计划，决定组织农民协会和农民自卫军。中共广东区委委派特派员到广东各县进行宣传和组织工作，协助各县建立农民协会，组织农民自卫军，向土豪劣绅和贪官污吏开展斗争，点燃了农民运动的火焰。

为了培养农民运动骨干，国民党中央执行委员会接受共产党人提议，决定开办农民运动讲习所。从1924年7月起，广州农民运动讲习所在共产党人彭湃、毛泽东等相继主持下，培养了一批农民运动骨干力量。至此，党已认识到农民在革命中的重要地位。

1925年1月，中国共产党第四次全国代表大会在上海召开，大会提出了

广州农民运动讲习所旧址

工农联盟问题，指出中国革命需要"工人、农民及城市中小资产阶级普遍的参加"，其中农民是"重要成分"，他们"天然是工人阶级之同盟者"，无产阶级及其政党如果不发动农民起来斗争，无产阶级的领导地位和中国革命的成功是不可能取得的。大会肯定农民是无产阶级的同盟者。五卅运动后，由于民族资产阶级的动摇和妥协，许多共产党人进一步认识到农民在民主革命中的地位和建立工农联盟的重要性。

1925年10月，中共中央执行委员会扩大会议根据广东、湖南等地农民斗争的经验和农民运动发展新形势，发布了《中国共产党告农民书》，第一次在党内提出要解决农民的土地问题，指出要解除农民的痛苦，根本是要实行"耕地农有"。本次会议制定的《中国现时的政局与共产党的职任决议案》认为"中国共产党应当使一般民主派知道没收土地是不可免的政策"，强调党"要能和农民结合巩固的联盟，才能尽自己的历史上的职任"。这次扩大会议通过的决议指出："现在所提出的过渡时期的农民要求，如减租、整顿水利、减税、废除陋规、收回盐税管理权、减少盐税、农民的乡村自治、农民协会的组织及农民自卫军等等，可以使农民革命化，可以将农民组织起来，然而如果农民不得着他们最主要的要求——耕地农有，他们还是不能成为革命的拥护者。"

李大钊在考察中国农民的经济状况后，认识到农民是中国革命的依靠力量，他在《土地与农民》中指出："中国的浩大的农民群众，如果能够组织起来，参加国民革命，中国国民革命的成功就不远了。"李大钊对农民力量的正确估计，促进了中共早期建立对农民问题的正确认识。

1926年5月，党领导召开的广东省第二次农民代表大会专门作出《农民运动在国民革命中之地位决议案》，指出："半殖民地的中国国民革命便是一个农民革命""农民问题是国民革命中的一个中心问题，国民革命能否进展和成功，必以农民运动能否进展和成功为转移"。把农民问题作为国民革命的中心问题，说明党对农民在中国革命中的重要地位已经有了比较深刻的认识。

02　毛泽东对农民问题的重视和农民运动

毛泽东从1925年开始以主要精力领导农民运动，并注重研究中国农民问题。继《中国社会各阶级的分析》之后，他于1926年1月在《中国农民》第一期上发表《中国农民中各阶级的分析及其对于革命的态度》一文，初步运用马克思主义的阶级分析法，将农村居民分为大地主、小地主、自耕农、半自耕农、半益农、贫农、雇农及乡村手工业者、游民八个阶级，并就各个阶级对革命的态度进行了比较深入的科学分析，初步形成关于农村阶级分析的理论。这就为中国共产党正确认识农民在民主革命中的地位和作用，正确制定对农民的政策，奠定了重要基础。

随着北伐战争的胜利推进，北伐军所到之处，军阀统治被推翻，农民运动都得到更大规模的发展。北伐军进入湖南后，许多地区的地主政权、地主武装被打败，农民协会成为乡村唯一权力机关。1926年9月，毛泽东发表《国民革命与农民运动》一文，指出"农民问题乃国民革命的中心问题""若无农民从乡村中奋起打倒宗法封建的地主阶级之特权，则军阀与帝国主义势力不会根本倒塌"。同年11月，毛泽东担任中共中央农民运动委员会书记后，决定以湖南、湖北、江西、河南为重点开展农民运动。到11月底，湖南有54个县已建立起农民协会组织，会员达107万人，到1927年1月，会员又增加到200万人。其他各省的农民运动也逐渐兴起。1927年1月4日至2月5日，毛泽东到湖南的汀潭、湘乡、衡山、醴陵和长沙等县考察农民运动，写成《湖南农民运动考察报告》，指出："国民革命需要一个大的农村变动，乃是革命完成的重要因素。"他提出：必须依靠广大贫农做"革命先锋"，团

1927年3月5日，毛泽东发表《湖南农民运动考察报告》

结中农和其他一切可以争取的力量，把农民组织起来，从政治上打击地主，彻底摧毁地主阶级的政权和武装，建立农民协会和农民武装，由农民协会掌握农村一切权力，然后进行减租减息、分配土地等斗争。

1927年3月，彭湃与毛泽东等发起组织中华全国农民协会临时执行委员会，这是中国共产党领导的全国农协的筹备组织，对发展各地农会组织、扩大农民武装、建立农村革命政权和解决土地问题发挥了重要作用。党所领导的农民运动为后来中国共产党领导的土地革命战争的开展奠定了群众基础。

第三章

井冈山根据地的土地革命与农业发展

在大革命时期，党把农民作为革命的同盟军；大革命失败后，党又把农村作为革命星火的燎然之地，在农村建立起革命根据地，实现中国革命由城市向农村的历史性转变。

1927年，面对蒋介石背叛革命，社会政治风云突变的严峻形势，党的"八七会议"确定了实行土地革命和武装起义的方针。之后，各地党组织发动农民开展游击战争，实行土地革命，建立革命政权。毛泽东领导了湖南江西边界地区的秋收起义，创建了工农革命军第一师，在井冈山建立了第一个农村革命根据地，开辟了"以农村包围城市，武装夺取政权"的革命道路。

作为革命根据地，一要打仗，二要生产。毛泽东指出"边区的经济是农业经济"，初建的根据地必须解决军民吃饭问题。因此，发展农业生产，把农业生产放在第一位，成为井冈山根据地经济建设的头等重要任务。

1927年10月，毛泽东率领秋收起义部队上井冈山后，上千人的吃饭问题成为很大的难题。朱毛两军井冈山会师以后，红军人数激增，有3个师9个团，加上妇女和小孩，近万人。每月要销粮40多万斤*。毛泽东在1928年5月致信中共江西省委并转中共中央，惊叹"吃饭太难"。"红米饭、南瓜汤，秋茄子、味好香，餐餐吃得精打光；干稻草来软又黄，金丝被儿盖身上，不怕北风和大雪，暖暖和和入梦乡"，这就是当时井冈山斗争时期根据地真实情况的写照。

面对严峻形势，为扭转局面、克服困难，确保根据地军民的生活、生存和部队的发展，毛泽东和根据地党组织采取了一系列得力措施，发展根据地的农业生产。

---

* 斤为非法定计量单位，1斤=0.5千克，下同。——编者注

　　毛泽东率领工农红军来到井冈山地区后，在宁冈、永新、茶陵、遂川4个县发动群众进行"打土豪、分田地"，开展土地革命。1928年6月，毛泽东还亲自草拟了十七条分田的基本方针和保护中小商人争取中间阶级的政策文件。

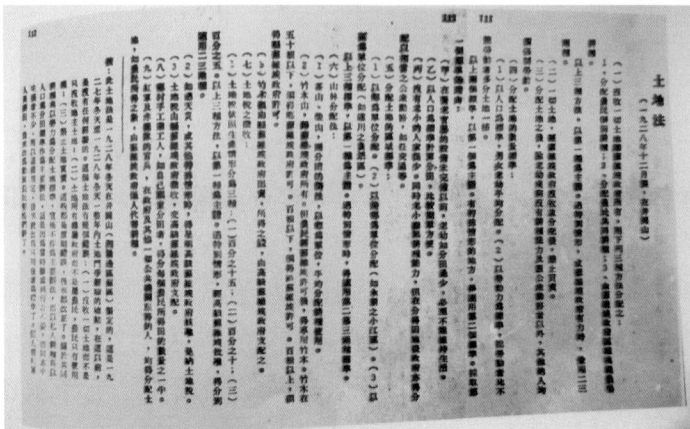

1928年，在井冈山革命根据地，毛泽东主持制定并颁布了第一部关于土地改革的法律文件——井冈山《土地法》

　　1928年11月，中华苏维埃共和国临时中央政府（以下简称中华苏维埃政府）在总结1927年冬到1928年冬土地革命斗争经验的基础上制定了中国共产党领导下的第一部成文土地法——井冈山《土地法》，于1928年12月正式颁布实施。该土地法规定，没收一切土地归中华苏维埃政府所有，并分配给农民或农民集体耕种，禁止买卖。土地革命极大地调动了农民群众进行农业生产的积极性，扩大了农产品的生产和供应，使党和红军更加赢得了群众的支持，根据地人民踊跃上交公粮、支前参军。

　　为了组织好农业生产，毛泽东亲自参加农业劳动。据徐正芝在《忆塘边的革命斗争》中的记载："那个时候，毛司令带领贺子珍、贺敏学和红军司令部的同志，曾在泉水窝帮助我们割禾，以后又在塘边的田陇里，帮助孤寡老人和劳力缺少的群众割禾。"在毛泽东的影响下，广大红军将士在分兵做群众工作时，都积极参加农业生产劳动。在边区特委和各级政府的号召下，广大妇女也纷纷走出家门，参加耕田、耙田、插秧、挑粪等劳动，成了农业生产的生力军。

　　由于井冈山根据地青壮年男子上了前线，加上贫雇农家底又薄，根据地普遍存在劳动力、耕牛、农具不足的问题。根据地党和政府根据农村中"换工"的习惯，组织起耕田队，有计划地调剂余缺，互助合作，不误农时。

根据地党和政府还带领根据地军民进行农田基本建设，对保障农业生产的稳定发展起了重要作用。在永新县，红军修建了数条牛路，兴建了能灌溉300亩农田的水渠。据永新县塘边乡老人回忆，1928年毛泽东曾带领干部群众在荒山上进行现场勘察，制定植树造林规划，塘边人按照规划在长达10多千米的山岭上栽上了松树、茶子树，开展了群众性的植树造林活动。这些举措，对改善农业生产条件起到了十分重要的作用。

在井冈山革命根据地，分到土地的农民参加生产劳动

为了缓解白色势力包围所造成的某些物资紧缺，1928年底中华苏维埃政府成立了"竹木委员会"，有计划地组织资源，并巧妙地通过各种渠道向白区输出根据地出产的竹、木、油、茶等，换取现金与物资。这条"赤白贸易线"大大活跃了根据地经济，有效地缓解了国民党经济封锁给井冈山根据地带来的不利影响。

由于根据地党和政府的正确领导，1928年秋，井冈山根据地获得农业生产大丰收，增产幅度普遍达到一成。宁冈县1928年的粮食总产量比1927年增长了20%以上，茶油产量也为十几年来的最高。到1928年底，井冈山五大哨口之内的各个村庄，家家户户都存满了粮食，甚至连黄洋界上的石亭子里都堆满了谷子。

毛泽东和根据地党组织领导根据地军民，发展经济，取得重大成效，不仅渡过了难关，打破了敌人的封锁，而且在一定程度上改善了人民群众的生活。

第四章

中央革命根据地的土地革命

01　轰轰烈烈的打土豪分田地运动

　　正当毛泽东、朱德等在湘赣边界开辟井冈山革命根据地，实行"工农武装割据"之时，赣南、闽西各地在"八七"会议精神指引下，掀起了轰轰烈烈农民武装暴动。在赣南，先后举行了南康潭口暴动、赣县大埠暴动、信丰暴动、于都暴动、寻乌暴动、兴国暴动等，声势浩大，此起彼伏，前后历时一个半月。在暴动后各地还成立了"潭口工农革命委员会""赣县南区工农革命委员会""寻乌县工农革命委员会""兴国县革命委员会"等工农组织，打土豪，开官仓，解救贫苦群众。在闽西，农民武装暴动也风起云涌，在地方党组织领导下，组织了龙岩后田暴动、平和暴动、上杭蛟洋暴动、永定暴动等，通过处决罪大恶极的土豪、焚烧地主劣绅的田契借约，解放农民并建立了一批武装队伍。永定暴动之后，邓子恢等还创造了溪南苏维埃割据区域，开展了土地革命的试点。但由于敌我力量悬殊，赣南闽西暴动先后受挫，被迫辗转山区开展游击战争。

　　1929年1月，为了粉碎敌人对井冈山红军的"会剿"，开辟新的割据区域，毛泽东、朱德等率领红军走下井冈山，出击赣南、闽西，并在当地游击队的配合下，开辟了中央革命根据地。

　　1929年4月，朱毛率领红四军进入赣南瑞金、于都，随即以四十五天的时间分兵发动群众，开展政治宣传，发展地方武装，建立红色政权。在于都，红四军与于都党组织相结合，在城乡广泛开展宣传活动，发动群众打土豪分田地，并将打土豪获得的谷物分给群众，同时，在毛泽东的指导下，率先成立了赣南第一个红色政权——于都革命委员会；在兴国，毛泽东帮助制定了《兴国县革命委员会政纲》，颁布了兴国县《土地法》，领导兴国人民开展打土豪分田地。于都、兴国等县红色政权的建立，奠定了赣南革命根据地的基础。到1930年，赣西南先后十四个县建立了红色政权。

红四军从井冈山下山首次入闽的任务是开辟闽西割据区域，开辟闽西革命新局面。1929年5月，朱毛红军再度入闽，在闽西各县深入发动群众打土豪分田地，建立红色政权，创造了长汀、永定、龙岩、上杭、连城、武平等六县连成一片的"工农武装割据"的红色区域。7月20日，在毛泽东指导下，召开了中共闽西一大，总结了部分地区土地斗争经验，制定了闽西党的土地政纲。此后，闽西特委领导广大贫苦农民，打破封建罗网，掀起了"分田分地真忙"的土地革命热潮。由于党的政策正确，广大群众积极拥护，在很短时间内就在三百多里的地区内，解决了五十多个区五百多个乡的土地问题，六十多万人得到了土地，获得土地的农民积极从事生产，改善了生活。

1930年2月，毛泽东在赣南吉安陂头主持召开了"二七"会议，确定了深入开展土地革命的任务，制定了《"二七"土地法》。此后，根据毛泽东"一要分，二要快"的指示，赣西南各地迅速掀起了轰轰烈烈的大分田运动。

土地革命是中国民主革命的基本内容，更是根据地进行农业生产活动的必要条件。中央革命根据地的红色政权之所以能够存在并坚持，关键就在于中国共产党紧紧依靠占人口绝大多数的农民，深入开展土地革命，极大地调动了广大贫苦农民的革命积极性。

02　毛泽东的土地革命路线

1929年4月，在兴国县，毛泽东根据党的六大的土地政策，结合赣南土地斗争的实际，主持起草颁布了兴国县《土地法》。这个土地法是在井冈山《土地法》的基础上制定的，纠正了井冈山《土地法》在没收地主阶级土地的同时打击中间阶层，对于自耕农的土地不加区别地一概没收的错误，明确了土地革命所打击的主要对象是地主阶级，土地革命的目的是消灭封建地主阶级的土地所有制。

1929年7月，在毛泽东指导下召开的中共闽西第一次代表大会进一步提出，土地革命中，要依靠贫雇农，团结中农，区别对待大小地主与富农，"不打击富农""团结全体农民集中攻击目标于地主"，土地的分配方法，应以乡为单位，以原耕地为基础，实行"抽多补少"的原则，按人口数目，男女老幼平均分配，对在分的地主亦"得酌量分与田地"。这些规定正确总结了闽西地区土地革命的新经验，在一系列具体政策上有新的发展。

1930年2月7日，由毛泽东亲自主持召开的"二七"会议，讨论通过了《"二七"土地法》，在坚持没收地主阶级土地，按人口平均分配的做法和"抽多补少"原则的同时，在没收对象、没收内容以及分配对象等方面作出了比井冈山《土地法》、兴国县《土地法》更为明确的规定。在没收对象和内容方面，《"二七"土地法》规定："暴动推翻豪绅地主阶级政权后，须立即没收一切豪绅地主及祠堂庙宇社会的田地、山林、池塘、房屋归苏维埃所有，由苏维埃分配与贫苦农民及其他需要土地等项的人民。"在分配对象方面，《"二七"土地法》规定："豪绅地主及反动派的家属，经苏维埃审查，准其在乡居住，又无它种方法维持生活的，得酌量分与田地。"

1930年5月，毛泽东考察了寻乌城，召开了极为广泛的调查会，并整理出一本近10万字的《寻乌调查》。《寻乌调查》在土地政策方面提出和解决了若干重大问题，充分肯定了按人口平分土地的政策；明确了非农业人口（如游民、小商、流氓及各种工

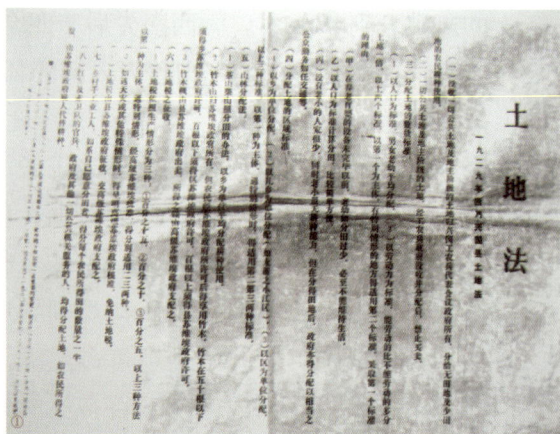

1929年4月毛泽东主持制定的兴国县《土地法》

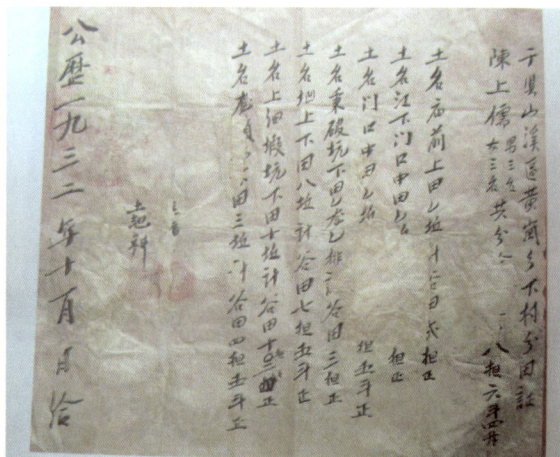

1932年中央苏区的分田证

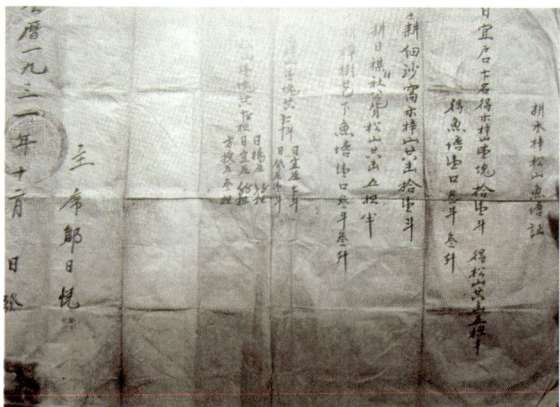

1931年中央苏区的鱼塘证

匠等）也准予分田；同时反对富农独霸肥田。这些政策的提出，进一步推动了赣南苏维埃区域的土地斗争。

毛泽东在寻乌调查中发现，如果分田只规定"抽多补少"，结果出现富农"独霸肥田"的倾向，但是在政策上未能解决。为此，1930年6月，毛泽东在福建长汀县主持召开红军前委和闽西南特委联席会议，会议通过了《富农问题决议案》，明确规定：应该于"抽多补少"之外，再加上"抽肥补瘦"原则，并在文件上将"不得妄想平均"改为"不得把持肥田"，以限制富农，这是党和毛泽东领导土地斗争实践经验的又一发展。

关于土地所有权问题，从井冈山《土地法》到兴国县《土地法》，都规定土地所有权为中华苏维埃政府公有。根据土地斗争的实际和苏区中央局关于《土地问题与反富农策略》通告的精神，1931年2月27日，毛泽东在《给江西省苏维埃的信——民权革命中土地私有制度》中明确提出和正式肯定了土地私有制度，这个指示在根据地各地得到了贯彻执行。同年3月15日，江西省工农民主政府公布了《土地是我们的，耕种起来啊》的文件，宣布土地一经分配即归农民所有。

在毛泽东的领导下，到1931年春，赣南、闽西中央革命根据地已经形成了以依靠贫农、雇农，联合中农，限制富农，消灭地主阶级，变封建半封建的土地所有制为农民土地所有制为基本内容的土地革命路线和各项政策。

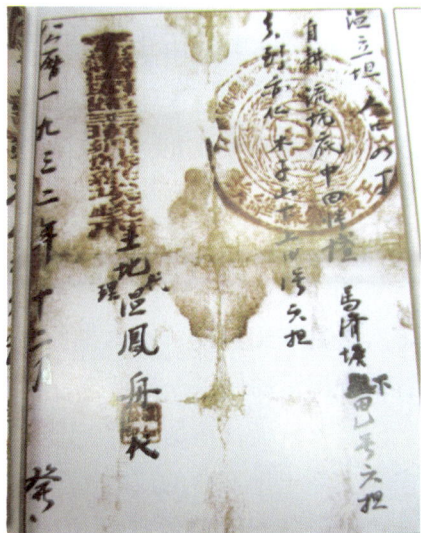

1932年中央苏区的耕田证

03　"左"倾土地政策与"查田运动"

自1931年起，中央苏区的土地政策就开始受到王明"左"倾思想的干扰。1931年1月王明一上台，便根据共产国际指示，以中共中央名义制定了《土地法草案》，在草案中提出了"地主不分田，富农分坏田"的"左"倾土地政策，并且提出在苏维埃区域重新分配土地。1931年4月，"左"倾教条主义的《土地法草案》传达到中央苏区，苏区中央局讨论后通过了关于土问题的决议案，决议案强调"应当按照国际的指令来转变路线""彻底重新分配一切土地"，全面否定了毛泽东领导的中央苏区土地革命的正确政策和所取得的重大成就。这个决议案标志着王明"左"倾土地政策正式在中央苏区推行。

1933年初，博古主持的临时中央从上海迁入中央苏区，开始在苏区大搞反"右"，将矛头指向毛泽东，并全面推行其"左"倾教条主义。在土地问题上，提出要"重新分田"和"查田"，推行"地主不分田，富农分坏田"的过左土地政策。临时中央责成被剥夺了党和军队领导权的毛泽东以苏维埃政府的力量领导这场"查田运动"。

在这场查田运动过程中，毛泽东的正确思想和"左"倾领导人的错误指令经常复杂地交织在一起，尽管毛泽东采取了一系列比较正确的做法和措施，尽量防止偏差和减少损失，但"左"的倾向事实上还是占了上风。

1933年6月，中华苏维埃政府发出了《关于查田运动的训令》，苏区中央局作出了关于《关于查田运动的决议》。训令和决议是根据"左"倾领导人的错误指令制定的，把苏区少数地方分田不彻底或错划、漏划的个别问题，夸大为全局性问题，指责毛泽东一贯主张实行的土地政策是不正确的路线。

为了贯彻训令和决议的精神，中华苏维埃政府首先发动了在瑞金、会昌等八县的查田运动。在这期间，毛泽东以中华苏维埃中央政府主席的身份，针对查田运动作了一系列报告和讲话。他在报告和讲话中，反复强调"查田运动是查阶级，不是按亩查田""查田的目标是查阶级而不是分田""中农的向背关系土地革命的成败""反对查田运动中侵犯中农、消灭富农的左倾机会主义"等。这些原则精神实际上都是与"左"倾领导人的旨意和主张相悖的。

但查田运动一铺开，并没有完全遵照毛泽东规定的方针去实施，在中央路线的威逼下，各地越查越"左"，地主富农越查越多。有关资料显示，有些地方把中农和富裕中农上升为富农、地主而加以打击；更有甚者，有些地方竟将贫农、雇农和工人打成地主、富农。

对于查田运动中出现的"左"倾错误，毛泽东忧心如焚，于1933年10月主持制定了《关于土地斗争中一些问题的决定》，颁发到苏区各地，同时还撰写了《怎样分析阶级》一文，并经中央政府批准，作为各地划分阶级和纠偏的政策依据。这两个文件下达后，苏区各地产生强烈反响，中央苏区的查田运动由此进入一个纠偏阶段。由于文件对阶级成分的划分有了明确、具体的规定，并且具有追溯的效力，各地在查田运动中错划的阶级成分，基本上得到了纠正。

正当查田运动开始纠"左"，并沿着正确轨道健康发展的时候，"左"倾领导人却全盘否定纠"左"的实际成果，免去毛泽东兼任的"中央人民政府委员会主席"的职务，查田运动重新陷入"左"倾泥坑。

中央苏区的查田运动，从1933年6月到1934年6月，历时整整一年。这场运动，虽然也发动群众查出了少数隐瞒的地主富农，但总体上看，它给苏区人民带来的，不是土地问题的彻底解决和根据地建设的发展，而是造成了农民群众精神的恐惧、生产积极性的下降和经济的困难，造成了1934年6月以后的中央苏区出现田地荒芜、粮食紧张和棉布奇缺的局面。这是值得铭记的一段历史经验教训。

第五章

毛泽东的中央苏区农村调查

　　在土地革命时期，毛泽东对农村问题专门作过十几个系统调查，这些农村调查是党制定土地革命基本政策的可靠依据。

　　在井冈山根据地初创时期，毛泽东在极其艰难的环境下，对湘赣边界各县进行了广泛的社会调查，以全面了解根据地的政治经济状况，为制定正确的政策和策略提供依据。1927年11月，毛泽东采取开座谈会或个别访问的形式，口问手写，并同别人开展讨论，将获得的材料整理成《宁冈调查》。1928年2月下旬，毛泽东从井冈山到永新秋溪开展群众运动时，深入群众，访贫问苦，又写出了《永新调查》。宁冈、永新这两个调查报告对当地群众斗争的情况、反动派的状况、当地经济生活、土地分配的情况等进行了全面的分析，并基于这些社会调查写出了《中国的红色政权为什么能够存在？》一文，论证了中国红色政权发生发展的原因、条件，提出了"工农武装割据"的光辉思想。可惜的是，《宁冈调查》和《永新调查》后来都遗失了。为此，毛泽东在《农村调查的序言和跋》一文中写道："要了解情况，唯一的方法是向社会作调查，调查社会各阶级的生动情况。对于担负指导工作的人来说，有计划地抓住几个城市、几个乡村，用马克思主义的基本观点，即阶级分析的方法，作几次周密的调查，乃是了解情况最基本的方法。我用开调查会的方法得来的材料，湖南的几个，井冈山的几个，都失掉了。"

　　毛泽东在中央苏区时期又开展了系列调查，这些调查都有着很强的现实针对性，从而为科学合理地制定土地革命路线、方针和政策提供了客观准确的现实依据和方法路径。

　　1930年5月，红四军攻克寻乌县城，毛泽东在中共寻乌县委协助下，在寻乌开展了20多天的社会调查，对寻乌的政治区划、地理交通、商业活动、土地关系、土地斗争的状况，进行了全面而详尽的考察分析，这是毛泽东当时最大规模的一次调查，后来整理成《寻乌调查》。

寻乌调查是一次深度调查。关于寻乌的旧有土地关系，毛泽东从农村人口成分、旧有田地分配、公共地主、个人地主、富农、贫农、山林制度、剥削状况、寻乌文化等9个方面作了详细调查。其中，对寻乌8个头等大地主、12个二等大地主、113个中地主的具体情况一一进行了分析。关于寻乌的土地斗争，毛泽东从分配土地的方法、山林分配、池塘分配、房屋分配、分配土地的区域标准、城郊游民要求分田、留公田、分配快慢、抵抗平田的人、非农民是否分田、废债、土地税、土地斗争中的妇女等17个方面进行了深入调查。因此，寻乌调查细致入微，获取的资料十分翔实。通过寻乌调查，毛泽东深刻认识到：对于地主必须给予生活出路；对于富农应在经济上限制而不是彻底消灭。通过这次调查，毛泽东进一步弄清了富农问题，提出了"抽肥补瘦"的土地分配方案，为制定正确的土地革命路线提供了实际依据；进一步弄清了城市商业状况，明确了城市和乡村的关系，为深化中国革命道路理论提供了重要支撑。

毛泽东在后来的《关于农村调查》一文中写道："我作了寻乌调查，才弄清了富农与地主的问题，提出解决富农问题的办法，不仅要抽多补少，而且要抽肥补瘦，这样才能使富农、中农、贫农、雇农都过活下去。"

在进行寻乌调查的同一个月，毛泽东对多年来从事调查研究的理论进行了总结，写出了《调查工作》，即后来的《反对本本主义》。文章首次提出了"没有调查，没有发言权"的著名论断。

1930年10月，毛泽东在新余罗坊镇找到8位随红军来到这里的兴国籍农民，开了一星期的调查会，亲手列提纲、提问题、作记录，对兴国有关情况进行了详细了解，并于1931年整理成《八个家庭的典型调查》，后改名为《兴国调查》。《兴国调查》使毛泽东更加坚定地认识了农民在中国革命中的关键作用，充分印证了他的"农村包围城市"的正确主张和科学论断。

兴国调查后不久，为了解村乡两级苏

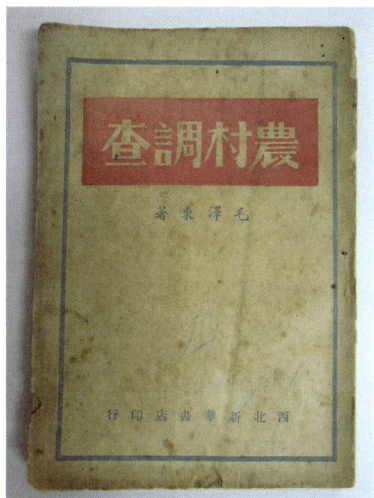

1941年出版的《农村调查》一书收录了毛泽东从1927年到1934年所做的农村调查材料

维埃在土地斗争中的组织和活动情形,毛泽东在红军行军途中作了一个专题调查即《东塘等处调查》。对于这次调查的意义,毛泽东认为"在这次调查前,我对于那些情形的观念是模糊的",调查后发现,"哪晓得实际情形完全两样"。

《木口村调查》是毛泽东作过的最短的调查。1930年11月,毛泽东等人途经吉水县木口村时,利用吃中饭前的时间,组织该村干部召开调查会,了解政府组织、革命时间、村政府委员成分、土地分配及所杀反动派的情况。这次调查尽管时间短暂,却收获颇丰。

1933年11月,毛泽东到兴国县长冈乡调查,写出《长冈乡调查》。毛泽东认为,上级苏维埃人员的一种责任,"就在把这些好的经验收集整理起来,传播到广大区域中去",兴国县是中央苏区的模范县,而长冈乡又是兴国县的模范乡,在合作社运动、文化教育、卫生、社会救济、革命竞赛等很多方面的工作"都是值得赞扬的"。《长冈乡调查》涉及人口、基层组织、群众生活等20个方面的内容,但始终有一条主线贯穿其中,就是牢固的群众观点、真挚的为民情怀。在调查中,毛泽东走村入户,深入田间地头,与群众推心置腹谈心,不仅将"群众生活"作为专项单列出来,还详细询问油、肉、衣等具体情况,了解关心群众生活是否改善。通过调查,用来自实践中的生动鲜活的例证,以证明根据地建设的作用和成效,回击否定根据地建设的不实之词,促进苏区各项工作。

刚完成长冈乡调查不久,11月下旬,毛泽东又前往闽西上杭县才溪乡进行调查。才溪乡是毛泽东去了3次的地方,前两次分别是1930年6月和1932年6月。1933年才溪乡因在扩大红军及发展经济方面的成绩突出,得到中央苏区和福建省苏维埃政府的嘉奖,被誉为"第一模范区",毛泽东因此再到才溪,对才溪在根据地的政权建设、经济建设、扩大红军、文化教育等方面的工作进行了全面、系统、周密的调查和科学总结,并写出了《才溪乡调查》。关于经济生活,《才溪乡调查》对才溪乡的劳动力、消费合作社、粮食合作社、犁牛合作社、日常生活、物价、经济公债等7个方面的问题进行了详细论述,体现了毛泽东对基层群众生活的细致关心和细致调查,以及对苏区生产的周密安排。毛泽东在《才溪乡调查》中指出:"(才溪乡)这一铁的事实,给了我们一个有力的武器,去粉碎一切机会主义者的瞎说,如像说国内战争中经济建设是不可能的,如像说苏区群众生活没有改良,如像说群众不愿意当红军，或者说扩大红军便没有人生产了。我们郑重介绍长冈乡、才溪乡、石水乡的光荣成就于全体工农群众之前，我们号召全苏区几千个乡一齐学习这几个乡，使几千个乡都如同长冈、才溪、石水一样，成为争取全中国胜利的坚强的前进阵地。"《才溪乡调查》为农村革命根据地建设提供了宝贵的经验。

在土地革命时期，毛泽东对农村进行的调查研究，使他能够从实际出发，把马克思主义的普遍真理同中国革命的具体实际结合起来，为正确把握土地革命中的基本政策提供了可靠的依据。

第六章
中央苏区的农业合作运动

　　土地革命使中央苏区广大农民在政治上翻了身，经济上分得了土地，极大地解放了农村生产力。但苏区农业生产技术落后，生产率水平低下，各地不同程度地存在着劳动力、耕牛、肥料、种子、水利、资金等方面的问题和困难。为此，苏区党和政府研究出台了一系列发展农业生产的重大举措，其中，开展农业互助合作是关键措施之一。

　　由于革命战争的需要，苏区农村大批青壮年男子参加红军，劳动力十分紧缺，为此，1930年春天，上杭县才溪乡群众为了帮助红军家属种田，创办起根据地第一个"耕田队"，互相调剂劳力。同年，毛泽东到才溪乡指导工作，对耕田队予以热情赞扬和指导。此后，在毛泽东和中华苏维埃政府的倡导下，各地普遍办起了"耕田队"和"耕田大队"，实行劳动互助或帮助红军家属耕种。苏区还有一种"模范耕田队"，由有劳动力的红军家属组织起来，帮助缺乏劳动力的群众耕田。1931年夏收期间，根据毛泽东的提议，在耕田队的基础上，才溪乡创办了中央苏区第一个劳动互助社。劳动互助社的主要任务是帮助红军家属和群众互助，有组织、有计划地统一调配全乡各村的劳动力，互助互利。

　　为了推动劳动互助社的健康发展，1933年，中华苏维埃政府总结了中央苏区各地组织劳动互助社的做法和经验，制定颁布了《劳动互助社组织纲要》，对根据地劳动互助社的作

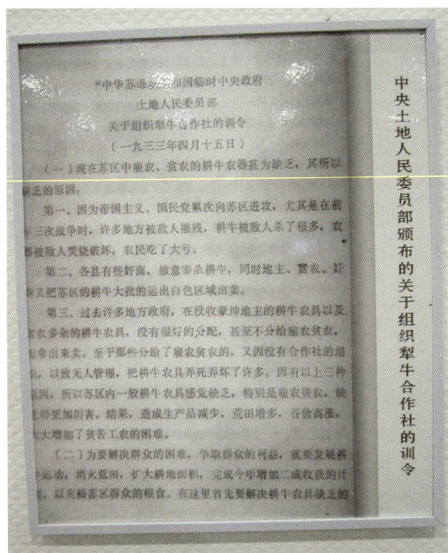

苏区临时中央政府土地人民委员部1933年4月颁布的《关于组织犁牛合作社的训令》

用、组织原则、调剂劳动力的办法、工资换算、人工分配及领导关系等作了具体的政策性规定。劳动互助社由于实行自愿、互助、互利的原则，很快在根据地内蓬勃发展。在遍布中央苏区的众多互助社中，瑞金县叶坪乡的互助合作社，曾被中华苏维埃政府的机关报《红色中华》誉为模范互助社。

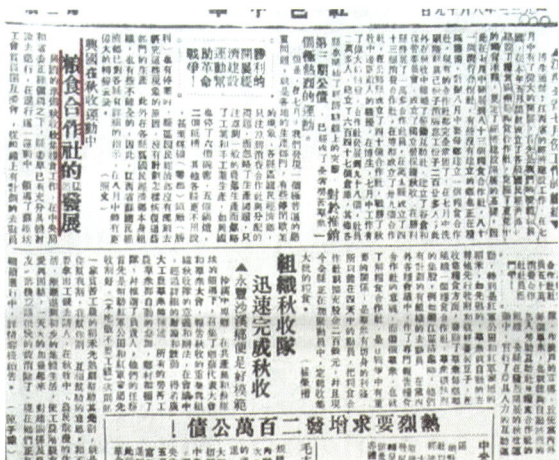

中华苏维埃政府关于创办粮食合作社的布告

耕牛和农具的缺乏是中央苏区普遍存在的问题，这个问题怎么解决？瑞金县石水乡农民最早提出创办犁牛合作社，以没收地主及富农多余的耕牛农具为基础，共同集股买牛在农户之间有计划地调剂使用。1932年2月，中央苏区政府在《关于春耕问题的训令》中，总结了石水乡的经验，指示各级苏维埃政府要帮助农民设立犁牛站，以解决春耕中耕牛不足的问题。1933年春耕时，中华苏维埃政府土地部通过总结各地举办犁牛站经验，颁布了《关于组织犁牛站的办法》，在中央苏区普遍推广。为了进一步推进犁牛站的发展，更好地保护与管理耕牛农具，中华苏维埃政府土地部于1933年4月发出组织犁牛合作社的倡议，并下达了

中华苏维埃政府机关报《红色中华》关于粮食合作社的报导

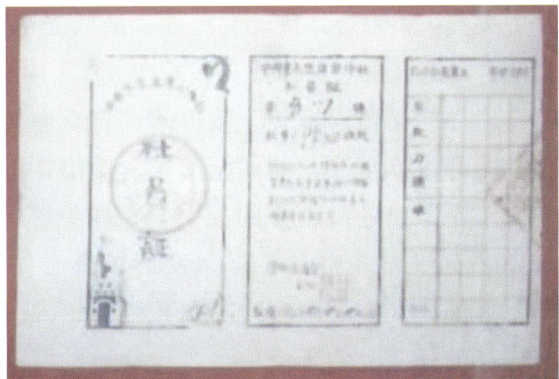

中央苏区农具合作社社员证

犁牛合作社组织大纲即《关于
组织犁牛合作社的训令》，提出
解决犁牛合作社基金不足的具
体办法，明确对各地犁牛合作
社提供信贷支持。据《红色中
华》记载，到1934年5月，中
央苏区各地的犁牛合作社发展
迅猛，以瑞金、兴国为最好，
瑞金又以云集区叶坪乡为最好。
叶坪乡犁牛合作社的牛，耕全
乡的田还有多余且可以出租。

《红色中华》刊登文章说明目前消费合作社的中
心任务

社员使用合作社的牛比起私人养牛合算得多。

为了解决农具问题，1933年3月27日，刘少奇在瑞金主持召开中央苏区
农业工人第一次代表大会，大会通过了《组织苏区中央农具生产合作社的决
议》，决定集中苏区全体会员的力量来创办中央农具生产合作社，指出："中
央农具生产合作社，以制造各种农具（犁、耙、锄、锹、刀等）供给社员使
用为目的，在它的经营发展时，可兼营肥料（石灰）的生产及信用借贷与种
子的贩卖等。除开总社之外，并可在各县设分社及工厂。"决议还确定了办
社的具体方针，如"合作社以农业工人集股组织之"。据不完全统计，1933
年8月前中央苏区只有生产合作社75个，至1934年2月发展到176个，半年
时间生产合作社增长了1.3倍。

为解决苏区粮食问题，开展粮食调剂，苏区还创办了粮食合作社。闽西
是中央苏区粮食合作社的发源地，最早创办了粮食合作社。闽西粮食合作社
的前身是闽西贩米合作社。1932年8月，由于敌人对闽西实行经济封锁，同
时个别地区又遭遇夏荒，粮食问题日益凸显。时任中华苏维埃政府财政部
部长的邓子恢提议，为了调节粮食价格，抵制奸商富农的破坏，降低"剪
刀差"现象给农民带来的损失，在中央苏区开展粮食合作社运动。8月21
日中华苏维埃政府颁布了《发展粮食合作社运动问题》第7号训令，指
出，人民群众要响应政府号召积极出资入股，完成每乡至少建立一个粮食
合作社的任务。为了使粮食合作社运动规范有序，中华苏维埃政府还颁布
了《粮食合作社简章》，详细说明了粮食合作社的宗旨、资本、红利分配等

情况，为粮食合作社运动的开展奠定了制度基础。为了尽快摆脱粮食短缺困境，从1933年3月到7月，中华苏维埃政府连续发布了《关于调节民食接济军粮的命令》《关于倡办粮食合作社与建造谷仓问题》《关于倡办粮食合作社问题》等命令、训令，粮食合作社运动的发展步伐大大加快。在中华苏维埃政府的正确领导和苏区民众的支持和参与下，中央苏区粮食合作社运动得以顺利开展，并取得了显著成绩。

为了恢复和发展社会经济，中央苏区还大力倡导建立消费合作社。早在1928年10月，赣西南苏区的吉安县东固区为了对抗国民党严密的经济封锁和残酷的军事"围剿"，率先成立了赣西南苏区首家消费合作社。1929年11月，闽西苏区的上杭县才溪区才溪乡紧跟其后，也先后创办了14个专业消费合作社。这两地的成功经验很快就在苏区各地推广开来，截至1933年8月，中央苏区境内已建起了417个消费合作社，拥有8.3万名社员、9.1万元股金。1933年12月5日，中央苏区消费合作总社在江西瑞金正式成立。消费合作社的广泛开展，缓解了根据地内"剪刀差"现象，为群众提供了丰富的日常生活必需品，改善了根据地内群众的民生。

中央苏区合作社的建设和发展，对于不误农时地解决根据地缺乏劳动力、耕牛和农具的困难，帮助红军家属，促进根据地农业生产的发展，缓解粮食紧张发挥了重要作用；同时合作社还成为宣传党的政策，动员群众的阵地。

第七章

中央苏区的农业生产发展

为了发展农业生产，改变苏区农业生产落后的面貌，中华苏维埃政府除了对农村生产关系进行调整，发展互助合作运动外，还采取了兴修水利、开垦荒地、治理水土流失、植树造林、推广种田技术、抓粮食生产、发展多种经营等一系列措施，改善农业生产条件，促进农业生产力的发展。

"水利是农业的命脉"这一著名论断是毛泽东1934年1月在第二次全国苏维埃代表大会上所作报告中提出的。中华苏维埃政府非常重视兴修水利，在每年的春耕计划中都强调水利工作对农业生产的保障作用。中央土地部在1933年4月22日发布的《夏耕运动大纲》中指出："关于水利：水陂、水圳、水塘，不但要修理旧的，还要开筑新的。缺水地方要在高地开挖水塘，水车未修理好的要继续修理好。沿河地方要设置筒车。水是稻田的命脉，无水则人工、肥料都成白费，区乡政府要组织水利委员会去领导全区、全乡水利的开发。"各级土地委员会都设立了水利局或水利委员会，专管兴修水利的工作。经过艰苦的努力，兴修水利的工作取得显著成绩。据《红色中华》1934年5月报道，在福建仅长、宁、汀3县就修好了陂圳2 366座，而且新开了几十座陂圳。在粤赣全省修好陂圳4 105座，并且新建筑了20多座。苏区模范县兴国县，一个县就修好陂圳820座，水塘184口。瑞金9个区群众仅用50天时间，兴建了新旧陂圳1 400座，水塘3 379口，新旧筒车88乘，水车1 009乘，使农田有效灌溉面积达94%。1933年冬和1934年春，赣南苏区旧有的水塘、水圳、水坝等几乎都进行了一番整修。

苏区军民在寻乌开垦荒山

通过兴修水利，苏区农业生产条件有了较大改善。

　　在兴修水利的同时，政府还号召大力开垦荒地，消灭荒田。1933年2月，中华苏维埃政府发布了《开垦荒地荒田办法》，规定"谁开谁收"、新开荒田3年内不纳土地税等优惠政策，大大调动了农民垦荒积极性。据中华苏维埃政府土地部统计，到1934年2月，闽浙赣苏区合计消灭了32万余担荒田，中央机关报《斗争》认为，"这是苏维埃经济建设上具有重要意义的胜利"。

　　水土流失是苏区境内农业发展制约因素之一，为此，苏区开展了群众性的治山造林保水土运动。1932年3月16日，在中华苏维埃政府第十次常务委员会上通过了《植树运动决议案》，号召苏区军民开展大规模的治山造林活动，并采取多种形式大力宣传植树造林的意义。毛泽东在第二次中华苏维埃全国代表大会上强调，"森林的培养……也是农业的重要部分。应当发起植树运动，号召农村中每人植树十株"。根据1934年对中央苏区

苏区军民科学种田的情景

苏区军民修建的武阳大坝

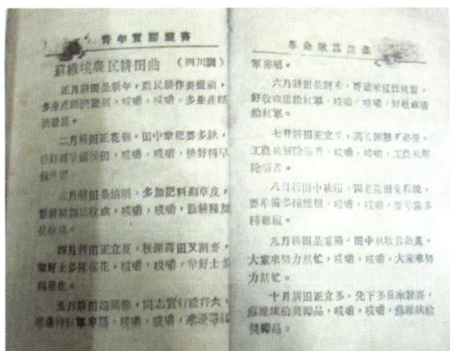

苏维埃农民耕田曲

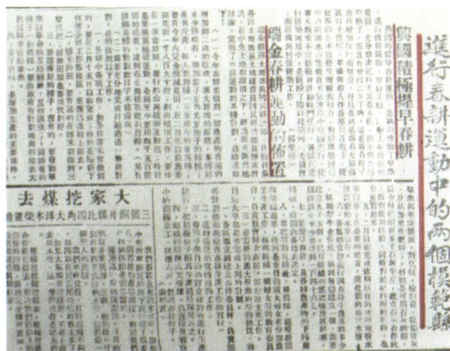

中央苏区春耕运动的两个模范县被表彰

部分县植树造林数目的统计，兴国、宁化、瑞金等18个县平均每县植树236 007.6株。

各级苏维埃政府十分重视科学技术在农业生产中的作用，一方面注意宣传科学种田，传播农业生产知识，一方面组织各种农事试验场和研究所，推广农业先进技术。1933年9月，中华苏维埃政府土地部在瑞金直属县设立了农事试验场，进行典型指导，还在宁都县设立农产品展览所，并在瑞金开办中央农业学校，专门培养农业技术人才，开展农业科普活动。

组织农业生产的竞赛、表彰先进典型等活动是各级苏维埃政府为提高群众劳动热情，促进农业生产发展的重要手段。1933年2月中华苏维埃政府在《关于春耕计划的训令》中提出"要组织生产竞赛，乡与乡赛，

1933年5月《红色中华》对中央政府奖励武阳区的报道

村与村赛，家与家赛，团体与团体赛，机关与机关赛，个人与个人赛"。竞赛的项目包括比多种小麦、油菜、木梓，比修陂圳，比开垦荒地，比翻冬加犁，比种棉花，比积肥，比植树等。竞赛后由有关部门组织检查、评比，优

1933年，毛泽东亲自授予武阳区的"春耕模范"锦旗

胜者酌情给奖。奖品包括耕牛、农具、种子等，还发给奖状和奖旗。1933年春耕时，瑞金武阳区石水乡在竞赛运动中名列前茅，被中华苏维埃政府评为"模范乡"，毛泽东专程前往出席"春耕生产赠旗大会"，亲自将一面"春耕模范"锦旗授予石水乡。中华苏维埃政府还组织各县区代表几百人到武阳参观学习，从而有力地推动了全苏区的农业生产。

粮食问题是苏区农业生产中头等大事。中华苏维埃政府每年都要作出关于粮食生产的重要部署，动员苏区军民"为粮食而斗争"。1933年1月，中华苏维埃政府国民经济部、土地部联合发出《发展农业

生产与工业生产》的布告，明确提出：发展农业生产的要项：第一是米谷，第二是杂粮（番薯、豆子、花生、麦子、高粱等），第三是蔬菜，第四是棉花，第五是竹木，第六是木梓，第七是烟叶，第八是牲畜（猪、羊、鸡、鸭等）。在这些生产要项中，一半是粮食食物类，一半是工业原料，这是发展苏区的基础。布告还提出了粮食"增加二成收成"的奋斗地目标，认为这是"第一件要紧的事"，要求各地搞好冬耕和春耕，注意水利、肥料、种子、耕牛、农具各项农业上必需的条件，组织劳动社以解决人工不足问题，为实现粮食产量增长而奋斗。

发展多种经营是中华苏维埃政府根据军民需求、发展农村经济而采取的有效措施。中华苏维埃政府土地部在1933年2月发出的《关于春耕计划的训令》中提出："中央区缺乏棉花，在敌人经济封锁日益严重的环境之下，我们要免除去年买不到棉花、布匹，忍寒受冻的痛苦，今年必须奖励群众，栽种棉花，除种棉田地免收土地税外，当地上级政府，尚须分别给奖，凡高原干燥地方，及沙坝、园土、山地等都可种棉，棉子由中央及政府设法购买，不要钱，发给农民栽种。"为对苏区群众进行植棉技术指导，中华苏维埃政府土地部印发了《植棉须知》。在苏区各级政府的号召下，广大农民群众积极投入到种植棉花的热潮中。各地苏维埃政府也鼓励农民种植苎麻、烟叶、茶叶、木等经济作物，并取得了显著成绩。

在中华苏维埃政府的一系列政策措施作用下，苏区人民劳动热情高涨，农业生产条件改善，抵御自然灾害的能力增强，苏区的农业生产得到迅速恢复和发展，连续几年增产，到处可见一片丰收的景象。1933年全苏区农业收成普遍增长一成半以上，有的县、区、乡增产高达20%，会昌县粮食产量在1932年、1933年连续两年递增20%。除粮食生产外，棉花、花生、蔬菜等农副产品也获丰收。

第八章

抗日根据地的减租减息运动

1937年7月，日本帝国主义发动了全面侵华战争，中华民族到了生死存亡的紧急关头。此时，中日民族矛盾已替代国内阶级矛盾成为当时社会的主要矛盾。为了调动各阶层人民的抗日积极性，巩固和扩大抗日民族统一战线，中国共产党把第二次国内革命战争时期没收地主土地分配给农民的政策改变为减租减息政策。这是中国共产党在土地政策上的一个大转变。

1937年2月10日，中共中央在致国民党五届三中全会电文中提出"停止没收地主土地之政策"，这是由土地革命政策向减租减息政策转变的开始。1937年8月，中共中央在陕北洛川召开政治局扩大会议，会议讨论并决定了在全国抗战到来的新时期党的基本行动路线和工作方针，通过了《中国共产党救国十大纲领》，把减租减息作为抗日战争时期解决农民问题的基本政策。

洛川会议以后，晋察冀边区、晋冀鲁豫边区先后颁布了减租减息条例，拉开了新的土地政策实施的序幕。1939年冬和1940年春，在晋察冀边区普遍实行了"二五减租"，最高地租额不得超过土地正产物的37.5%，农民战前所欠的旧债，按年利一分，一本一利清理，利息超过原本停利还本，超过两倍本利停付；同时广泛开展了回赎抵押地和典地的运动，从此，减租减息的群众运动在华北各根据地兴起。

1942年1月28日中共中央发布《关于抗日根据地土地政策的决定》，实行减租减息政策

1939年11月1日，中共中央发出《关于深入群众工作的决定》，指出："在八路军、新四军的活动区域，必须实行激进的有利于广大抗日群众的经济改革和政治改革。在经济改革方面，必须实行减租减息，废除苛捐杂税与改良人民生活。凡已实行的，必须检查实行程度。凡尚未实行的，必须毫不犹豫地立即实行。"1940年12月25日，中共中央在《关于时局与政策的指示》中，又进一步明确减租减息政策，提出"地租一般以实行二五减租为原则，到群众要求增高时，可以实行倒四六分（即地主四成，佃农六成），或三七分（地主三成，佃农七成），但不要超过此限度。利息不要减到超过社会经济借贷关系所许可的程度"。规定地主实行减租减息，农民交租交息，对减租减息还从量上加以限制，土地所有权仍属地主。

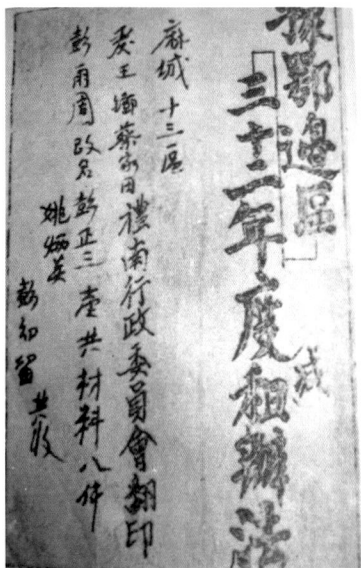

豫鄂边区1943年制定的减租办法布告

太平洋战争暴发以后，日军为了减轻前线压力，对敌后根据地进行疯狂"扫荡"，中国的抗战进入非常艰苦阶段，进一步调动社会各阶层人民一致抗日显得更加迫切。为此，1942年1月，中共中央政治局在总结各地减租减息经验的基础上，通过了《关于抗日根据地土地政策的决定》及其附件，对实施减租减息的方针政策和具体执行方法，作出了明确的规定，阐述了减租减息政策的三个有机组成部分，即减租减息、交租交息和奖励富农发展生产。决定的附件规定：不论任何租地、任何租佃形式均照抗战前租额减低25%；在游击区及敌占点附近，可少于二五减租，只减二成，一成五或一成；多年欠租，应予免交；保障佃户的佃权；对于抗战前成立的借贷关系，以一分半为计息标准，如付息超过原本一倍者停利还本，超过二倍者本利停付；抗战后的借贷息额，应依据当地社会经济关系听任民间自行处理。

到1942年，减租减息斗争已取得了阶段性胜利，但仍有不少问题。如有的地方干部不发动群众，而是采取"恩赐"包办的办法，简单依照政府法令，一减了事。一些不法地主则趁机采用各种方式进行反抗和破坏，逐渐侵蚀群众减租减息已获得的成果。一些地方明减暗不减的现象相当严重。针对以上情况，1943年10月1日，中共中央发出《关于减租生产拥政爱民及宣传十大政策的指示》，指出："减租是农民的群众斗争""凡不发动群众积极性的恩赐减租是不正确的"，要求各级领导"检查减租政策的实施程度""凡未认真实行减租的，必须于今年一律减租。减而不彻底的，必须于今年彻底减租"。各抗日根据地党政领导机关根据中央指示，开展整风运动，切实纠正减租减息中的包办代替和恩赐观点，使减租减息进入了放手发动群众深入实施的阶段。在减租减息运动中，农民曾自发地起来清算少数恶霸汉奸地主过去的罪行。1944年5月31日，中共中央给华中局的指示中指出："反恶霸

抗日根据地墙上的标语："彻底执行减租减息"

晋察冀根据地的干部向群众宣传共产党减租减息政策

算旧账只能限于个别的顽固家伙"，不宜作为群众运动去普遍发动；对大多数地主，"不是无限度的对他们进攻，并真正保护其合法权益"，以防止采取过左的政策，坚持"从减租减息到发展生产的群众运动的方针"，注意把群众的积极性引导到发展生产和对敌斗争中去，推动根据地的大生产运动和对敌反攻。

抗日战争胜利至全面内战暴发以前，中国共产党在解放区继续实行减租减息政策。1945年11月7日，中共中央发出关于《减租和生产是保卫解放区的两件大事》的指示，让减租减息运动与反奸清算紧密相联，不再强调保障地主的地权和财权。随后，华北、山东及陕甘宁边区的解放区和东北解放区，普遍开展了反奸清算和减租减息运动。1946年国民党对解放区发起全面进攻，为了回击国民党，满足农民对土地的要求，同年5月4日中共中央发

出《关于清算减租及土地问题的指示》，支持农民通过减租减息反奸清算直接从地主手中获得土地。这样，中国共产党的土地政策就从减租减息开始向没收分配地主土地的政策转变。

　　减租减息是抗战时期根据地经济政策和经济实践中的一个重要内容，它的贯彻执行，凝聚了抗日力量，削弱了农村的封建势力，打破了地主阶级的专制统治，鼓舞了农民的生产和抗日积极性，使农村土地占有关系向有利于农民方面变化，对巩固根据地，恢复农业生产，争取抗战最后胜利发挥了重要作用。

第九章

抗日根据地的农业互助合作运动

　　抗日战争时期，各根据地的互助合作运动是在1943年后开始的，而促成抗日根据地互助合作组织取得迅速发展的一个重要因素是毛泽东有关互助合作的一系列重要指示。

　　由于日寇的加紧进攻和国民党反动派的包围封锁，根据地的经济出现严重困难。为了广辟财源支援战争，1942年12月，毛泽东在陕甘宁边区高级干部会议上作了《经济问题与财政问题》和《论合作社》的报告，提出"发展经济，保障供给"的方针。1943年1月《解放日报》发表《把劳动力组织起来》的重要社论。由于中共中央的提倡，根据地的互助合作组织进入了一个新的、普遍发展的阶段。为了进一步指导根据地的农业生产，发展互助合作事业，11月，毛泽东在陕甘宁边区召开的第一届劳动英雄代表大会上作了著名的《组织起来》的报告，指出"目前我们在经济上组织群众的最重要形式就是合作社"。在毛泽东一系列有关指示的引导下，根据地的互助合作组织普遍建立和发展起来。

抗日战争时期的延安

陕甘宁边区一方面改造充实民间旧有的变工队、扎工队等互助形式，从临时调剂到全年固定，从几户扩展到数十户，甚至全村；另一方面组织新的劳动互助组织，以行政村为单位，在全年各种生产活动上实行大变工。1943年陕甘宁边区劳动力参加各种劳动互助组织情况是：春耕期间有10%～15%，夏耘期间有40%左右，秋收期间有30%左右，互助组织的数量比过去增加了4～5倍。到1944年，陕甘宁

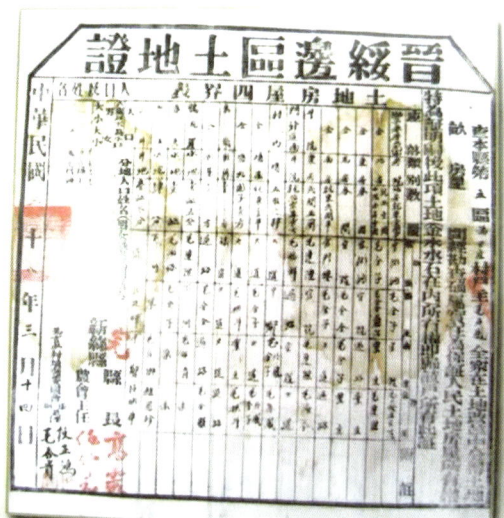

晋绥边区土地证

边区组织起来的农民占农业劳动力总数的45%。陕甘宁边区农业生产的互助合作，对促进边区农业发展和边区经济建设起了重要作用。

晋察冀边区实行的劳动互助合作，最早的雏形是"互助团"和"帮耕团"。面对天灾敌祸，为解决"自救"和"共存"问题，边区农村的"拨工""换工"等传统互助形式才蔚然成势。后来，由于毛泽东的号召和中共中央的提倡，以"变工队""拨工队"及各种"突击队"的普遍组织为标志，边区的劳动互助合作才从自发走向自觉。

1944年1月，晋察冀边区适时地把边区的经济工作调整和确定为"以大生产（农业、副业）运动为主，大运销运动为辅，把广大人民（无论男女老少）与党政军民（无论干部士兵杂务人员）的一切力量组织起来，展开全边区普遍的深入的群众性的运动。组织这个运动的最主要的形式是合作社。即：在劳动互助上，在群众运输上，在农业再生产物品的供给上，在机关部队的生产工作上，等等，都要尽量展开合作运动。"

1944年12月，晋察冀边区第二届群英大会开幕。会上，边区政府发出"组织起来""精耕细作"，争取做到"耕三余一"的号召，并且强调继续在巩固发展劳动互助的同时，大力组织恢复区、新根据地和游击区的劳动互助运动，同时要求把组织劳动互助同制定家庭计划、召开家庭会议联系起来，以促进劳动互助合作运动的开展，提高农民的生产热情。

抗日战争胜利后，为恢复遭到战争破坏的农业生产，互助合作组织在各地有了长足发展。不仅数量上有很大增长，而且在有些地区还出现了较为高级、类似于新中国成立后的农业合作社组织，其具体做法是把土地、劳力（耕牛按劳力折合计算）作股，按股分红，或土地、劳力均不作股，而是在劳力评定标准以后，实行按时计工，按工分红。这些做法显然对新中国成立后的农业互助合作组织的建立与经营有直接的影响作用。

第十章

抗日根据地的大生产运动

　　抗日战争进入相持阶段后，陕甘宁边区和其他抗日根据地出现物质和财政极度匮乏的情况。为了支持长期抗战，战胜日本侵略者，中共中央动员抗日根据地全体党政军民，自力更生，克服困难，渡过难关。1939年2月，中共中央在延安召开生产动员大会，毛泽东在会上指出：要解决陕甘宁边区200万居民、4万脱产工作人员的穿衣吃饭问题，就要进行生产运动，号召陕甘宁边区军民"自己动手，生产自给"。在中共中央的号召下，边区的部队、机关、学校全体动员，积极从事以农业为中心、以集体劳动为主的生产自给运动。各抗日根据地的大生产运动也普遍地、有组织地开展起来。

　　毛泽东、朱德、周恩来、任弼时等中央领导人亲自动手，种菜纺纱。毛泽东在杨家岭窑洞对面的山沟里，开垦了一块长方形的地，种上蔬菜，一有空就去浇水、拔草，极大地鼓舞了边区军民的生产热情。

　　军队的大生产运动是从朱德提出的"屯田军垦"开始的。1940年2月，中共中央、中央军委发出《关于开展生产运动的指示》："斗争已进入更艰苦阶段，财政经济问题的解决，必须提到政治的高度，望军政首长，各级政治机关努力领导今年部队中的生产运动。开辟财源，克服困难，争取战争的胜利"，并要求全军"一面战斗、一面生产、一面学习"。同年3月，八路军野战政治部发出《关于生产运动的指示》，要求各部队积极开展大生产运动，发展生产。

"鲜花送模范，模范是平山团"，八路军平山团在南泥湾开荒

南泥湾的大南瓜

　　从华北调回陕甘宁边区担负保卫党中央和保卫边区任务的第120师第359旅，在旅长王震率领下，于1941年开赴荒无人烟的南泥湾，一边练兵，一边屯田垦荒，实行战斗、生产、学习三结合，培育和形成了以自力更生、艰苦奋斗为核心的南泥湾精神，并很快成为大生产运动的一面旗帜。该旅共开垦荒地26万亩，不仅实现了粮食自给，而且做到了"耕一余一"，上缴公粮250万斤。经过几年艰苦奋斗，南泥湾的面貌发生深刻变化，成为"到处是庄稼，遍地是牛羊"的"陕北江南"。

　　晋察冀、晋冀鲁豫、晋绥、山东、华中各抗日根据地的军民在"劳动与武力结合"的口号下，一面战斗，一面生产，甚至游击区的部队也坚持生产。在十分艰苦的环境中，他们创造了开展大生产运动的多种形式，如人民政府发放农贷、支援牲畜、代制农具帮助农民发展生产；派出小股部队打击敌人，掩护军民生产；军队支援农民抢种抢收等。晋冀鲁豫部队每人种地3亩，自给一季粮食。军队参加大生产运动，改善了物质生活，减轻了人民负担，并对密切官兵关系和军政、军民关系，增强劳动观念和组织纪律性，起到了积极作用。

　　1942年12月，毛泽东发表的《经济问题与财政问题》，提出"发展经济，保障供给"的总方针，从而进一步推动了各抗日根据地生产运动。此后，毛泽东又发表了《开展根据地减租、生产和拥政爱民运动》《必须学会做经济工作》《游击区也能够进行生产》等文章和讲话，成为当时中国共产党领导的抗日根据地生产运动的纲领性文件。

　　在中国共产党的领导下，大生产运动取得了巨大成绩。据有关资料显示，到1943年，仅晋绥、北岳、胶东、太行、太岳、皖中等6区就扩大耕地600万亩以上。陕甘宁边区机关和部队每年需细粮（小米）3 900万千克，自己生产达1 500万千克。边区许多部队粮食、经费达到全部自给，实现了"自己动手，丰衣足食"的目标。毛泽东指出："这是中国历史上从来未有的奇迹，这是我们不可征服的物质基础。"

"鲁艺"学员响应中共中央号召开垦荒地

开发后的南泥湾成为"陕北好江南"

第十一章

抗日根据地的开垦荒地政策

抗日根据地荒地众多，加之由于战争的破坏和消耗，根据地的农业生产资料和劳动力都减少很多，导致部分耕地抛荒和弃耕。而政府的财政收入、军民生活依靠农业，为坚持持久抗战，必须加强农业生产，开垦荒地成为发展农业生产重要措施之一。除了部队机关自己动手开荒种地以外，还动员农民加入到垦荒队伍中来。

1937年陕甘宁边区有耕地862.6万亩，仅占可耕地面积的30%左右，开垦荒地的潜力很大。从1938年开始，边区政府在每年的经济建设工作纲要和计划中，都把开垦荒地、扩大耕地面积、增加粮食产量作为重要指标。1938年1月，边区政府发布的《陕甘宁边区建设厅训令》提出要"扩大耕地面积，改良土质与耕种方法，增加粮食产量"，边区政府成立"移垦委员会"，各县成立开荒委员会，专门协调解决移民、难民垦荒的问题。1939年4月，边区政府颁布《陕甘宁边区抗战时期施政纲领》，把"开垦荒地，改良耕种，增加农业生产"作为一项重要内容。1940年，中共边区党委和边区政府在《关于本年度经济建设计划的决定》中，提出了在农业建设中"动员全边区农户，扩大耕地一百万亩"的任务，帮助边区移民开垦荒地、安家立业。1941年5月，由中央西北局提出、中共中央政治局批准，边区政府颁布《陕甘宁边区施政纲领》，把发展农业生产、开垦荒地、增加粮食产量作为一项重要政策，同

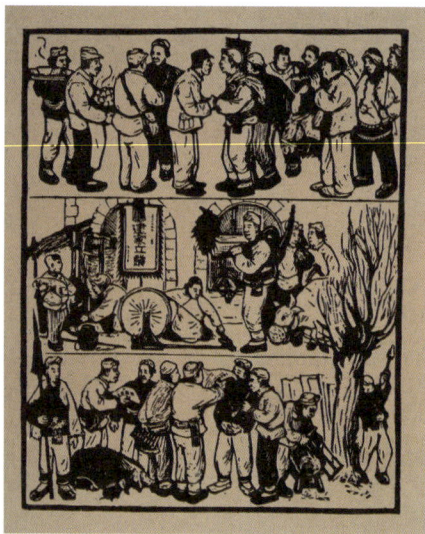

版画《移民到陕北》

时制定了一系列奖励开垦荒地的具体政策和措施。1942年底，在中共西北局高级干部会议上，毛泽东在《经济问题与财政问题》的报告中指出："我们的第二项农业政策就是增开荒地。我们应在一切有荒地的县、区、乡组织农民多开荒地，以期增产粮食。"开荒成为抗战时期陕甘宁边区发展农业的一项主要政策。

反映陕甘宁边区开荒政策的秧歌剧"兄妹开荒"

为了扩大耕地面积，对于荒地无人开垦的地方，边区实行移民政策，鼓励边区和从外逃荒来的困难群众开荒务农。仅在1940—1945年，边区政府就下发鼓励移民、难民垦荒相关政策10多项。1943年3月，陕甘宁边区颁布《陕甘宁边区移民难民垦荒条例》，规定：边区的农民和外来的移民农民开垦之公地，其土地所有权归开垦者本人所有，由县政府颁发土地证，3年免收公粮；开垦之私地，依照地权条例，3年免交地租，地主不得任意收回土地；对开垦荒地成绩显著者，免除一定的运输公盐、运输公粮、修公路等义务劳动等，还帮助垦民解决耕牛、农具、种子以至口粮所需资金。边区政府奖励垦荒政策的提出，为开展大规模的开垦荒地运动提供了政策上的保障，极大调动了广大农民开垦荒地、生产粮食的积极性，使边区荒地开垦逐年增加，耕地面积逐年扩大。1937年边区开垦荒地19.5万亩，1944年开垦荒地达到108.1万亩。从1937年到1945年，边区耕地面积从862万多亩增加到1 521万亩，增加了近一倍。增加耕地面积对边区粮食产量增长发挥了重要作用。1938年，边区的粮食产量为130万石，到1945年增加到260万多石，增加了一倍以上。

在晋察冀边区，1938年2月颁布了《垦荒单行条例》，规定："凡本边区的未垦之地及已垦而连续两年未经耕种者，不论公有私有，一律以荒地论，准许人民无租垦种，土地所有权归承垦农民"，免征所耕荒地3～5年的公粮。晋绥根据地规定，开垦河滩免征公粮5年，免征地租5～20年。在政府的鼓励下，农民、部队和机关人员纷纷垦荒。自边区政府成立到1940年的两年里，北岳区共开垦荒地达27万多亩。在人多地少、劳动力缺乏的平西根据地，1939年一年之内增加耕地1.3万亩。1939年夏，晋察冀边区遭遇罕见大水灾，沿河滩地几乎全部冲毁，滩地禾苗荡然无存，农民生活无着。边区政府提出了"恢复滩地，恢复耕地面积"的号召，并于是年9月颁布了《晋察冀边区修滩荒地办法》，明确规定了鼓励修复滩地的各项政策。为了组织好滩地修复工作，特设立了滩地整理委员会，负责制定修滩计划，监督垦修。到1940年，只北岳区就修复滩地熟地21.1万亩以上。抗战期间，晋察冀边区扩大耕地面积182万亩。

第十二章
抗日根据地水利建设与农科教活动

　　边区地处偏僻落后的农村，农业生产力水平很低，生产技术非常落后。为提高农业生产能力，边区政府把兴办水利，提高农业科技水平作为发展农业的重要政策。

　　1938年2月，陕甘宁边区政府颁布了《奖励兴办农田水利暂行办法》，提出建立水利组织，整理旧渠，开凿新渠，"无论公营私营，须由负责机关积极整理""如有河流可资利用，人民愿集体开凿者，可报政府批准，予以开凿""如开凿水利，其力不足者"政府可以贷款资助之。兴办水利使边区大部分旧水利工程得以修整，开凿了不少新渠、新井，治理了水害。在1940—1943年，陕甘宁边区水浇地面积增加74%。

　　在晋察冀边区北岳区，为了提高农业生产水平，边区政府提出了"整理旧渠，开凿新渠""变旱田为水田"的号召，水利建设取得了显著成绩。两年时间里，仅第五专区就新开渠258条，有效灌溉面积增加了51%。1941年边区政府成立了"冀南水利委员会"专管治理猪龙河系各河和漳、卫等河流。到1943年底，整修河岸渠系14万丈[*]，有效减轻了敌人利用河水决堤淹没冀南所造成的危害，同时增加水田3万顷。

　　为了培养科学技术干部、发展科学技术事业，中共中央于1939年5月决定建立延安自然科学研究院。1940年1月，中共中央决定将延安自然科学研究院改为延安自然科学院，由中央文委领导，以适应发展陕甘宁边区经济建设的需要，并为未来的新中国培养一批科学技术干部。延安自然科学院成立后便组织森林考察团，采集了2 000余件标本、编写出《陕甘宁边区植物志》，对南泥湾的开发进行可行性研究，并撰写了开发南泥湾的建议方案呈送中央，引起中央领导的高度重视。1943年，自然科学院并入延安大学，

---

　　* 丈为非法定计量单位，1丈=3米，下同。——编者注

成为延安大学的一个独立学院，在教育和科技领域为边区建设发挥了重要作用。

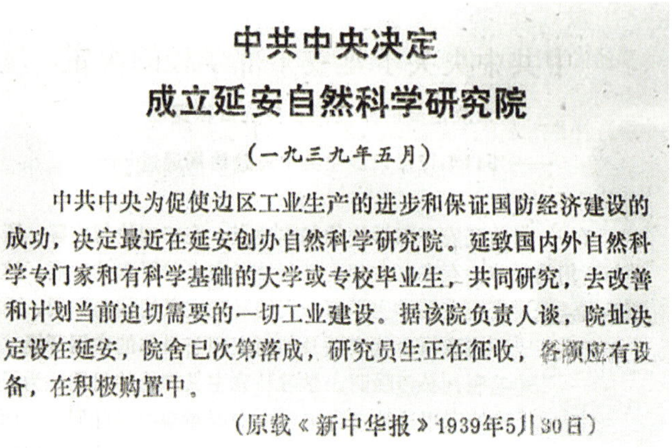

中共中央决定
成立延安自然科学研究院
（一九三九年五月）

中共中央为促使边区工业生产的进步和保证国防经济建设的成功，决定最近在延安创办自然科学研究院。延致国内外自然科学专门家和有科学基础的大学或专校毕业生，共同研究，去改善和计划当前迫切需要的一切工业建设。据该院负责人谈，院址决定设在延安，院舍已次第落成，研究员生正在征收，各项应有设备，在积极购置中。

（原载《新中华报》1939年5月30日）

《新中华报》刊登中共中央决定成立延安自然科学研究院的消息

另一重要科学团体是陕甘宁边区自然科学研究会。1939年根据中共中央“提倡自然科学”的精神开始筹备，1940年2月成立。研究会的主要活动是“召开年会、组织科学报告、举办科普常识讲座、出版宣传刊物、撰写学术和科普文章、组织科学调查等活动”。陕甘宁边区自然科学研究会的成立，标志着边区自然科学运动的正式开始。

也要定時將窗戶打開，換一換空氣：在屋子裏灑一些水，讓空氣不太乾燥。萬一有中毒的症象，應該趕快走出屋子

自然科學展覽會

為了歡迎邊區參議員，自然科學會會同各科學部門匆促舉開了一個自然科學的展覽會，現已展覽完畢，茲將初步統計介紹如下：

展覽日期　二十二日——二十六上午
參觀人數　一千七百餘人
展覽類別　物理、天文、氣象、化學、地質、礦物、生物、農業、衛生
經　　費　四百餘元
籌備時間　三天

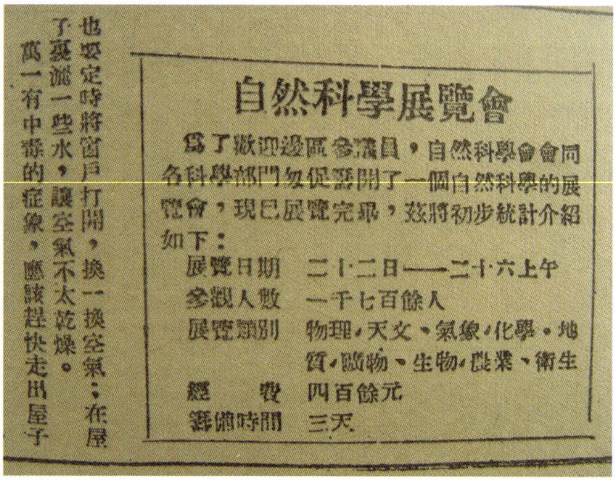

延安报纸上刊登的自然科学展览会启事

1939年陕甘宁边区创办了边区农业学校，建立起具有农业试验功能的光华农场。1941年边区政府把边区农业学校试验农场与光华农场合并，建

立边区农业试验场，设农艺、畜牧兽医和园艺三部分。边区农业试验场科技人员在资金缺乏，仪器、设备简陋的情况下，土法上马，推动了边区的农业技术改造，先后选育和推广了粟、大豆、甜菜、花生、苜蓿等粮油作物优良品种与41个瓜菜良种。边区在推广植棉

1939年成立的延安自然科学院科学馆

新技术方面也做了许多工作，使棉花种植面积得到迅速扩大。在畜牧兽医方面，驯化了滩羊、河南奶羊；研究出了高免疫血清和疫苗，扑灭了牛瘟，基本上控制住了多发病和传染病。

敌后其他各抗日根据地也在力所能及的范围内推广农业新技术。在晋察冀边区，"农业专家调查研究了各地水利建设和农林状况，创造了一些新的农具，并开始了纯系育种"，从而在作物育种和栽培方面取得了显著成绩，使小麦产量增产10%，玉蜀黍增产10%～20%，茄子增产40%。

第十三章
解放战争时期的土地改革运动

抗日战争胜利后，内战危机泛起。1946年，国民党蒋介石集团违反停战协定，向解放区发起进攻。随着国内阶级矛盾逐渐取代民族矛盾成为主要矛盾，作为抗日民族统一战线的"减租减息"政策已不适应新形势的需要，解放区广大农民强烈要求进行土地改革。1946年5月4日，中共中央发出《关于土地问题的指示》，即《五四指示》，决定将抗日战争以来实行的"减租减息"政策改为没收地主土地分配给农民，实现耕者有其田。《五四指示》要求，坚决地支持和引导广大农民群众采取各种适当的办法，使地主阶级剥削农民而占有的土地转移到农民手中，用一切方法吸收中农参加运动，决不可侵犯中农土地；一般不变动富农土地，对富农和地主有所区别。要"坚决拥护广大群众这种直接实行土地改革的行动""坚决拥护农民一切正当的主张和正义的行动，批准农民获得和正在获得土地"。这些规定标志着解放区在农民土地问题上，由抗日战争时期的削弱封建剥削向变革封建土地关系、废除封建剥削制度过渡。

《五四指示》发出后，各解放区根据指示精神，迅速开展了土地改革运动。到1947年2月，各解放区已经有2/3的地区解决了土地问题，极大地促进了广大农民对解放战争的支援。《五四指示》作为过渡政策，仍允许地主可以保留的土地是中农的两倍，也没有全部废止"减租减息"。但随着解放战争形势由防御转向进攻，需要进

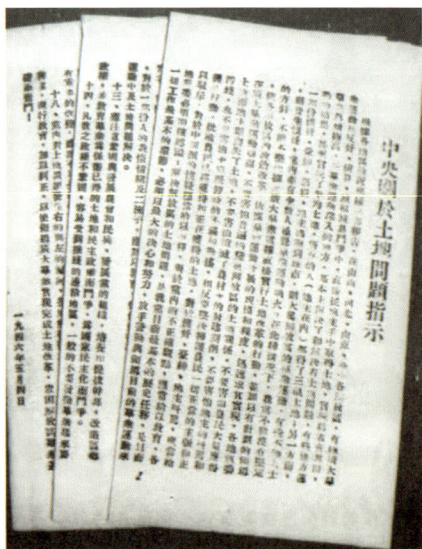

1946年5月4日中共中央关于土地问题的指示

一步调动农民的革命和生产的积极性，此时被认为对地主照顾过多的《五四指示》已经不适应形势发展的需要。1947 年 7 月至 9 月中共中央在河北省建屏（今平山）县西柏坡村召开土地会议。会议在中央工作委员会书记刘少奇的主持下，通过了《中国土地法大纲》（以下简称《大纲》）。

1947 年 7 月，中共中央在河北平山召开土地会议，制定并通过了土地法大纲

　　《大纲》共 16 条，其主要内容可以概括为 6 个方面：一是彻底废除封建和半封建的土地制度。《大纲》明确规定："废除封建性及半封建性剥削的土地制度，实行耕者有其田的土地制度。""废除一切地主的土地所有权。""废除一切祠堂、庙宇、寺院、学校、机关及团体的土地所有权。""废除一切乡村中在土地制度改革以前的债务。"并规定："乡村农会接收地主的牲畜、农具、房屋、粮食及其他财产，并征收富农的上述财产的多余部分。"二是规定了土地改革的合法执行机关。《大纲》规定："乡村农民大会及其选出的委员会，乡村中无地少地的农民所组织的贫农团大会及其选出的委员会，区、县、省等级农民代表大会及其选出的委员会为改革土地制度的合法执行机关。"三是规定了平均分配一切土地和分配财产的办法。《大纲》规定："乡村中一切地主的土地及公地，由乡村农会接收，连同乡村中其他一切土地，按乡村全部人口，不分男女老幼，统一平均分配，在土地数量上抽多补少，质量上抽肥补瘦，使全乡村人民均获得同等的土地。"并规定，接收地主和征收富农的牲畜、农具、房屋、粮食等财产，"分给缺乏这些财产

中共中央关于公布土地法大纲的决议

的农民及其他贫民，并分给地主同样的一份"。四是规定了土地改革之后农民的土地、财产所有权。《大纲》规定："分给各人的财产归本人所有，使全乡村人民均获得适当的生产资料及生活资料。""分给人民的土地，由政府发给土地所有证，并承认其自由经营、买卖及在特定条件下出租的权力。"五是规定了保护工商业的政策。《大纲》规定："保护工商业者的财产及其合法的营业不受侵犯。"六是组织人民法庭，保障土地改革的实施。《大纲》规定："对于一切违抗和破坏本法的罪犯，应组织人民法庭予以审判及处分。人民法庭由农民大会或农民代表会所选举及由政府所委派的人员组成之。"

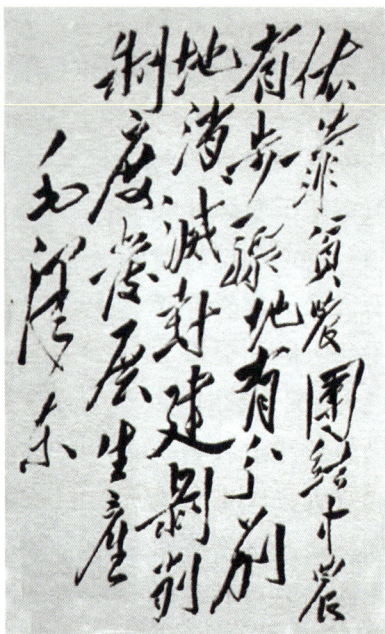

毛泽东书写的土地改革总路线

　　《中国土地法大纲》是中国共产党在新形势下公开举起的一面彻底废除封建土地所有制的战斗旗帜，它极大地推进了解放区的土地制度改革运动，并在国民党统治区产生了巨大的反响。全国土地会议之后，各个解放区出现了平分土地的热潮。各地坚决贯彻《中国土地法大纲》，把解放区的土地改革运动推向高潮。到1948年9月，解放区已经在有1亿多人口的地区彻底消灭了封建势力，完成了土地改革。但是，在这一时期，曾出现过左的偏向，主要是：侵犯一部分中农的利益，如错定了一些中农的成分，办事不要中农参加，给中农摊派过重的公粮负担等；侵犯了一部分民族工商业等。这有党的政策不完善的原因，但其真正的深层次的原因却归根于农民在小农经济基础上形成的平均主义思想。中国共产党密切地注视着运动的发展，在发现这些"左"的偏差之后，立即着手进行调整，采取多种措施来

实现耕者有其田，农民欣欣鼓舞

加以纠正。从1947年十二月会
议开始，中共中央通过一系列领
导人讲话、党的文件，对土地改
革的政策和策略作了许多更加完
善的规定和说明，从而逐步引导
土地改革运动走上了健康发展的
道路。

　　由于制定了一条正确的土
地革命路线，解放区的土地改革
运动取得了极大的胜利，从根
本上废除了几千年来在中国大
地上盘根错节的封建制度的根
基，使农村的生产关系得到了根
本的改变。解放区1亿多农民获
得了土地，发展了农业生产，从
而迸发出巨大的革命热情。他们
或在物力和人力上极大地支援解
放战争，或直接参军或积极支援
前线，出动支前大小车辆141万
辆，提供粮食8.5亿斤，支前民

东北地区的农民在土改中分田地

翻身农民踊跃参军或支援前线

工达880余万人次。这对于保证取得解放战争的胜利，加速打败蒋介石、解
放全中国的进程起到了巨大作用。

　　到新中国成立时，已在1.19亿农业人口的老解放区（总人口1.34亿）
完成或基本完成土地改革。

第十四章
解放战争时期的农业生产

土地改革以后，农民分得了土地和农具，生产积极性大为提高。但从事个体生产的农户特别是贫雇农，拥有的生产资料不足，在生产中遇到了许多困难，因此，中共中央要求各解放区在总结抗战时期经验的基础上继续开展互助合作，确定的原则和方针是：自愿结合、平等互利、等价交换、正确引导、民主监督。在中央号召下，各解放区大力发展变工队、互助组一类的合作组织，互助合作运动快速发展起来。如晋冀鲁豫解放区的太行山区，1946年组织起来的劳动力比1944年增长了3倍多；华东解放区的山东地区1946年上半年与1945年相比增长了27%。互助合作组织不仅在数量不断增长，质量上也有提高，争当模范互助合作组织的热情高涨。互助合作与单干相比显示出明显优势，先进的生产技术得到更好的推广，在育种、精耕细作、农具改革等方面，劳动效率明显提高。在晋冀鲁豫解放区的台关十里村，按1946年的操作标准，互助合作前每人能种10.94亩，互助合作后每人能种14亩，多种3.06亩。

农民拥有了土地，但不少农民却怕"富裕"、怕"冒尖"，害怕成了富裕农民后再出现一次土地改革。针对这一情况，党和解放区政府通过各种方式向农民宣传党的政策是帮助农民立家兴业、发家致富，同时对那些不专心生产、靠斗争吃饭和游手好闲的"二流子"思想进行批判。1947年1月，党中央提出搞好农业生产的同时，还要"继续组织农民从事副业生产"，做到"耕三余一"，使农民富足。响应党中央的号召，晋冀鲁豫中央局发出《关于开展生产运动的指示》，号

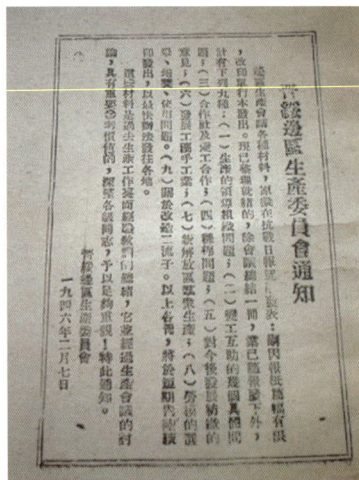

晋绥边区生产委员会通知

召所属军民"组织起来，发展生产，兴家立业，发财致富"。陕甘宁边区和西北局，在《开展一九四八年春耕运动的指示》中，也明确发出"提倡发家致富，奖励劳动"的号召。同时，各解放区开展劳模评选活动，对那些积极从事农业生产，且有显著成绩的农民授予"劳模"荣誉称号，给予嘉奖。这些措施，使农业劳动互助合作运动向着更加健康的方向发展。

解放区党和政府十分重视兴修水利，扩大耕地面积，改善农业生产条件。在晋西北解放区，各级政府积极组织人力物力兴修水利，使灌溉地面积由抗战结束时的5万亩增至1948年的24万亩。在东北解放区，1949年一年中就动员13万民工，修补堤1 800里，挖排水沟渠900多里。山东解放区在1946年就打井48 138口，开渠306道，筑堤615道，共灌溉地7 588亩。水利工程的修复使大量的农田免受旱灾、水灾等自然灾害的侵蚀，为农业生产发展提供了保证。为提高产量，各解放区大力鼓励开垦荒地，扩大耕地面积。如在东北解放区，曾明文规定："奖励开荒，凡无主生荒允许人民报领，当年开垦之后，即归本人所有，并免征公粮三年；开熟荒者，不论原主与新户，一律免征公粮一年。"这一政策的实施取得了显著效果，仅1948年一年，东北解放区新开荒地就达683.5万亩。

各解放区非常重视农业科学技术的应用和推广，创建农事试验和科研机构。在东北解放区，1946年11月，在伪满佳木斯试验场的基础上建立了佳木斯农事试验场；1948年11月，公主岭农事试验场成立，成为东北地区农业科学研究中心。此后，又建立了一批试验场、种畜场。到1949年，东北解放区的农牧业科研机构和农业技术推广机构已初具规模。华北解放区于1948年5月，在石家庄建立华北农业试验场、华北农业技术推广队、家畜防疫处和水利推进社等机构，1949年1月在北平西郊成立了华北农业科学研究所。山东解放区随着解放战争的胜利，先后在坊子、渤海、莒县、青州等地设立了农事试验场，到1949年初，已有农业试验场22个，农业示范场85个，初步形成了农业科技的试验示范网络。各解放区，对已在试验场改良和试验过的优良品种和耕作新技术进行大力推广，同时，还在条件许可的地区兴办农具厂，积极改良旧农具、推广新农具。

各解放区经过艰苦努力，克服战争带来的困难，使解放区的农业生产迅速得到恢复。如东北解放区粮食产量呈逐年递增趋势，1948年达到1 187万吨，1949年达到1 320万吨。山东解放区有的县已接近或超过抗战前的水平。晋绥解放区1948年全区已恢复到八成，有的县已恢复抗战前水平，据10县15村和1个区的调查，1948年同1946年相比，平均亩产增加了25%。华北解放区粮食平均亩产120斤（折成小米），共收粮227.7亿斤，达到抗战前的八成水平。一些老解放区如晋冀鲁豫的潞城、黎城等县的部分村庄，在1946年就达到了"耕三余一"，有的甚至达到了"耕二余一""耕一余一"。农民的生活也有了显著改善，有的地方1949年购买力比1947年增长了60%～80%；1947年东北地区的布匹的销售量是80万匹，1948年时为120万匹。

解放战争后期，随着解放的大中型城市逐渐增多，解放区开始为城市生产粮食和工业原料。1948年底，陕甘宁边区提出，要改变过去那种"地方性生产自给的政策"，增产工业所必需的各种原料，如棉、烟、油籽等。1948年下半年，近代棉纺工业较为集中的青岛、天津解放在即，棉花生产被提上议事日程。1948年华北解放的棉花种植面积占3.55%，产棉量1.72亿斤，1949年1月，冀鲁豫生产会议提出棉花增产的要求，"全华北计划生产棉花二万万斤""每亩产棉要提高到二十五斤"。同时，油菜、烟草、大麻子等其他工业原料作物也被大量种植。解放区政府还筹划发展国际贸易，以从国际上"换回我们需要的各种建设器材"，鼓励解放区农民种植大豆、花生等作物。

总之，在党的领导下，解放区通过土地改革、农业互助合作、兴修水利、推广科学种田等措施，农业生产迅速得到恢复，为前线提供了必要的物质保障，为解放区社会经济的发展和解放区的巩固壮大、为赢得解放战争的最后胜利奠定了物质基础。

解放区农民发展生产，支援前线

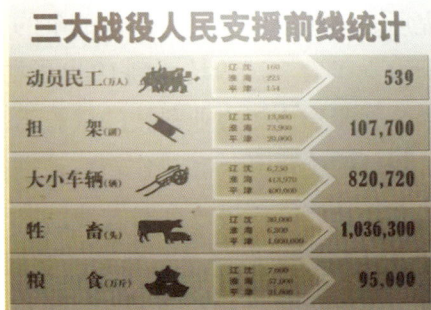

三大战役人民支援前线统计

三大战役人民支援前线统计		
动员民工(万人)	辽沈 160 淮海 225 平津 154	539
担架(副)	辽沈 13,800 淮海 23,900 平津 20,000	107,700
大小车辆(辆)	辽沈 6,750 淮海 413,075 平津 400,000	820,720
牲畜(头)	辽沈 30,000 淮海 6,300 平津 1,000,000	1,036,300
粮食(万斤)	辽沈 7,000 淮海 57,000 平津 31,000	95,000

第十五章

华北人民政府农业部的成立及其职责

1948年9月26日，在解放战争进入反攻阶段之际，华北人民政府在平山县王子村成立，同时设立了华北人民政府农业部。它将晋冀鲁豫、晋察冀两大解放区连成一体，助力支援解放战争。

《华北人民政府各部门组织规程》第九条规定：农业部主管全区农副业生产建设事宜。根据华北人民政府的指示，华北人民政府农业部确定以农业为基础，农业生产为中心，把恢复和发展农业生产放在首位的工作方针，对解放区的土地政策和农、林、牧、副、渔等生产作统一的规划和部署。积极落实中央土地政策，制定农林牧渔生产计划，指导大生产运动，组织农村互助合作事业，兴办农田水利，植树造林，推广农业先进技术，制定相应的扶持与鼓励政策，大力推动华北地区农业生产发展。

对于土地改革，早在1948年8月，华北临时人民代表大会通过的《华北人民政府施政方针》明确规定：为恢复和发展农业生产，在土改已经完成的地区，应即普发土地证以确定地权；在土改尚未完成的地区，应分别情况，适当调剂土地；承认土地买卖、雇佣劳动和私人借贷自由；在自愿结合、等价交换的原则下建立农民生产合作互助组织。

对于实行绿化，消灭荒山荒地，提出"保护现有山林，恢复禁山，并在各大林区及全区各地组织群众植树二千四百余万株（特别是果树），加强技术指导与组织管理，保证成活率在百分之七十以上"。"严格禁止开垦山荒（山坡地）以防止山洪泛滥，过去已开垦的山荒，可动员群众修成梯田或改植树木。农业税上规定新修梯田免税三年，应广为宣传，如因停止开荒影响当地群众生活的，可帮助其进行其他生产。山岳地区署、县可发布禁开山荒的布告，并向群众说明禁开山荒的意义，督促切实执行。"

对于兴修水利，提出"奖励兴修水利，发展水田，要很好宣传农业税则规定的奖励办法，政府并可给以贷款及技术的指导，群众合作修渠的，更应加以协助"。"尽量发挥水力，运用可能利用的水渠、水井、水池，进行播种，并须注意使水管理以节省水量，加紧完成兴修水利计划，并发动群众修水渠、透河井、积水池、人工扬水小规模的水利。大量修复旧井、旧水车、旧水渠，政府并给以必要的扶助。各地贷款亦应尽可能地用到水利方面来。"

对于防治病虫害，要求"运用一切可能的办法，利用一切可能的条件，并进行严密的防除虫害的组织工作，以保证不使害虫成灾"。

1948年9月到1949年10月的一年多时间里，华北人民政府农业部发布了《华北人民政府关于农业税土地亩数及常年应产量订定标准的规定》《华北区农业生产计划》《奖励农业增产指示》《为紧急防旱克服困难的通知》《一九四九年华北区治河计划》《关于防汛工作的指示》《紧急动员除虫保苗的指示》《为令各地政府及河务部门派专人检查修补各河堤防险工令》《关于秋收种麦秋耕及生产救灾工作指示》《关于开展植树护林运动的指示》《关于大量采集树籽开展秋季造林运动和建设苗圃的指示》等10余项农业政策法规。

华北人民政府时期的工作，充分调动了广大农民群众的生产积极性，促进了华北地区农业生产的大发展，有力地保障了军需民食，积累了宝贵的农业生产管理经验，为新中国成立后全国的农业发展奠定了基础。

1949年10月31日，华北人民政府完成了它的历史使命。华北人民政府及其农业部从成立到撤销仅仅一年零一个月的时间，在这短短的一年多的时间里，在党中央的领导下，率领华北解放区的人民积极进行农业建设，为解放战争的胜利写下了光辉的一页。

华北农业生产统计资料

第二篇　社会主义革命和建设时期的农业探索与实践

第一章

新解放区的土地改革

　　新中国成立以前，全国大约有1.19亿农业人口的解放区实行了土地改革。1949年3月召开的党的七届二中全会对新解放区的土地改革进行了部署，指出，将来在南方新解放区，必须"首先有步骤地展开清剿土匪和反对恶霸即地主阶级当权派的斗争，完成减租减息的准备工作"，以便在一二年后"实现减租减息的任务，造成分配土地的先决条件"。1949年9月中国人民政治协商会议通过的《中国人民政治协商会议共同纲领》规定，"有步骤地将封建半封建的土地所有制改变为农民的土地所有制""凡已实行土地改革的地区，必须保护农民已得土地的所有权。凡尚未实行土地改革的地区，必须发动农民群众，建立农民团体，经过清除土匪恶霸、减租减息和分配土地等项步骤，实现耕者有其田"。可以说，新解放区的土地改革是党中央确定的必须完成的计划。

　　新中国成立后，中共中央立即开始在新解放区实行土地改革运动的准备工作。在土地改革之前，普遍进行了减租减息和退押工作，主要是减少农民交给地主的一部分地租额，一般为"二五"减租，同时减交农民向地主借贷的一部分高额利息，退还农民租地时向地主交纳的押金等。通过开展减租减息和退押运动，广大农民获得了经济上的利益，增加了收入，提高了生产积极性。同时，这场斗争提高了大多数农民政治觉悟，为新解放区实行土地改革提供了群众基础。

　　1950年6月，党的七届三中全会讨论了新解放区土地制度

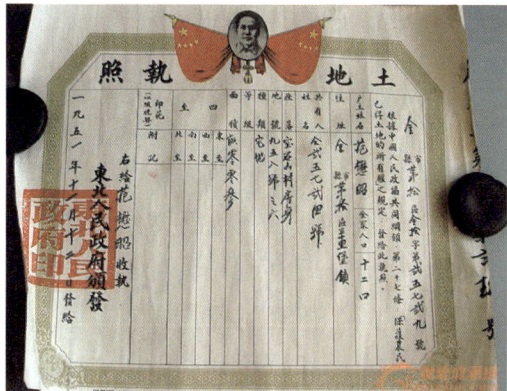

1951年东北人民政府颁发的土地证

改革。中央规定的土地改革的总路线和总政策是：依靠贫农、雇农，团结中农，中立富农，有步骤地有分别地消灭封建剥削制度，发展农业生产。同年6月30日，中央人民政府正式公布了《中华人民共和国土地改革法》。同老解放区的土地改革相比，土地改革法在若干政策上作了新的规定。一是将过去征收富农多余土地财产的政策，改变为保存富农经济的政策。规定"保护富农所有自耕和雇人耕种的土地及其他财产，不得侵犯。富农所有之出租的小量土地，亦予保留不动；但在某些特殊地区，经省以上人民政府的批准，得征收其出租土地的一部或全部"。同时规定，半地主式的富农出租大量土地，属于封建剥削性质，凡超过其自耕和雇人耕种的土地数量者，应征收其出租的土地。二是由没收地主在农村中的一切财产，改变为只没收其"五大财产"。即没收地主的土地、耕畜、农具、多余的粮食及其在农村中多余的房屋，但地主的其他财产不予没收。这样做，可以维持地主的生活，并使地主的其他财产能投入农业生产或投资工商业，对稳定社会秩序，发展生产有利。另外，对地主兼营的工商业及其直接用于经营工商业的土地和财产实行不没收的政策，因为地主兼营工商业这部分私有财产，是受到《共同纲领》保护的。三是对小土地出租者采取保护的政策，不征收其出租的土地。《土地改革法》规定：革命军人、烈士家属、工人、职员、自由职业者、小贩以及因从事其他职业或因缺乏劳动力而出租小量土地者，均不得以地主论。其每人平均所有土地数量不超过当地每人平均土地数量200%者均保留不动。超过此标准者，得征收其超过部分的土地。由于小土地出租者的土地所占比重很小，基本不动这部分土地，对于满足贫苦农民的土地要求和发展农业生产并无大的不利，而照顾这些人，尤其使他们当中的生活困难者得以维持生计，可起到社会保险的作用。土地改革法还规定，保护中农（包括富裕中农在内）的土地及其他财产不受侵犯。上述法律规定，对于保证土地改革的顺利进行以及恢复和发展农业生产具有重

农民学习土地改革法

要意义。

土地改革法颁布后,《农民协会组织通则》《人民法庭组织通则》以及《关于划分农村阶级成分的决定》等一系列与之相配套的法规、政策也相继制定和公布实施。关于农村阶级成分的划分,政务院具体规定了划分地主、富农、中农、贫农、工人等成分的标准,并明确了"知识分子的阶级出身,依其家庭成分决定,其本人的阶级成分,依本人取得主要生活来源的方法决定"。对小手工业者、自由职业者、手工业资本家、手工业工人、小商小贩、开明士绅的划分以及地主成分的改变等问题,也分别作了规定。

在中央统一部署下,土地改革运动从1950年冬季开始在新解放区农村广泛展开。从中央到地方抽调大批干部组织土改工作队,分期分批深入农村,经过发动群众、成立农会、划分阶级成分、没收和分配土地、复查总结等一系列过程,组织农民向封建地主阶级开展斗争,建立了最广泛的反封建统一战线。

由于政策得当,土地改革进行顺利。到1952年末,全国除新疆、西藏等少数民族地区和台湾外,广大新解放区的土地改革基本完成。连同老解放区,完成土地改革地区的农业人口占全国农业人口总数的90%以上,共没收征收约7亿亩的土地分配给约3亿无地和少地的农民,免除了土地改革以前农民每年给地主交纳的高达3 000万吨以上的粮食地租。土地改革的基本完成使我国农村土地关系发生了根本性变化。占农村人口92.1%的贫农、中农,占有全部耕地的91.4%;原占人口7.9%的地主富农,只占有全部耕地的8.6%。在土地改革中,广大农民还分得了大批其他生产资料和生活资料,

湖南省岳阳县农民在土改中分得水牛

分到土地的农民焚烧旧地契

计有耕畜296万头、农具3 944万件、房屋3 795万间、粮食500多万吨，这是历史上前所未有的经济补偿。

1952年土地改革成就宣传画

土地改革是中国几千年来土地制度上一次最重大、最彻底、最大规模的改革，封建土地所有制被彻底废除，长期被束缚的农村生产力获得了巨大解放，广大农民的生产积极性空前高涨，农业生产由此获得巨大发展。在土地改革基本完成的1952年，全国粮食产量比1949年增长42.8%。在生产发展的基础上，农民收入普遍增加，购买力成倍增长，生活水平明显提高。土地改革带来的农村经济发展，农民积极性的提高，为新中国成立初期整个国民经济的恢复和发展、进行社会主义工业化建设奠定了基础。

第二章

新中国统一农业税制度的形成

新中国成立初期，由于当时工商业比较落后，农业税收入在税收中占有很大的比例。1950年全国农业税收入约19.1亿元，约占全国税收的39%。1950年，中央政府以支持国家建设，适当减轻农民负担，促进农业生产发展为出发点，着手健全规范农业税的各项制度。同年3月26日，政务院发布了《关于统一国家公粮收支、保管、调度的决定》，决定中规定：征收国家公粮的税则和税率，统由中央人民政府政务院规定，各级地方人民政府不得自定或者修改。

老解放区由于已完成土地改革，1950年各大区基本上仍沿用1949年的农业税征收制度，即《东北区公粮征收暂行条例》《华北地区农业税暂行税则》《西北老解放区农业税暂行条例》。1951年，华北、东北、西北等大区人民政府对原条例作了若干修订后，重新颁发了老解放区的农业税暂行条例。1952—1955年，根据中央人民政府的指示，各大区军政委员会相继对新老解放区农业税征收条例进行了修改，增加了受灾农户的减免办法，重新调整了纳税单位。此时，尽管农业税负担的基本政策是全国一致的，但农业税的具体征收办法，不仅老解放区与新解放区不同，而且各个老解放区之间也不尽相同，形成了新老解放区区域性相对统一的两类农业税制。

新解放区的农业税征收办法不统一，许多地方还未来得及建立正规的农业税制度。1950年9月5日，中央人民政府公布并施行《新解放区农业税暂行条例》，这个条例是根据新解放区一

农民卖公粮情景

般情况，特别是还没有经过土地改革的情况制定的。根据《新解放区农业税暂行条例》的规定，新解放区的农业税以户为单位，按照农业人口每人平均的农业收入计征。农业收入的计算，以土地的常年应产量为标准，以市斤为单位。不同来源的收入计算方法不同。每户农业人口全年平均农业收入不超过150

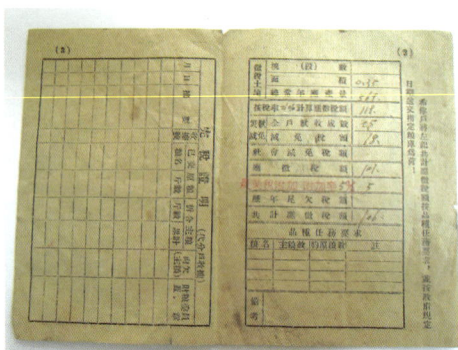

农业税纳税记录

斤主粮者免征，超过者按照3%～42%（后来逐步调整为7%～30%）的40级全额累进税率计征，农业税地方附加不得超过正税的15%。荒地，以试验为目的的农场、林场，经过县（市）以上人民政府批准的学校、孤儿院、养老院、医院自耕的土地，机关、部队的农业生产收入已经向国家缴纳生产任务的，可以免征农业税。垦种荒地、轮歇地，可以定期免征农业税。遭受自然灾害者和非凡贫困者，经过批准可以减征、免征农业税。

全国农业合作化基本完成以后，农村的生产关系发生了根本的变化。由于《新解放区农业税暂行条例》是以个体经济为基础的，虽然根据土地制度的改革、农业生产的发展和互助合作运动的开展等情况，1952年以后作了一些修改，但和农业合作化以后新的生产关系已经不相适应。而各个老解放区的农业税征收办法，一般也是合作化以前制定和修改的，同样已经不适用了。所以，从1956年起，国家就开始起草新的农业税条例。1958年6月3日，第一届全国人民代表大会常务委员会第九十六次会议通过《中华人民共和国农业税条例》，并同日公布施行。新的农业税条例是本着促进农业生产的发展和农业生产合作社的巩固，兼顾国家、集体和个人利益的原则，并且根据统一领导同因地制宜相结合的方针，和尽量简化征税制度的精神来拟定的。国务院于农业税条例发布同日公布了《关于各省、自治区、直辖市农业税平均税率的规定》，规定各省、自治区、直辖市农业税的平均税率从13%（新疆维吾尔自治区）到19%（黑龙江省）不等，西藏地区征收农业税的办法由西藏自治区筹备委员会自行规定。至此，以农业税条例的颁布实施为标志，新中国统一的农业税制度正式形成。

1959年至1961年，我国国民经济遭遇了严重困难，国家对农业税进行了适当调整。1961年6月23日，中共中央批转财政部党组报送的《关于调整农业税负担的报告》指出：农业税的实际负担率，即农业税正税和地方附加的实际税额占农业实际收入的比例，全国平均不超过10%。同时确定，1961年农业税征收额调减以后，稳定3年不变，增产不增税。据此，开始长期实行稳定农业税负担、增产不增税的政策。随着农业的发展，农民的实际农业税负担在逐年下降，据统计，全国农业税实际负担率，新中国成立初期为13%，"一五"期间为11.6%，"三五"期间为6.4%，"五五"期间为4.2%，"九五"以后基本稳定在2%左右。

生产队完成农业税证书

　　1983年11月12日，国务院发布《关于对农业特产收入征收农业税的若干规定》，决定对农业特产收入单独征收农业税，标志着农业特产税的诞生。

　　此后，国家在不同的发展阶段，根据农业发展的实际情况，对农业税政策又作了多次调整。2005年12月29日，十届全国人大常委会第十九次会议决定，从2006年1月1日起正式废止《中华人民共和国农业税条例》，这标志着在我国延续了2 600年的农业税制度从此退出历史舞台。

第三章

从互助组到高级社的合作化运动

新中国成立后，党领导全国人民开始了有步骤地由新民主主义向社会主义转变。经过三年经济恢复工作之后，1952年底，中共中央提出了党在过渡时期的总路线。按照总路线的要求，从1953年起，在大力推进工业化建设的同时，逐步实现对农业、手工业和资本主义工商业的社会主义改造。农业的社会主义改造实际上就是农业的合作化。

毛泽东《关于农业合作化问题》宣传栏

早在新中国成立前，中共中央就确定了新中国的发展前途是社会主义，但在新中国成立初期要实行相当长的一段新民主主义制度。首先在农村实行土地改革，让个体农民发展农业生产，壮大农村经济，并使工业化有一定发展，然后再根据农民意愿，兴办合作社，逐步对农民进行社会主义改造。但由于土地改革后出现了一些新情况，党中央改变了原来的政策，主张快速实现农业合作化，加快向社会主义过渡。因此，农业合作化不仅提前开始，而且发展迅猛。

农业合作化从发展互助组开始。在先期完成土地改革的老解放区如东北区，绝大多数农民的经济生活水平得到提高，但在拥有土地的农民中，一些农户由于缺少资金、劳力、农具或无管理能力，生

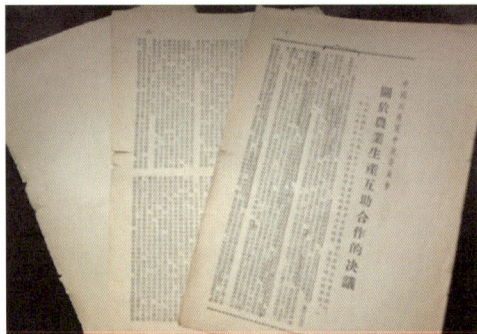

中共中央关于农业生产互助合作的决议

产遇到很大困难，有的开始卖地或出租土地、借贷或做雇工，生活重陷于困境；同时，也有少部分农民开始雇用长工，有的人集中了多于全村平均数二倍到三倍的土地，农村出现新的两极分化现象。鉴于老解放区的土地改革后出现的情况，1949年9月29日，中国人民政治协商会议通过的《中国人民政治协商会议共同纲领》第三十四条提出，土地改革完成后，人民政府："应组织农民及一切可以从事农业的劳动力以发展农业生产及其副业为中心任务，并引导农民逐步按照自愿和互利的原则，组织各种形式的劳动互助和生产合作。"在全国土地改革完成以后，党和政府号召农民组织起来，发展生产，走共同富裕的道路。1951年9月，中共中央召开了第一次互助合作会议，讨论通过了《关于农业生产互助合作的决议》，并以草案的形式发给各地试行。这个决议草案提出了农业生产互助合作运动的基本政策，规定了互助合作运动发展的三种形式：一是简单的劳动互助，以小型的、临时性的、季节性的劳动互助为表现；二是常年的互助组，这类互助组有农业和副业的互助，简单的生活计划、某些技术分工和少量的公有财产；三是土地合作社，即在土地私有或半私有基础上，以土地入股为特点的农业合作社，它便于土地的计划种植，地尽其用，调剂劳动力，发挥劳动分工的积极性，可能克服小农经济的弱点。

1951年2月和1952年2月，中央人民政府连续颁布了《关于农业生产的决定》，强调"自愿结合、等价交换和民主管理是组织起来的原则""在全国范围内，应普遍大量发展简单的、季节性的劳动互助组；在互助运动有基础的地区，应推广常年定型的、农副业结合的互助组；在群众互助经验丰富而又有较强骨干的地区，应当有领导、有重点地发展土地入股的农业生产合作社"，把农业互助合作组织作为党和政府领导农业生产主要的组织形式。

互助组实行劳力互助，畜力、劳力交换，土地、农具等生产资料仍归各户所有。农民拥有是否参加互助组织的权利，而互助组在帮助

农业社社员要求将土地转为集体所有，建立高级社

农民解决生产资料不足、克服生活困难方面充分体现了自愿互利、自由结合的基本原则。到1952年底，全国组织起来的农户占总农户的41.77%，共有互助组830余万个。

　　在互助合作运动发展过程中，一些地方试办的以土地入股、统一经营为特点的农业生产合作社显示出明显的优越性，被中央认为是领

向农民宣传加入互助组的意义

导互助合作运动继续前进的重要环节。为此，1953年12月，根据党在过渡时期的总路线和总任务，中共中央通过了《关于发展农业生产合作社的决议》，提出有计划地逐步地完成改造小农经济的工作。1954年上半年，在普遍建立互助组的基础上，本着自愿互利的原则，以土地入股的形式组织起初级农业生产合作社（土地合作社，简称初级社）开始在全国范围内推广。到1954年底，全国初级社发展到63.3万个。

　　初级农业生产合作社入社农户作价入股的土地和耕畜与大中农机具等生产资料仍是私有，但归合作社统一经营，并按规定比例参与分红；社员参加社内劳动，统一管理，分工协作，劳动报酬根据按劳分配原则，采取劳动工分的形式。社员除参加社内劳动外，还可以耕种自留地和经营其他家庭副业。初级社的总收入，在扣除当年生产费用、税金、公积金和公益金以后，所余部分分给社员，作为社员的劳动报酬和土地等生产资料的报酬。初级社实行民主管理，最高管理机关是社员大会。初级社没有改变土地和其他重要生产资料的私有性质，但已经有了公有的生产资料和公共积累，在分配中既有按生产要素分配的成分，也有按劳分配的因素，具有半社会主义性质，这是土地改革后中国农村发展的必然结果，也符合广大农民的愿望和要求，对于农业生产力和农村经济发展有明显的促进作用。据华北、东北两区40个农业生产合作社统计，1951年各社单位面积产量均超过当地互助组16.4%，超过当地单干农民39.2%，产量最高的甚至超过单干农民1倍以上。

　　1955年11月9日第一届全国人民代表大会常务委员会第二十四次会议通过了《农业生产合作社示范章程草案》，后经第一届全国人民代表大会常务委员会第三十三次会议通过，正式成为初级社章程。初级社章程共有12章

82条，分别对初级农业生产合作社的性质、目的和原则，社员条件和权利义务，土地和其他生产资料，股份基金、生产、劳动组织和劳动纪律，财务管理和分配，政治工作和文化福利事业，以及管理机构等问题，作了详细的规定。

1956年4月30日，《人民日报》向世界宣布：中国农村基本上实现了初级农业合作化。此时，全国农业生产合作社共有1 008 000个，入社农户10 668万户，占全国农户总数的90%。其中，除湖南、四川、云南3省入社农户占农户总数70%~80%以外，其余省市都在80%以上，并且有15个省份达到90%以上。

以土地入股、统一经营为特点的初级农业合作社

在初级社发展过程中，一些地方的农业合作社取消土地入股分红，实行土地等主要生产资料集体所有，这种合作社后来被称为高级农业合作社，简称高级社。

1955年10月，党的七届六中全会通过了《关于农业合作化问题的决议》，决议要求："各省、市和各自治区党委在制订合作化规划时，应该注意在有条件的地方，有重点地试办高级的（即完全社会主义性质的）农业生产合作社。有些已经在基本上实现了半社会主义的合作化的地方，可以根据发展生产的需要、群众觉悟程度和当地的经济条件，按照个别试办、由少到多、分批分期地逐渐地发展的步骤，拟订关于由初级社转变为高级社的计划。"同一时期，毛泽东两次编辑、亲写序言出版了《中国农村的社会主义高潮》，并为书中的104篇文章编写按语，直接推动了农业合作化运动高潮的到来，使高级社由试办转入大发展阶段。不少地方刚刚实现初级合作社，就立即转入高级社，有的甚至直接从互助组或个体单干进入高级社。到1956年上半年，北京、天津、上海、河北、山西、辽宁、吉林、黑龙江、河南、广西、青海等省已经实现农业的高级合作化，加入高级社的农户占各省、自治区、直辖市总农户的90%~95%。到1956年底，全国高级社发展到54万个，参加高级社的农户占全国总农户的88%，高级形式的农业合作化已基本实现。

高级形式的农业合作化的实现标志着农业社会主义改造的完成，实现了由农民个体所有制向集体所有制的转变，但由于在农业合作化特别是初级社转高级社的过程中，存在着要求过急、工作过粗、改变过快、形式过于单一甚至强迫入社等缺点，导致公有化程度过高，合作社规模过大，层次多，劳动难组织、生产难管理等问题，于是出现了"干部乱派工，社员头发懵，干活一窝蜂，好坏分不清"等现象，合作社不顾社员个人利益，片面强调集体利益，遇事不同群众商量，干群关系紧张，社员生产积极性受挫，各地退社事件屡屡发生。

为解决上述这些问题，合作化实现之后，整顿和提高现有高级社成为当务之急。1956年9月，新华社播发了中共中央《关于加强农业生产合作社的生产领导和组织建设的指示》。1956年9月在中国共产党第八次全国代表大会上着重讨论了在社会主义改造基本完成之后，如何保护和发展生产力问题。大会指出，社会主义改造基本完成之后，农业合作化方面任务，就是要继续按照自愿和互利的政策，争取还没有加入合作社的少数农户入社，并且领导那些初级合作社转变为高级合作社。许多合作社过分强调集体利益和集体经营，错误地忽视了社员个人利益、个人自由和家庭副业，这种错误必须迅速纠正。此后，各地采取了较为有力的措施，使高级社状况有所好转，农民闹社退社事件大为减少。但1956年总体上全国有10%～20%的农户的收入减少。

1957年9月，中共中央又连续发出了《关于整顿农业生产合作社的指示》《关于做好农业生产合作社生产管理工作的指示》和《关于在农业生产合作社内部贯彻实行互利政策的指示》，这些文件对于调整农业生产合作社内部合作关系，改善高级社的经营管理，巩固农业合作化成果都具有积极意义。

第四章

农村供销合作社和信用合作社的建立

01　农村供销合作社

供销合作社萌芽于新民主主义革命时期。早在土地革命时期，中央苏区就依靠政府拨款和群众集资创办了消费合作社。1936年，中国共产党在延安南关创建了南区合作社，这是包含供销性质的综合性合作社，服务类型涵盖运盐、供销、生产、信用等，因服务便利而深受群众欢迎，毛泽东曾亲自撰文推

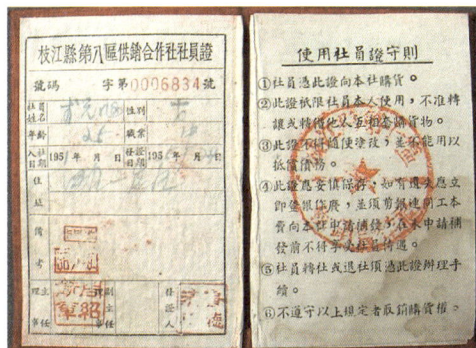

农村供销社社员证

广。1949年1月华北合作委员会召开华北供销合作会议，提出自上而下建立合作社领导机构，成立华北供销合作总社。

新中国成立后，1950年7月中华全国合作社工作者第一届代表会议成立了中华全国合作社联合总社，统一领导全国的供销、消费、手工业等合作社。1954年7月在中华全国合作社第一次代表大会上，中华全国合作社联合总社更名为中华全国供销合作总社，标志着我国供销合作社已经成为一个独立的具有统一系统的集体经济组织。

为了促进农村供销社的发展，政府出台了鼓励政策：新建社一年内免交所得税，营业税减收20%，人民银行向供销社的贷款利率低于向国营贸易贷款利率10%。在国家的大力提倡和社会各界的扶助下，农村供销合作社如雨后春笋般地发展起来，成为农村合作经济的重要形式。到1952年底，全国农村基层供销社发展到35 096个，社员14 796万人，占农村人口的29.4%。1951年全国合作社农产品收购总值较1949年增加了19倍。

供销合作社由国家投入部分资金支持，农民群众自愿集资入股组建，由于能直接帮助解决农业生产的购销困难，免除中间商的剥削而深受广大农民的欢迎。到1957年，供销合作社在全国形成了一个上下连接、纵横交错的全国性流通网络，使农民在供销方面同社会主义经济联系起来，帮助农民少受或免受投机商的盘剥，同时扩大了城乡物资交流，成为联结城乡经济的重要纽带，为保证广大农民的生产和生活资料供应，尽快恢复和发展农业生产发挥了重要作用。

为服从国家经济体制改革大局，供销合作社分别于1958、1970年两次与国营商业合并变为全民所有制，又于1962年、1975年恢复集体所有制。改革开放后，农村供销合作社经多次改革，成为我国唯一的全国性合作经济组织。

02　农村信用合作社

在农村信用合作社建立之前，许多地方在供销合作社或其他合作社内部附设信用部，兼办信贷业务，为农民购买耕畜、农具、肥料等农业生产资料提供一部分资金，帮助农民解决应急之需。1951年，党中央在全国第一次金融工作会议上决定，在全国范围内试办农村信用合作组织，以解决农民生产生活中的资金难题，由此拉开了新中国农村金融事业发展的大幕。1951年中国人民银行颁发了《农村信用合作社章程准则草案》，规定社员入社需缴股金，每人（户）至少一股，每股为小米22斤至30斤；以不分红为原则，如必须分红时，不得超过盈余的20%，或者不超过一年存款利息。经过在各省、县、乡重点试办和逐步推广，到1952年底，全国已建立起2 271个农村信用合作社，另有1 000多个供销合作社附设信用部。

1955年农业银行成立后，承担农村信用合作社管理任务，通过认真调查，全面整顿，完善制度，到1956年底，全国80%以上的乡都建立了信用合作社。1957年再次修订出台了《农村信用合作社示范章程草案》，章程中第一条明确提出："农村信用合作社是农村劳动人民在共产党和人民政府的领导和帮助下，根据自愿和互利原则组织起来的社会主义性质的资金互助组织。"规定"股金分红不超过纯益的40%"，在执行中各地不一。1957年，由人民银行管理的农村信用合作社发展到10.3万家，几乎乡乡都有。

农村信用合作社通过对农村的借贷活动，用社员集资和动员社员存款的方式，集中农村的闲散资金，在一定程度上帮助农民解决了春耕夏忙时节生产和生活资金的不足，成为国家银行在发放农贷方面的助手和补充，促进了农业生产的发展。同时，从资金方面加强了小农经济与社会主义的联系，限制了农村高利贷行为，支持了农村互助合作。

1958年人民公社成立后，农村信用合作社管理体制进行了多次变革，曾先后下放给人民公社、生产大队管理，后来又交给贫下中农管理，农村信用合作社基本成为基层社队的金融工具。1979年，随着中国农业银行的恢复，国务院规定：农村信用合作社既是集体所有制的合作金融组织，又是农业银行的基层机构。此后，农村信用合作社又经过多次变革，逐渐成为农村金融的重要供给体。

第五章
统购统销政策的形成与完善

新中国成立之初，通过实行土地改革、农业互助合作等措施，农业生产获得迅速恢复，粮食产量不断提高，1952年，全国粮食产量达到1.6亿吨，比1949年增长了42%，比历史最高年增长11.3%。然而，由于新中国百废待兴，城镇建设导致商品粮供给人口大增，同时因工业发展需要，国家需要利用出口粮食等农产品换回大量的机械设备、工业原料和外汇，因此，国家对粮食的需求大幅度提高，粮食供求矛盾日益突出。

从1952年下半年起，一些地区出现了抢购粮食以致粮价上涨的情况，当年国家粮食收购计划有40亿斤未能完成。到1953年上半年粮食紧张局势愈演愈烈，抢购风迅速由局部向全国各地蔓延。投机商趁机兴风作浪，抢购囤积，一些农民也惜售待沽。而国家既无财力与投机商高价竞购粮食，也难以给城镇居民提供补贴。所以，即使在产粮区国家也收购不上粮食，导致1953年高达87亿斤粮食收购计划未能完成。

1953年9月，政国务院副总理兼中央财经委员会主任陈云分析了严重的粮食供求紧张问题，认为必须处理好国家与农民、国家与消费者、国家与商人，中央与地方、地方之间的关系，尤其是处理好第一个关系，只要收到粮食，分配就容易了，提出了解决粮食问题的基本方法是统购统销，即在农村实行征购，在城市实行定量配给，严格管理私商，调整内部关系，征购是重点。1953年10月16日，中共中央作出了《关于实行粮食的计划收购与计划供应的决议》。同年11月23日政务院发布了《关于实行粮食的计划收购和计划供应的命令》，粮油统购统销政策于当年12月初在全国开始实行。

统购统销政策包括计划收购、计划供应、市场管理、中央统一管理等4个方面内容。计划收购是指"生产粮食的农民应按国家规定的收购粮种、收购价格和计划收购的分配数字将余粮售给国家"。粮种和价格由中央统一规定。统购价格的规定，大体维持在当时城市出售价格的基础上，以不赔不赚为原则。统购价格必须固定，以克服农民存粮看涨的心理。计划供应范围包括县以上城市、农村集镇、缺粮的经济作物产区、一般地区缺粮户、灾区的灾民等。按照这个范围，当时城乡保障粮食供应的人口接近2亿，超过全国总人口的1/3。市场管理是指："一切从事粮食经营、加工的国营、地方国营、公私合营、合作社营的商店和工厂，统一归当地粮食部门领导；所有私营粮商一律不许私自经营粮食，但得在国家严格监督和管理下，由国家粮食部门委托代销粮食。""所有私营粮食加工厂及经营性的土碾、土磨，一律不得自购原料，自销成品，只能由国家粮食部门委托加工或在国家监督和管理下，代消费户按照国家规定的加工标准从事加工。"

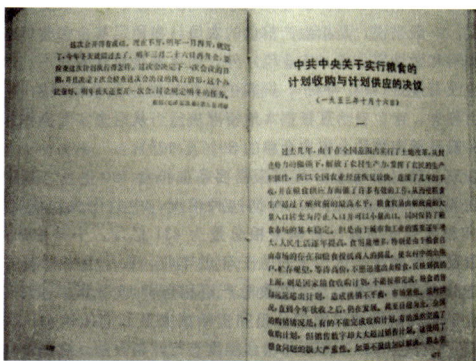

1953年10月，中共中央作出《关于粮食计划收购与计划供应的决定》

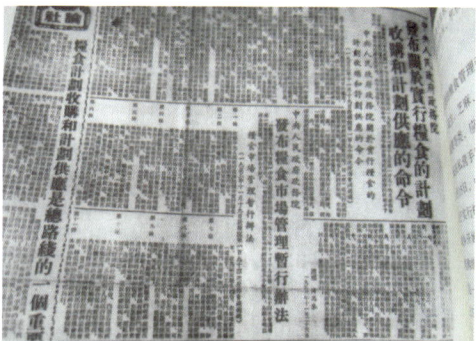

《人民日报》刊登中央人民政府政务院发布的《关于实行粮食的计划收购和计划供应的命令》

"一切非粮食机构和私商，禁止跨行业经营粮食。农民运粮进城出售，由国营粮店或合作社收购。"中央统一管理是指："所有收购量和供应量、收购标准和供应标准、收购价格和供应价格等，都必须由中央统一规定或经中央批准，地方则在既定的方针政策原则下，因地制宜，分工负责，保障其实施。"

统购统销政策执行之初出现过不少矛盾和问题。随着国家对农产品征购数量的大幅度增加，在部分农村出现了强迫命令和买"过头粮"等现象，一些农民不得不将种子粮、饲料粮和口粮卖给国家，严重影响了农民的生活和春耕生产，一些农民甚至被迫背井离乡。另一方面，城市粮食供应不规范，一些居民购买的粮食远超需要，加重了粮食供求矛盾。中央及时发现了问题的严重性，1955年3月，决定粮食征购实行定产、定购和定销的"三定"政策。"定产"就是国家以粮田单位面积常年产量为基础，计算国家粮食购销任务。"定购"就是根据粮食定产数量，扣除农业税和农民自用的种子、饲料和口粮，计算出农民一年应有的余粮数量，然后按余粮的一定比例确定国家对农民的购粮数量，由农民在收获后按照国家规定的牌价交售给国家。"定销"就是评定农民的缺粮数量，国家按照销售牌价给予供应。1955年8月，国务院发布了《农村粮食统购统销暂行办法》，规定："一九五五年分户核定的余粮户粮食交售任务，在正常情况下，自一九五五年起，三年不变，增产不增购；缺粮户的粮食供应，每年核定一次。"为了贯彻粮食计划供应政策，健全市镇粮食供应制度，同期国务院还发布了《市镇粮食定量供应暂行办法》，规定：对市镇的非农业人口实施居民口粮分等定量、工商行业用粮按户定量、牲畜饲料用粮分类定量的供应制度，并均按核定的粮食供应数量发给供应凭证，如市镇居民粮食供应证、全国通用粮票、地方粮票等。此后，粮票等票证在全国各地发行使用。统购统销政策还陆续扩展到棉、油等其他农产品。

全国通用粮票

统购统销政策是特殊时期实行的一项特殊政策。由于后来"大跃进"、人民公社时期实行"左"的经济政策，粮食供求矛盾一直得不到缓解，统购统销政策长期未能废除，反而日益强化。这项政策在粮食紧缺的情况下，节约了粮食，保障了粮食的合理分配、维护了经济和社会稳定。1953—1984年，粮食统购统销制度实行了32年之久，其间，有过多次重大调整。但随着农村改革的进行和商品经济的发展，这项政策已经影响农村商品生产的发展和经济效益的提高，1985年1月，中共中央和国务院决定：从1985年起取消粮食统购，改为合同定购。同时，粮食定量供应也逐渐废止，1993年粮票全面退出历史舞台。

第六章

新中国第一个农业发展纲要

1955 年下半年农业合作化高潮中，在毛泽东倡议下，中共中央政治局着手研究制定《一九五六年到一九六七年全国农业发展纲要》（以下简称《纲要》）。《纲要》由毛泽东组织起草，经中央政治局及其扩大会议多次讨论，并多次征求最高国务会议、知识分子会议、民主党派和人民团体会议的意见后，于 1956 年 1 月 26 日在《人民日报》以"草案"的形式首次公布。后来又发动全民尤其是全体农民讨论，向各级党政部门征求意见，党的全国代表大会讨论，历时四年多，先后四易其稿，最后于 1960 年 4 月 10 日经二届全国人大二次会议讨论通过并公开发布，这是新中国第一个农业发展纲要。

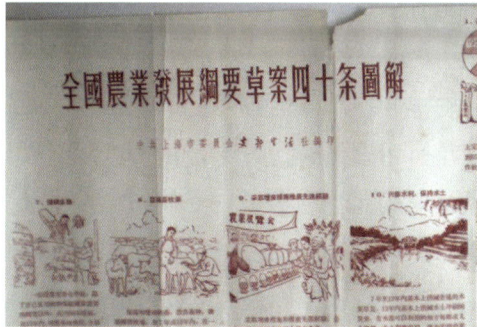

全国农业发展纲要图解

《纲要》开宗明义指出了我国农业的基础地位，提出"社会主义工业是我国国民经济的领导力量。但是，发展农业在我国社会主义建设中占有极重大的地位。农业用粮食和原料供应工业，同时，有 5 亿以上人口的农村，给我国工业提供了世界上的最巨大的国内市场。从这些说来，没有我国的农业，便没有我国的工业。忽视农业方面工作的重要性是完全错误的。"《纲要》是"第一个到第三个五年计划期间，为着迅速发展农业生产力，以便加强我国社会主义工业化、提高农民以及全体人民生活水平的一个斗争纲领"。《纲要》以发展农业合作化和发展农业生产为中心，对农民提高物质生活和文化生活的各项要求作了规定，共40条。

《纲要》要求各省、自治区、直辖市在1956年基本上完成初级形式的农业合作化，达到85%左右的农户加入农业生产合作社；要求合作基础较好并且已经办了一批高级社的地区，在1957年基本上完成高级形式的农业合作化。这些规定对于当时的农业合作化的高潮起了极大的促进作用。

《纲要》规定在不很长的时间内大大提高我国农、林、牧、副、渔生产的要求，首次把农业划分为三大区域，分别提出不同的粮棉产量指标要求。全国各地区在从1956年开始的12年内粮食应达到的每亩平均年产量为：在黄河、秦岭、白龙江以北地区，由1955年的150多斤增加到400斤；黄河以南、淮河以北地区，由1955年的208斤增加到500斤；淮河、秦岭、白龙江以南地区，由1955年的400斤增加到800斤。棉花（皮棉）在12年内应达到的每亩平均年产量，按照各地情况，由1955年的35斤（全国平均数）分别增加到60斤、80斤和100斤。

点灯不用油

各地在保证完成国家所规定的粮食和经济作物的计划指标的条件下，应当积极地发展其他一切有销路的经济作物；农业生产合作社应当鼓励社员在自留地上种植蔬菜，改善自己的生活。

在农业生产措施方面，《纲要》要求从1956年开始，在2年至3年内做到普及棉花良种，在7年至12年内做到普及稻、麦、玉米等主要粮食和经济作物的良种；扩大复种面积，五岭以南地区，要求达到230%；五岭以北、长江以南地区，要求达到200%；长江以北，黄河、秦岭、白龙江以南地区，要求达到160%；黄河、秦岭、白龙江以北、长城以南地区，要求达到120%；长城以北地区也应当尽可能地扩大复种面积；从1956年开始，在12年内，要求增加31 000万亩稻谷、15 000万亩玉米和1亿亩薯类；有计划地开垦荒地，扩大耕地面积，发展国营农场，国营农场的耕地面积由1955年的1 336万亩增加到14 000万亩；采取增产措施和推广先进经验；兴修水利，保持水土；推广新式农具，随着国家工业的发展，逐步地实行农业机械化；改进耕作方法，推广深耕细作等耕作技术；基本上消灭危害农作物最严重的虫害和病害，绿化一切可能绿化的荒地荒山，在一切宅旁、村旁、路旁、水旁以及荒地上、荒山上，有计划地种起树来；发展畜牧业，保护和繁殖猪、马、牛、羊等各种家畜禽，改良畜种；发展海洋水产品的生产和淡水养殖业。《纲要》规定，为提高农业劳动生产力，农村中的每一个男子全劳动力每年至少做250个工作日，每一个农村女子全劳动力每年生产劳动的时间不少于120个工作日；农业生产合作社都必须实行勤俭办社的原则，厉行节约，降低生产成本，反对铺张浪费。

在对发展农业生产提出规划要求的基础上，《纲要》还制定了开展农村文化、教育、卫生等各方面建设的规划。鼓励和协助合作社社员，在自愿和节约的原则下，有准备地有计划地分批分期地修缮和新建家庭住宅，改善社员的居住条件。从1956年开始，分别在7年或者12年内，在一切可能的地方，基本上消灭危害人民最严重的疾病如血吸虫病、血丝虫病等，培养医务人员，分批建立县、区卫生医疗机构和农村医疗站；推广新法接生，保护产妇，降低产妇的染病率和婴儿的死亡率；对于生活无依靠的鳏寡孤独的农户和残废军人，做到保吃、保穿、保烧（燃料）、保教（儿童和少年）、保葬等"五保"，使这些人的生养死葬都有指靠；在一切可能的地方，基本上消灭老鼠、麻雀、苍蝇、蚊子；基本上扫除文盲，扫除文盲的标准是认识1 500字以上，并且乡乡设立业余文化学校，以便进一步地提高农村基层干部和农民的文化水平；基本上普及农村广播网，完成乡和大型合作社的电话网；基本上建成全国地方道路网；对于妇女的生产劳动，必须坚决实行同工同酬的原则；城市工人和合作社的农民必须相互支援，工人应当生产更多更好的工业品，满足农民的需要，农民应当生产更多更好的粮食和工业原料，满

学文化，除文盲

足工业和城市居民的需要。

1956年1月，《纲要》以草案的形式公布后，在全国农村引起强烈反响，广大农民、农业科技工作者及农村干部认真学习和讨论，并结合实际情况，层层修改农业生产计划，制定远景发展规划，迅速掀起农业生产高潮。为了加强对农业生产的领导和技术援助，各地还派出或下放大批干部、科技人员，深入农村种好试验田。不少地方实行干部蹲点包片，培养典型，带动面上生产。与此同时，农业、林业、农垦、水产、水利、气象及商业、卫生等部门和有关单位纷纷召开会议，研究实现《纲要》规定的目标、应采取的步骤和措施等。

事实上，《全国农业发展纲要》经过广泛宣传，被视为全面建设社会主义时期中国农业发展的纲领性文件、农村经济和农村社会发展的指路明灯。虽然《纲要》中出现了一些"左"的目标要求，因而也对农业"大跃进"的发生起到了一定的导向作用，但总体上看，《纲要》的实施不仅推动了农业生产和建设的新高潮，特别是在全国范围内掀起了我国历史上从未有过的大兴水利、推广新式农具及农业机械化的群众运动，也促进了农村社会事业的发展，为新中国初步建立起农村医疗卫生体系，消灭各种传染病，降低产妇的染病率和婴儿的死亡率，大幅度降低农村文盲比率，提高农民文化水平，提高农村基础设施水平，建立农村"五保户"基本生活保障制度等发挥了极大的推动作用。

第七章

"以农业为基础"农业发展方针的确立

中国是一个以农业人口为主的农业大国，而且人口众多，粮食问题关乎人民生活和政局安危。以农业为基础，首先是基于对这一国情的认识。从农业与轻工业、重工业的关系上说，只有农业恢复和发展了，才能提高几亿农民的购买力，增加他们对工业品的需要和对工业原料的供应，从而刺激轻工业和重工业的发展。

"以农业为基础、以工业为主导"，是毛泽东在探索社会主义建设道路过程中提出的一个重要战略思想和经济发展方针。社会主义改造基本完成后，毛泽东鉴于苏联建设中出现的弊端和错误，不失时机地提出要以苏联经验为鉴戒，走自己的路。苏联搞工业化片面强调重工业而忽视农业，农业的积累率远远超过了农民所能承受的限度，导致国民经济发展不平衡，人民生活水平改善缓慢，而且使重工业发展到一定程度后难以为继。对此，毛泽东在1956年的《论十大关系》中提出要处理好重工业与轻工业、农业的关系。他指出："我们现在发展重工业可以有两种办法，一种是少发展一些农业、轻工业，一种是多发展一些农业、轻工业。从长远观点来看，前一种办法会使重工业发展得少些和慢些，至少基础不那么稳固，几十年后算总账是划不来的。后一种办法会使重工业发展得多些和快些，而且由于保障了人民生活的需要，会使它发展的基础更加稳固。"反之，如果片面注重重工业，忽视轻工业和农业，则会导致市场不稳定和人民生活得不到改善，同时也会因积累增加不够而影响工业化进程。在1957年2

丰收的田野

月的《关于正确处理人民内部矛盾的问题》中，毛泽东强调，"我国经济建设是以重工业为中心，这一点必须肯定。但是同时必须充分注意发展农业和轻工业"。在1957年3月党的八届三中全会上，毛泽东明确指出："以重工业为中心，优先发展重工业，这一条毫无问题，毫不动摇。但是在这个条件下，必须实行工业与农业并举，逐步建立现代化的工业和现代化的农业。"在优先发展重工业的同时，实行工业和农业同时并举，正确处理农轻重的关系，这些思想为以后形成"以农业为基础、以工业为主导"的方针，奠定了基础。

根据《毛泽东年谱（1949—1976）》记载，毛泽东第一次提出"以农业为基础"的思想，是在1959年9月。9月21日，他在山东济南视察谈到"三五"计划建设安排时指出："要以农业为基础，农轻重为序，苏联是优先发展重工业，我们一定会比苏联搞得快搞得好。"毛泽东提出"以农业为基础"直接推动了中央领导层对这一问题的思考，并且很快达成共识，刘少奇、周恩来、邓小平等领导人分别在不同场合多次使用这一提法。1959年12月30日，国家计划委员会党组在关于1960年国民经济计划给中央的报告中正式提出："一九六〇年国民经济计划的安排，应当进一步地确定以农业为基础，按照优先发展重工业和迅速发展农业互相结合的原则，更好地处理农业、轻工业、重工业各部门之间的关系，并且有计划有步骤地加强运输业、动力工业、采掘工业等薄弱部门，创造以后年份更好的全面跃进的条件。"1960年1月30日，中央将这一报告转发各省份党委、各部委党组。这标志着"以农业为基础"的提法正式写入中央文件。

1961年党的八届九中全会通过了"调整、巩固、充实、提高"八字方针，并明确提出了"以农业为基础"，全会要求全党大办农业、大办粮食，把农业放在首位，各行各业都要支持农业，按照农、轻、重的次序安排国民经济。1962年3月，周恩来在二届人大三次会议上作的政府报告中明确将"以农业为基础"和"工业为主导"并提，指出："我国国民经济中出现的不协调现象，农业生产下降的影响最大。没有农业的恢复和发展，就不可能有国民经济的协调发展。多年的经验完全证明，我国国民经济的发展，必须以工业为主导，而以农业为基础。"1962年9月，党的八届十中全会召开，全会强调当前的迫切任务是：贯彻执行毛泽东提出的"以农业为基础、以工业为主导"的发展国民经济的总方针，把发展农业放在首要地位，正确处理工业与农业的关系，坚决把工业部门的工作转移到以农业为基础的轨道上来。至此，党的中央全会正式将"以农业为基础、以工业为主导"的完整提法，确定为"发展国民经济的总方针"，标志着"以农业为基础、以工业为主导"方针的最终确立。

在"以农业为基础、以工业为主导"方针指导下，农业经济很快走出困境，人民生活好转。但在20世纪60年代初中期，我国周边的形势严峻，出于国家安全的考虑，进行"三线"建设，国家的投资向重工业倾斜，逐渐脱离了"以农业为基础"的指导思想，将阶级斗争、精神鼓励作为促进农业生产发展的主要手段，急于建立一种规范化的农业发展模式，导致"农业学大寨"成为发展社会主义农业的唯一出路。

第八章

"三级所有，队为基础"人民公社体制的建立

01 "人民公社化"运动的兴起

　　1956年农业合作化的快速完成，实现了生产关系的重大变革。随着1957年整风反右派运动的开展，以及第一个五年计划的提前完成，为了发展工业特别是重工业，追求农业快速发展的思想明显抬头。1957年9月召开的党的八届三中全会要求有关农业和农村各方面工作在12年内实现一个巨大的

人民公社挂牌仪式

飞跃。为此，各省、自治区、直辖市为落实八届三中全会精神，开始批判右倾保守，落实四十条，掀起了大兴农田水利建设和积肥运动的高潮。在1957年冬到1958年春的农田水利建设中，许多地方为了加强协作，农村劳动力的调配突破了原有的社、乡甚至县的界限，涉及各个合作社甚至县、乡、村之间的经济利益，出现了很多矛盾和问题。由此产生了小社并大社的思想，认为大社有利于农田水利建设和农业生产力的大发展。

　　1958年4月23日《人民日报》发表了《调整生产关系发展生力，泸县三千多中小社并成七百多个大社》的文章，引起了毛泽东的兴趣，指示起草有关并大社的文件。1958年3月，中共中央政治局在成都召开会议，会议通过了《关于把小型的农业合作社适当地合并为大社的意见》，指出："为了适应农业生产和文化革命的需要，在有条件的地方，把小型的农业合作社有计划地适当地合并为大型的合作社是必要的。"经毛泽东的肯定和倡

导，并社工作很快开展起来。大社建成后，名称叫法不一，有的叫"共产主义公社"，有的则称"集体农庄"或"合作农场"，也有的叫"公社"。河北省徐水县、河南省遂平县办的大社，经理论家和毛泽东的认同，改名为"人民公社"。

1958年8月上旬，毛泽东先后视察了河北、河南、山东等省的一些农村，多次与当地负责人谈到小社并大社的问题，认为大社"可以包括工、农、兵、学、商""还是办人民公社好"。当地负责同志在汇报情况时，也大都强调了办大社的优越性和迫切性。在各地争先恐后建立人民公社的形势下，同年8月下旬，中共中央政治局在北戴河召开的扩大会议通过了《中共中央关于在农村建立人民公社问题的决议》（以下简称《决议》）。《决议》认为，"工农商学兵合一，乡社合一的人民公社，是现阶段建设社会主义最好的一种形式，也将是未来的共产主义社会的基础单位"，要求"积极地运用人民公社的形式，摸索出一条过渡到共产主义的具体途径"。

毛泽东视察各地关于"人民公社"谈话的发表和中共中央《决议》下达后，全国迅速形成了人民公社化运动的热潮。到1958年10月底，全国74万多个农业生产合作社改组成2.6万多个人民公社，参加公社的农户有1.2亿户，占全国总农户的99%以上，全国农村基本上实现了人民公社化。

人民公社的特点是"一大二公"。所谓大，就是规模大。将原来一二百户的合作社合并成为四五千户至一二万户的人民公社，一般是一乡一社，有的甚至是数乡一社。作为共产主义试点的河北徐水县和河南修武县成为一县一社。所谓公，就是生产资料公有化程度高，原来几十个上百个经济条件、贫富水平不同的合作社合并后，一切财产上交公社，多者不退，少者不补，在全社范围内统一核算、统一分配。社员的自留地、家畜、果树等都被收归社有。在各

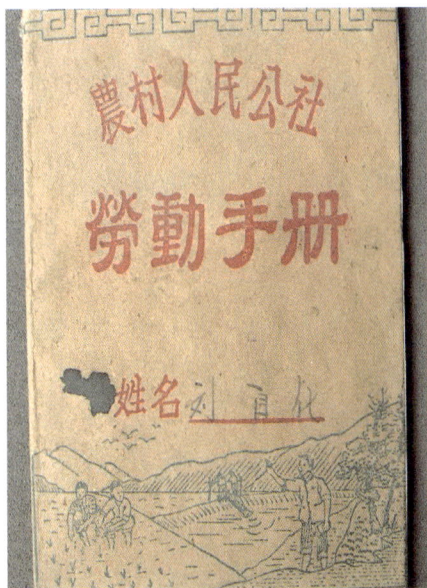

农村人民公社劳动手册

种大办中，政府和公社还经常无偿地调用生产队的土地、劳动力、物资和农民的财物。在公社范围内实行贫富拉平、平均分配，对生产队的某些财物无代价地上调。这种"一平二调"就是刮"共产风"，实际上是对农民的剥削。在分配上实行供给制与工资制相结合的制度，比例基本上各占一半。供给制被认为是按需分配的因素，主要是指农民在公共食堂吃饭不要钱。这些制度的推行，对农村生产力造成了极大破坏。

02　"三级所有，队为基础"人民公社体制的确立

实现人民公社化后，由于实行以公社为基本核算单位，财产和劳动力所有权归公社，全国范围内刮起了"一平二调三收款"的"共产风"，即分配上实行贫富拉平，平均分配；对生产队的某些财产无代价地上调到公社；银行方面把许多农村中的贷款一律收回。结果，损害了群众的利益，挫伤了社员的积极性，引起农民的恐慌和不满。在农村进行人民公社化运动的同时，包括农业在内的各行各业也都在进行生产"大跃进"，高指标、瞎指挥、"共产风"等浮夸盛行，很快使国民经济陷入困境。严重的经济困难使人们头脑冷静下来，开始比较认真地从实际出发去研究和解决农村人民公社化运动中存在的问题。

1958年11月2日至10日，毛泽东在郑州召集有部分中央领导人、大区负责人和部分省市委书记参加的工作会议（即第一次郑州会议），对人民公社问题上存在的一些混乱现象提出了批评，并开始对当时已经认识到的错误着手纠正。毛泽东在肯定总路线、"大跃进"和人民公社化运动的前提下，指出必须划清集体所有制和全民所有制、社会主义和共产主义两种界限，并批驳了一些人要求在现阶段就废除商品生产，实行产品调拨的错误主张，指出这种主张实质上是要剥夺农民。强调等价交换在社会主义时期是一个不能违反的经济法则，违反了就是无偿占有别人的劳动成果，这是不允许的。

人民公社集体劳动的情形

从1959年起，中央就人民公社的生产管理政策以及公社内部的各种问题开始重点调整。1959年2月27日至3月5日，中共中央政治局在郑州召开政治局扩大会议（即第二次郑州会议），会议的中心议题是解决人民公社所有制问题和纠正"一平二调"的"共产风"问题。为克服平均主义倾向，会议强调公社应当实行权力下放，三级管理，三级核算，并且以队的核算为基础，在社与队、队与队之间要实行等价交换，公社的积累不要太高。会议还起草了《关于人民公社管理体制的若干规定（草案）》，对公社、管理区（或生产大队）、生产队三级职权范围作了具体划分。规模相当于原

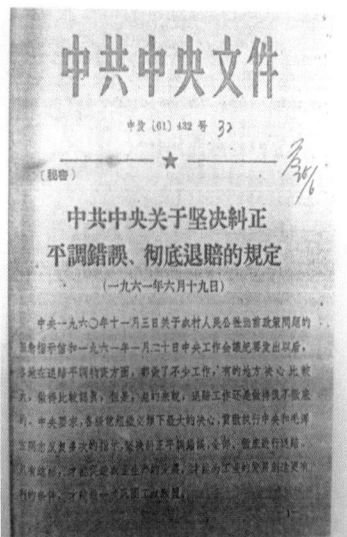

中共中央关于纠正"共产风"的文件

高级农业生产合作社的管理区和生产大队，是人民公社的基本核算单位，它有权按照公社的计划和有关规定，统一安排本单位的农业生产、收益分配、兴办和管理小型工厂以及文化教育卫生和公共福利事业，搞好劳动管理。

根据郑州会议精神，1959年春夏，各地农村陆续着手纠正人民公社化运动中和公社建立初期的一系列"左"倾错误。1960年11月，中共中央发出《关于农村人民公社当前政策问题的紧急指示信》，提出纠正"一平二调"的"共产风"错误及具体措施。指示信明确提出：人民公社应该建立"三级所有，队为基础"的制度，确定以生产（大）队为基础，同时还规定生产队下属的生产小队有小部分所有制，以调动生产队干部的积极性。

1961年3月，中央工作会议通过了《农村人民公社工作条例（修正草案）》，条例规定：农村人民公社是政社合一的组织，以生产大队的集体所有制为基础的三级集体所有制，是现阶段人民公社的根本制度。在经济上，公社是各生产大队的联合组织。生产大队是基本核算单位。生产队是直接组织生产和组织集体福利事业的单位。同年5月，中共中央再次召开会议修改《农村人民公社条例（修正草案）》，取消了有关公共食堂和供给制的规定，从而解决了社员之间的平均主义，这对于调动广大农民的积极性起

了很大的作用。但是，修订后的《农村人民公社工作条例（修正草案）》在所有制问题上仍然坚持以生产大队为基本核算单位。

然而，以生产大队为基本核算单位，生产权在小队，分配权却在大队，这个严重的矛盾仍然束缚着群众的生产积极性。1962年2月13日，中共中央发出《关于改变农村人民公社基本核算单位问题的指示》，决定人民公社实行以生产队为基本核算单位的"三级所有，队为基础"的体制。同年9月，党的八届十中全会上修改通过的《农村人民公社工作条例（修正草案）》中进一步明确规定"人民公社的基本核算单位是生产（小）队"，生产（小）队"实行独立核算，自负盈亏，直接组织生产，组织收益的分配。这种制度定下来以后，至少三十年不变"。进一步修订的《农村人民公社工作条例（修正草案）》解决了集体经济中长期以来存在的生产和分配不相适应的问题。这样，到1962年，人民公社的体制关系即"三级所有，队为基础"生产经营管理制度，经过三四年的调整基本定型，实施了长达20年。

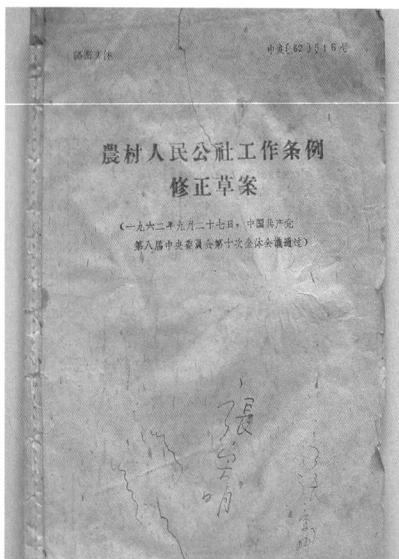

《农村人民公社工作条例（修正草案）》（1962年）

生产队决算分钱

第九章
农业建设排头兵农垦农场的兴起

新中国创立之初，满目疮痍，百废待兴。为了应对帝国主义的经济封锁，发展经济，国家急需发展粮食生产，急需充足的农副产品，急需战略物资天然橡胶，而且，新生的共和国需要稳定刚刚解放的广袤的边疆地区。在这一特定的历史环境下，中央作出了关于人民解放军转入生产建设的战略决策，由国家投入资金和物力，以整建制的人民解放军转业官兵为主体，吸收大量城镇青年和移民，组成了农垦大军，由各级指挥员率领，整建制开赴边疆荒原、进驻内地荒山和沿海滩涂，开荒造田，建立国营农场，发展农垦事业。

新疆生产建设兵团在戈壁滩规划建农场

1950年毛泽东命令驻新疆人民解放军铸剑为犁，开展大生产运动，垦荒开发边疆，11万军人在一片亘古荒原上开垦荒地6.4万公顷，到1952年，驻疆人民解放军播种面积达到11.07万公顷，并建立起一批军垦农场。1954年10月，中央军委命令驻疆人民解放军大部10多万名官兵就地集体转业，同时汇集来自全国各地的大中专毕业生、城乡青壮年，组建生产建设兵团，担负中央赋予的屯垦戍边的使命。生产建设兵团成立后,新疆屯垦事业由原军垦农场开始逐渐转变为正规化国营农场,成为新疆生产建设的主力军。到1966年底,耕地面积增长到80.8万公顷。

1958年,十万转业官兵奔赴北疆荒原

新疆生产建设兵团用人力艰难垦荒

黑龙江省境内有一块面积约57 000千米^{2}的大荒原,自古以来草莽丛生,沼泽密布,人迹罕至,人称"北大荒"。1954年1月,中央军委决定中国人民解放军农业建设第二师集体转业,组成8 000官兵的垦荒大军,从山东挺进以沼泽地闻名的三江平原。1955年8月,王震向中央提呈《关于开发北大荒问题》的报告。1954—1956年,经中央军委同意,铁道兵近2万复转官兵开赴"北大荒"安营扎寨,开荒造田,建设了一批铁道兵农场群,至1957年,开垦荒地达260多万亩。后来,一批又一批解放军复转官兵、城市知识青年、科技人员及支边青年纷纷北上,向北大荒挺进,屯垦开发,先后创建了一大批国营农场,为把"北大荒"建成"北大仓"打下了坚实的基础。

海南岛是我国不多的热带地区,由于人烟稀少,有大片的荒地未被开发利用。新中国成立初期,中央作出了在华南地区发展天然橡胶的决策。1952年1月华南垦殖局海南分局(现海南省农垦总局前身)正式成立,同年7月中国人民解放军组建林业工程部队第一师,投入以橡胶种植为主的海南垦殖建设,并在同年9月与海南垦殖分局合编,从此揭开了在海南大规模垦荒种胶的序幕。

垦荒运动开创了农垦事业。1956年6月,国务院成立了农垦部,原中国人民解放军铁道兵司令员王震就任第一任农垦部部长。到1956年底,农垦事业已初具规模,同1949年比较,国营农场由26个增加为730个,增长27

倍；耕地面积由3万公顷扩大为84.93万公顷，增长27倍；职工人数由4 300人增加为37.8万人，增长87倍；工农业总产值由385万元增长为4.26亿元，增长109倍；粮食总产量由1万吨增长为65.5万吨，增长64倍。

经过多年奋斗，农垦人以国家经济建设和政治需要为己任，克服重重困难，在极其艰苦的条件下，创建了一大批机械化程度高、规模大、商品率高的粮、棉、豆、胶、奶生产基地，担负起屯垦戍边、科技示范的责任，成为社会主义农业建设的排头兵。

但在"大跃进""文化大革命"期间，受"左"的思想影响，农垦事业遭到严重冲击，经历了一段曲折的发展历程，直到党的十一届三中全会召开，才得以逐渐恢复，并焕发出新的活力。

第十章

从无到有的农业机械化事业

1949年，我国农业机械总动力仅8.1万千瓦，其中排灌动力约占89%，拖拉机仅200余台，农业生产几乎全是人力手工传统生产方式，全社会90%以上的人搞农业，农机作业量很少。同时，农村农具也极度缺乏，不少地区缺少30%~40%，农业生产力低下。

为了尽快恢复和发展农业生产，新中国成立初期，党和政府实行了大力增补旧式农具、积极推广新式农具和示范使用农业机械的方针。到1952年底，全国增补主要农具5 900万件，其中有犁、耙、耧、锄、龙骨水车及人畜力车辆等。在大力增补旧式农具的同时，各级政府也积极推动研制和推广效率高、轻便省力、耕作质量好的各种新式农具。1950年5月18日至6月26日，政务院在中南海举行新式农具展览，对新式农具的推广和发展意义重大。到1953年，全国农村已有新式农具60多万件，其中包括播种机、收割机、脱粒机等农业机械。

1955年，毛泽东在《关于农业合作化问题》中指出："中国只有在社会经济制度方面彻底地完成社会主义改革，又在技术方面，在一切能够使用机器操作的部门和地方，统统使用机器操作，才能使社会经济面貌全部改观。"从1957年冬季开始，农具改革运动在全国轰轰烈烈地兴起，一直延续到1961年，参加的人数以亿计。截至1959年8月，全国创制与改制的各种农具超过2.1亿件。农具改革运动促进了县、社工业，特别是农机具修造业的发展。当时全国公社农机具制造修理厂共有86 000

农民参观新式农具展览

多家，县级厂 2 000 多家。

在推广新式农具的同时，根据我国旱涝灾害频发的状况，各地配合农田水利建设，对传统的人畜力提水机具进行研制、改进和推广，并优先发展排灌机械，使以解放式水车为主的半机械化机具大幅度增加，电动机、柴油机、煤气机和蒸汽机并举的机电排灌机具快速增长。特别是在北方旱作地区，机械排灌在抗灾中显示出巨大作用。

农具修造

引进大型机械，建立国营农场，进行重点示范，是 20 世纪 50 年代农业机械化一道靓丽风景线。到 1956 年，全国建立了国营机械化农场 730 处，中央政府从国外进口了 2.8 万台拖拉机，以支援全国重点农场。在制定国民经济发展的第一个五年计划时，设计和建设拖拉机制造厂也被提上了日程。1958 年 7 月 20 日，新中国生产的第一台拖拉机诞生，从此，国家农机工业开始起步发展。

农民喜迎"东方红"拖拉机

1959 年 4 月 29 日，毛泽东在《党内通讯》中指出，"农业的根本出路在于机械化，要用十年时间。四年以内小解决，七年以内中解决，十年以内大解决。今年、明年、后年、大后年这四年内主要依靠改良农具、半机械化农具，每省每县都要设一个农具研究所，集中一批科学技术人员和农村有经验的铁匠和木匠，搜集全省、全地、全县各地比较进步的农具加以比较、加以试验、加以改进，试制新式农具"。此后，在全国掀起了一股农业机械化的热潮，农业机械化步伐加快，农机工业出现良好的发展势头。截至 1960 年底，全国农机制造企业增至 2 624 家，农机工业占全国机械工业的比例由 3.8% 上升为 11.8%。

1960 年，农业机械部制定农机工业发展规划时，将目标定为：在 3～5

农机厂专门生产手扶立式耕耙犁，
支援农业生产

公社农机站

农机科研人员在田间试验农机具

年内基本建成我国比较完整的具有现代化技术的农机工业体系。由于当时国家财力有限，农村经济条件很差，农民购买力很低，同时随着国民经济调整的形势，农机工业在发展战略上也作了相应的调整，将原定的"以拖拉机为纲"发展方针调整为"三个第一"，即小农具和半机械化农机第一、配套和维修第一和质量第一，将农机工业建设由追求高速度转为讲究实际效益。农业机械化的重点是推广半机械化农具和发展小型动力机械，重视手扶拖拉机和小功力排灌机械和农副产品加工机械的研制、推广和应用。经过调整后的发展，基本形成了与当时农业发展水平和农村购买力相适应的产品体系，为农业生产的恢复和后续发展提供了有力保障。

1966—1978年，中国农业机械化经历了一个特殊历史时期。毛泽东一再强调农业机械化问题，要求到1980年，主要作业的机械化水平达到70%以上。为此，有关部门多次召开全国性农业机械化会议，并举办农业机械化展览，不断推进农业机械化进程。1977年12月召开的第三次全国农业机械化会议向全国发出了"全党动员，决战3年，为1980年基本上实现农业机械化而奋斗"的号召。为实现这一目标，在当时财力物力仍然困难的情况下，国家仍加大了对农机工业的投资、贷款，钢材和燃料优先供应，农机工业因此得以较快发展，到1978年已形成了大、中、小型拖拉机配套系列；先后研制成功并推广了机耕船、水稻插秧机、水轮泵等农业适应机械，农机工业体系初步形成。1979年，我国的农机产量、产值都创造了新中国成立以来的最高水平。

手扶插秧机推广操作示范现场

国营农场用联合收割机收割小麦

第十一章
除水害兴水利的大规模实践

新中国成立初期，江河水患肆虐是广大人民群众面临的最大祸患，也是农业面临的最大问题。全国大小河流众多，每年洪水泛滥、河堤决口，致使大量良田被洪水淹没和冲毁，严重时造成村庄房屋倒塌，百姓流离失所。为此，党和政府把治理江河水患作为恢复国民经济的重要举措，每年都要召开几次全国性会议，研究解决治水的问题。

毛泽东亲自定夺，将水利工作作为重中之重，优先考虑。1950年，中央人民政府成立了全国统一的防汛指挥部，各地也成立了防汛指挥机构。防汛工作的任务是，大力防治水患，重点进行河流治理工程，兼顾上游水土保持，同时兴修灌溉工程，减轻旱灾。同年，淮河流域发生水患，1951年10月，政务院作出《关于治理淮河的决定》。同年，毛泽东指示召开全国的治淮会议并题词"一定要把淮河修好"，打响了新中国声势浩大的治理江河、兴修水利的人民战争。之后，毛泽东又提出"要把黄河的事情办好""一定要根治海河"，对水利工作作出

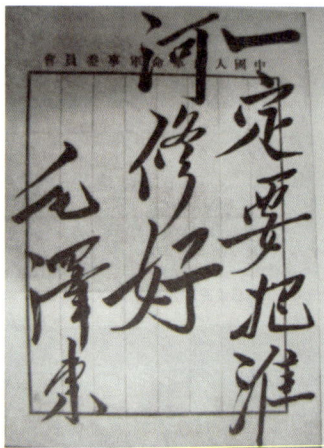

1951年5月毛泽东题词"一定要把淮河修好"

了一系列的重要指示，号召全国人民投入一场史无前例的兴修水利运动中。

从1950年到1952年，国家对大部分江河堤防都进行了整修，对水灾比较严重的淮河，华东的沂河、沭河和华北的永定河、大清河、潮白河等河流，进行了全流域的治理。根治淮河是新中国第一个全流域、多目标治理的大型水利工程，经过3年的努力，取得了重大成绩。同期，黄河、长江流域的水利建设也取得明显进展，减轻了水灾的威胁，此外还加固了珠江、汉水的堤防和江苏、浙江、上海一带的海堤。

三年经济恢复时期，水利工程建设实行以农民工投入投劳和国家投入相结合的以工代赈政策，具有显明的时代特征，体现了国家对水利的政策倾斜，农民领取救济粮，以劳力为投资，缓解了资金投入的矛盾。

国民经济恢复时期，在水利建设中，也存在着严重脱离实际，脱离群众的主观主义、官僚主义，造成了工作中的许多缺点与错误。1953年春，中央指出"发展水利灌溉等方法所采取的一般化和公式化的

每年春冬季节，千军万马兴水利

工作方法及因此而促成的强迫命令的严重现象应该立即制止"。农田水利的具体政策也作了一些调整。

"一五"计划期间，国家在重点治理大江大河的同时，把兴修水利、保持水土作为发展农业生产的重要措施，组织和领导农民开展大规模的打井、开渠、挖塘、筑堤、兴修水库和水土保持工作，取得了重要成就。到1957年，全国16.8亿亩耕地中，有灌溉设施的约占1/3，初步控制水土流失约14万千米^2，建设农村水电站300多个。国家对农田水利实现了统一领导，统一水政，充实了县一级水利机构。

由于1958年农村人民公社的普遍建立，使大型水利工程能够进行统一规划、部署，不再受原来县、乡区划的局限，同时大大增强了劳动力和资源的统一调配、开展大协作和八方支援的能力，水利建设的规模进一步扩大。

1958年8月，中央提出"以小型工程为主、以蓄水为主、以社队自办为主"的"三主"水利建设方针，并指出在以小型工程为基础的前提下，适当地发展中型工程和必要的可能的某些大型工程，并使大中小相结合，有计划地逐渐形成比较完整的水利工程系统。在中央的号召下，各地兴起了修建水库的热潮，到1978年，全

修复年久失修的荆江大堤

国共修建水库8万多座，其中大型水库包括北京十三陵水库、北京密云水库、浙江新安江水库、辽宁省汤河水库、河南省鸭河口水库、广东省新丰江水库、海南省松涛水库等80余座。这些大型水库都具有蓄水、防洪、灌溉、抗旱、养殖、发电等综合性功能，对当地的环境、生态和经济发展起着重大作用。

20世纪60—70年代，水利建设作为"农业学大寨"运动的一个重要组成部分，更加广泛、深入地开展起来。其主要特点是由过去的偏重防洪向综合开发利用的目标发展，主要解决农业用水和抗旱问题。为此，各地开掘了许多新河道，建成了以红旗渠为代表的一大批灌溉引水渠，修建了大量的水利枢纽工程，形成灌渠网络，治水规模和投入进一步扩大。到

河南林县人民修建的引漳入林工程——"人工天河"红旗渠

了70年代末，总体上实现了对江河、湖泊水情的控制，不仅基本消除了大的洪涝灾害，而且达到了灌溉、发电等综合利用的显著效果。据统计，农田灌溉面积在1980年以前以每年1 700万亩（3.5%）的速度增加，到1980年达到7.33亿亩。

第十二章

农科教体系的创建与发展

01　农业科研体系的建立与曲折发展

1949 年 5 月 1 日，华北农业科学研究所组建成立，成为新中国第一个农业科研机构。1950 年前后，各大区农业部门在接管原国民党政府科研机构的基础上，分别建立了大区一级的农业科研机构，其中有东北农业科学研究所（原公主岭农事试验场）、华北农业科学研究所（原北平农事试验场）、华东农业科学实验所（原中央农业实验所）、中南农业科学试验所（原湖北农业改进所）、华南农业科学研究所（原广东省稻作改进所）、西南农业科学研究所（原北培农事实验场）、西北农业科学研究所（原陕西省农业改进所）等。组建了华南热带作物研究所、林业科学研究所（原北平农事试验场森林系）、水产科学研究所（原中央水产实验所）等 7 个部属专业研究所。各省、自治区还成立了试验站（场）193 处。农业部所属机构，拥有大、中专学历研究人员和工作人员 5 000 余人，占全国科研人员总数的 46%，其中，中级职称人员 450 人，占全国农业科研人员 33%。

1957 年 3 月 1 日中国农业科学院成立大会

1953 年国家第一个五年计划开始时，为了适应经济发展的需要，统一领导全国的农业科研机构，经中央批准，农业部于 1954 年 9 月成立中国农业科学院筹备小组，并于 1955 年 10 月建立了"农业科学研究工作协调委员会"，讨论农业科学组织的协调问题。1957 年 3 月，中国农业科学院在北京正式成立。从 1957 年 4 月开始，农业部直属农业科研机构如东北、华北、西北、华东、华南农业科研所和哈尔滨兽医科学研究所等专业研究机构，均划归该院领导。建院初期，中国农业科学院除6个大区研究所外，还拥有作物育种栽培、植物保护等11个专业研究所（室），共有职工5 561人，其中科技人员2 096人。

关于中国农业科学院的任务，首任院长丁颖教授在中国农业科学院成立大会报告中指出："中国农业科学院是我国农业科研机构的领导中心。其基本任务是，根据国家农业生产的计划，农业生产实践中的客观需要和世界农业科学的发展趋势，组织领导全国农业科学家进行有关农业生产技术和农业科学理论的研究，以新的科学研究成果，保证我国社会主义农业生产和农业科学的不断提高和发展。"中国农业科学院的成立，使中国农业科研机构相对集中统一，标志着中国农业科研事业走上了统一部署和全面发展的时期。

1956年6月，农垦部接管原属林业部的华南特种林业科学研究所，改名为华南热带作物科学研究所，承担全国橡胶垦殖的技术指导任务。20世纪50年代初，各省、自治区、直辖市还普遍建立了省、地两级的农业研究机构，一些省、自治区还建立了省、地级的林业科学研究所和水产科学研究所。到1957年，中央和地方两级农业科学体系逐渐形成。

育种专家黄耀翔指导水稻育种

1958年，党的八大二次会议通过了"鼓足干劲，力争上游、多快好省地建设社会主义"总路线，在总路线精神的政策导向下，全国各行各业都开始了"大跃进"，农业科学研究机构的建设也快速发展。中国农业科学院相继成立了蔬菜研究所、养蜂研究所等15个专业研究所（室）。1959年又成立了大豆研究所、花生研究所等8个研究所。在短短两年时间里，中国农业科学院在1957年的基础上，新增了23个专业所。同时，农业部决定将原属中国农业科学院的6个大区所下放给所在省领导，划归地方建制。全国29省、自治区、直辖市也相继成立了农业科学研究所，部分地、市、州也成立了农业科学研究所，职工总数达到2.4万人，其中科技人员近万人。

"大跃进"期间，农垦、林业、农业机械化、水产等专业所（室）的数量也有很大扩充。相继改组建立了东北农垦总局研究所、农垦部实验农场、华南热带作物科学研究院、中国林业科学研究院、长江水产研究所等，各省、自治区、直辖市也相继成立了林业、渔业、农垦研究机构。

1960年3月，中央提出："从中央一直到公社的各级农业科学研机构，凡是还没有建立的地方，都应该及早建立起来。"根据这一指示，许多地、县以下基层农业科研机构，又有新的发展，形成了农业科研机构的建设高潮。1960年下半年，为了克服人力、物力、财力的困难，国家科学技术委员会提出了"科研机构精简、迁移、合并、下放和撤消的意见"。在短短的时间内，研究机构匆忙上马，又匆忙下马，来回折腾，大大挫伤了农业科技工作者的积极性，严重干扰了科研工作的正常秩序。

为了挽救国民经济和农业，1962年国家对国民经济进行调整，对农业科研体系建设也贯彻了调整方针。党的八届十中全会号召全党特别注意对农业科学技术的研究，周恩来指出"农业方面的业务机构应充实"，被撤消的机构"要恢复起来"，并亲自批准给中国农业科学院增加400名编制，还批准中国农科院组建油料、柑橘、草原等研究所；林业、水产、农垦、农业机械等被精简了的科研机构也有所恢复。1963年1月，国务院批准农业部成立科学技术管理局，同年，农业部聘请了49位专家组成农业部科学技术委员会，将原来的以中国农业科学院为中心的农业科研体系，转为由农业部直接领导。

"文化大革命"期间，中国农业科学院、中国林业科学院及省级农科院等科研机构的建制被撤消下放，农业科技体系遭到了严重摧残，科研工作基本停顿。1978年随着党的十一届三中全会的召开，解放思想，拨乱反正，才完全恢复中国农业科学院的原有建制。各省、直辖市、自治区农业科学研究院和其他专业机构，也恢复建制或开始重建工作。从此，中国农业科学研究事业进入一个全面发展时期。

02　农业技术推广体系的建立与曲折发展

1949年以前，由于时局动荡，经费匮乏，农业技术推广事业发展困难，全中国只有2 000名农业技术推广人员。新中国成立后，在恢复农业生产的同时，着手农业技术推广体系的组建工作。

新中国成立之初，首先在东北、华北地区试办农业技术推广站，其主要任务是推广普及研究所开发的农业技术。1953年，根据《中共中央关于互助合作的决议（草案）》精神，"每个县至少有一个至两个农事试验性质的国营农场，一方面用改进农业技术和使用新式农具这种现代化农场的优越性的范例教育全体农民；另一方面按可能的条件，给农业互助组和农业合作社以技术上的援助和指导"。同年，农业部颁布了《农业技术推广方案（草案）》，要求各级政府设立专业机构，配备专职人员，开展农业技术推广工作，逐步建立起以农场为中心，互助组为基础、劳模和技术员为骨干的技术推广网。从此，开始了以农场为中心、县站与区站相结合的农业技术推广模式，后来"区站"模式得到了迅速发展。但实际上，多数农场由于自身经费等问题，并没有起到中心作用，因而不再要求农场成为农业技术推广网络中心，而改为在县辖行政区设立推广站。1954年，农业部正式出台了《农业技术推广站工作条例》，对农业技术推广站的性质、任务等作了更具体的规定。

据1954年底统计，全国55%的县和10%的区建立了农业技术推广站，共建站4 549个，其中区站比重上升到64.83%，配备职工32 740人，这些推广站分布在各省份，服务于当时的合作社和互助组，初步形成了以区为主的农技推广网。以此为起点，中国农业技术推广工作进入了迅速发展阶段。

1955年，中央政府进一步指出，在加强集体化的同时，各地都应建立乡村农技推广机构，并规定农技推广机构的职能是"总结当时农民的生产经验；普及现代农业科学技术；帮助农民增加生产和提高收入；促进集体化；协助党的领导，改进农技推广和管理"。同时还规定农业技术推广人员应是中专农校毕业生，或是接受过半年以上技术培训、有长期生产经验的先进农民。到1956年，除边远山区外，基本做到了一区一站，平均每站5～7人。同时各地还培训了大批农民技术骨干，建立了一批农民科技组织。至此，中国农业技术推广体系初具规模。

由于人民公社的建立，1958年秋，乡农技推广站下放由人民公社一级管理。1959—1961年三年国民经济困难时期，为了克服困难，贯彻精简压缩政策，全国约有1/3的农业推广站被精简，刚刚建立起来的农业技术推广体系遭到第一次严重冲击。

1962年，国民经济恢复调整，全国农业技术推广站在整顿中迅速恢复和发展。这一年，政府开始在县级设立农技推广站，以指导县以下的乡村基层农技站，还建立了植保站、土肥站、畜牧兽医站等专业站。1962年12月，农业部颁布了《关于充实农业技术推广站、加强农业技术推广工作的指示》，这对于恢复和完善、调整和充实农业技术推广体系起到了重要作用。到1965年，全国农技推广站发展到14 460个，职工76 560人，其中70%的农技人员都深入基层办样板田，农业推广出现欣欣向荣的局面。但在"文化大革命"期间，绝大多数农技推广站被撤消，农业技术推广体系惨遭破坏而陷入瘫痪；农业技术人员大批流失，农业技术推广工作陷入停顿状态。

然而，"文化大革命"期间广大农民仍然坚持农业生产，有些地区在群众中成立科学实验站，吸收一些有经验的农民做技术员。1969年，湖南省华容县创办的"四级农业科学实验网"即县办农科所、公社办农科站、生产大队办农科队、生产队办农科小组的经验和作法被广泛传播。1974年，经国务院批准，农林部和中国科学院在湖南华容县召开全国四级农业科学实验网经验交流会，会议拟定的《关于建立健全四级农业科学实验网的意见》要求："在全国大部分地区，争取三年左右的时间，基本普级四级农科网。"到1975年，全国有1 140个县建立了农业科学研究所，26 872个公社建立了农业科学试验站，332 223个大队建立了农业科学试验小组，四级农科队伍共有1 100多万人。

20世纪70年代的古山人民公社星源大队农科队的温室无土育秧

庆祝农科网建立大会

"四级农科网"是"文化大革命"特定历史条件下的产物，它为当时的农业技术推广普及发挥了积极作用。但不分层次大搞群众性科学实验运动，以群众运动代替专业队伍，削弱了专业研究和创新，影响了技术推广质量。随着"文化大革命"的结束和人民公社的解体，"四级农科网"也相应解体。

安徽省太和县关于办好四级农科网的决定

1978年，农村广泛实行农业生产责任制，农业技术推广面临新的形势。为了加强对全国农业技术推广工作的管理和指导，1979年农牧渔业部成立了全国农业技术推广总站，各地农业技术推广机构也都在整顿中恢复，农业技术人员陆续归队。同期，农牧渔业部开始改革县一级的农业技术推广机构，把试验示范、培训、推广各环节和栽培、植保、土肥、园艺等专业有机结合起来，成立县农技推广中心。在新的形势下，中国的农技推广事业又蓬勃地发展起来。

03 农业院校的恢复与曲折发展

新中国成立时，全国独立设置的农业院校只有18所，在综合大学设置的农业院系有30个，合计48个院系，这些院系多数分布在沿海地区，内地较少，边疆地区更是寥寥无几。

20世纪50年代北京农业大学校门外景

1952年7月，全国高等农业学校开始进行院系调整工作，将各综合大学设置的农业院（系）分离出来，进行合并调整，组建独立的农业院校。调整完成后，新增农业院校10所，除吉林、青海、宁夏、西藏外，全国各省、自治区至少各有一所独立的农业院校，基本改变了地区分布不平衡状况，办学规模也不断扩大。在院系调整后，各院校按苏联的办学模式进行教学改革。

根据国民经济恢复时期的形势和总任务，1952年7月，教育部召开全国农学院院长会议，提出高等农业学校的任务是：培养国营农（林）场、合作社营农（林）的高级农（林）业技术干部；农（林）业科学研究人才；县以上农（林）业技术行政干部和各级农林学校的师资。

为了使高等农业院校更紧密地联系农业生产实际，1957年8月，国务院召开高

北京农业大学下放誓师大会

等农业学校转移领导关系会议，决定把高等农业学校由高等教育部转交给农业部管理。

1958年9月，农业部在南京农学院召开全国高等农业学校教育结合生产劳动经验交流现场会，研究教学改革和师生下放等重大问题。决定在1957年末开始下放部分师生到农村和学校农（牧）厂、工厂劳动、勤工俭学的基础上，从1958年下半年起，高等农业学校的师生一律下放到农村进行劳动锻炼。认为这是农业高校贯彻执行教育与生产劳动相结合方针，进行教学制度的一个重大改革，是培养工人阶级又红又专的农业技术人才的重要措施。同年，中共中央发布《关于改进农、林大专学校教育的指示》，指出："所有现在大、中城市举办的农林大专院校，一律迁往农村或林区举办，使教育与生产劳动密切结合。"此后多数院校出现勤工俭学、大办工厂、课程改革、教育改革的热潮。

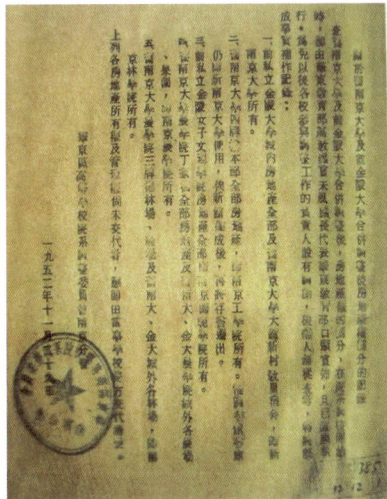

1952年南京大学农学院与金陵大学农学院调整合并南京农学院

在"大跃进""左"的思想影响下，高等农业院校宏观失控，院校数量和招生规模急剧膨胀，违背了教育规律，使农业教育遭受严重挫折。为了纠正"左"的错误，1961年中央颁布了《教育部直属高等

学校暂行工作条例（草案）》，要求按照压缩规模，合理布局，集中力量提高教学质量。农业高等院校随之在规模、结构和专业布局上得到初步调整。

1958年5月中央提出试办全日制和半工半读两种教育制度，进行适合本国国情的农业教育体制的新探索，并率先在江西省进行试点。到1965年，高等农业教育中约有30%的大专生试行半工半读制度，这一制度实行不到一年，便因"文化大革命"而终止。

自新中国成立后到"文化大革命"前的17年中，高等农业教育走过了探索改革的曲折道路，虽然有过"左"的错误，但总体趋势是向前发展的。院校布局、专业设置、队伍建设、办学条件等都得到一定程度的改善，为新中国高等农业教育体系的建立奠定了基础。17年累计毕业本科生近18万人，比新中国成立前20年毕业生总数增长12.6倍，累计毕业研究生1 004人，比新中国成立前20年毕业总数增长7.2倍。

"文化大革命"期间北京农业机械化学院校舍被侵占

从1966年开始的"文化大革命"使高等农业教育受到严重摧残。大中城市的农林院校一律迁往农村或林区办学，到1976年底，农业部所属的32所高等农业院校中，有25所被迁、并、撤或散。1970年，国家虽然恢复招生办学，但由于推行"朝农经验"，取消了文化考试，以干代学，毕业生数量和质量都受到严重影响。

1977年邓小平恢复工作，分管科教工作以后，国务院批转了教育部关于退还被占用校舍的请示报告，要求各地各单位切实执行。同年11月，国务院发出《关于华北农业大学搬回马连洼，并恢复北京农业大学名称的通知》，随后，在"文化大革命"中被迁、并、撤、散的各高等农业学校陆续迁回原校址办学，少数选择新址办学。

　　全国中等农业学校有着与高等农业院校相似的经历。1953年中等农业学校经调整、整顿后，由各级农业部门直接管理。1957年为适应新形势要求，开始向农民开门，为农业合作社培养技术骨干。1963年，采取公社保荐和考试相结合的办法，为人民公社培养人才，并在各地中等农林学校中进行了"社来社去"的试点。据1965年8月统计，全国160所中等农业学校中绝大部分已实行"社来社去"的办法。"文化大革命"开始后，中等农业学校被要求迁往农村办学。同时，大批农业中专被裁并，校舍被占，仪器设备被分掉或被毁坏，教师和干部被下放。不少部门和地区的中专学校几乎全部停办。直到1978年，各地中等农业学校才得以陆续恢复和发展。

第十三章

农业科技的发展与成就

01　耕作技术和耕作制度改革

　　新中国成立初期，农业生产技术十分落后，国家把改进和推广农业技术作为恢复农业生产的重要举措。针对农作物稀植、耕作粗放、技术水平低等情况，1949年12月召开的第一次全国农业会议，提出了一切农村工作者要把领导农民提高技术作为经常的任务，要完成农业恢复工作，就必须重视和改进耕作技术，提高耕作水

施用农家肥

平。栽培技术的改进开始于对劳模丰产经验的总结与推广。20世纪50年代初，陈永康、史安福、曲跃离、李顺达等劳模们长期积累的先进耕作栽培技术，经农业工作者系统整理，形成了选用良种、合理密植、增施肥料、培育壮秧、合理灌溉、防治病虫等增产技术。从1950年到1952年，农业部根据劳模经验，连年发布作物技术指导纲要或指示，并提出了各项技术在各类地区和各种条件下的实施标准，要求对大田作物的耕作技术进行改进，推广先进技术和经验，从而在全国范围内掀起了声势浩大的改进栽培技术的运动。

河泥改土

　　在增施肥料方面，1950年全国土壤肥料会议提出要"增加自然肥的数量，改进使用方法"，并制定了建设化肥厂的规划。1952年，国家明确解决肥料问题的方法是运用传统的积肥方法，农业部为此发出了《关于大力开展农家积肥运动的通知》，要求农民"提高生猪养殖技术，做到家家养

猪，修圈积肥"。"一五"期间，由于贯彻了以"农家肥为主，商品肥料为辅"的方针，各地大力开展了群众性的积肥活动，扩大肥源。到1957年，全国耕地施肥面积达到85%以上。

施用化肥

在耕作制度方面，在农业部统一部署下，全国各地秋耕地占耕地总面积比例达70%以上，改浅耕为深耕、改稀植为合理密植、改撒播为条播等技术革新广泛开展。在南方地区重点推行的单季改双季、间作改连作、籼稻改粳稻的水稻种植技术改革，增产效果显著。据1956年统计，3项改革共增产粮食225万～250万吨。

进入20世纪60年代，作物栽培技术由看天、看地、看庄稼的经验式栽培方式，向运用系统理论和先进技术对作物进行科学调控的栽培方式发展。对育秧技术进行了大改革，改水稻大秧板为合式秧田，改落谷密为落谷稀，改水育秧为湿润育秧，推广塑料薄膜育秧、两段育秧、工厂育秧等技术；推广棉花营养育苗和塑料薄膜覆盖育苗，实行合理密植。20世纪70年代后期，农作物地膜覆盖技术首先在园艺作物上应用，使蔬菜、瓜果产量倍增，为大中城市解决瓜菜周年均衡供应起到了很大作用。

对于耕作制度，以"持续提高以土地为主的农业资源利用率；持续增进农业经营效益；持续改善和提高农业综合生产能力"为改革的目标，《全国农业发展纲要（1956—1967）》规定了提高复种指数的指标："按照不同地区

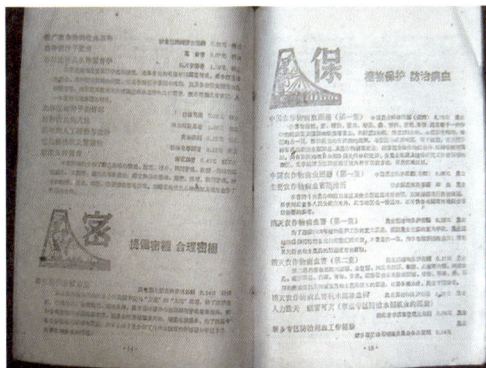

1958年，毛泽东提出"土、肥、水、种、密、保、管、工"农业八字方针

把耕地的复种指数分别平均提高到下列的水平：(1) 五岭以南地区，要达到250%。(2) 五岭以北，长江以南地区，要达到200%。(3) 长江以北，黄河、秦岭、白龙江以南地区，要达到160%。(4) 黄河、秦岭、白龙江以北，长城以南地区，要求达到120%。(5) 长城以北地区也应尽可能地扩大复种面积。"虽然由于操之过急及"文化

大革命"的影响，提高复种指数的规定指标没有完成，但仍然取得了较大的成绩。

在20世纪50年代南方"三改"（单改双、间改套、籼改粳）基础上，60年代实现了双季稻北扩，黄淮海地区一年两熟比重增加和南方实现了以"绿肥—稻—稻，小麦—稻—稻，油菜—稻—稻"为主要模式的"三熟制"，到1978年，全国平均复种指数达到151%。这些获得较高生产力的持续性技术，在中国农业技术领域占有重要地位，同时也受到国际重视。诺贝尔奖获得者N.Borlong高度评价中国的多熟制是"创造了世界最惊人的变革之一"。

02　良种培育与普及

20世纪50年代初，农业部组织了群众性的品种资源调查、征集与保存工作，开展良种评选，并开始进行系统育种和杂交育种。1950年农业部制定了《五年良种普及草案》，要求开展群众性的选育品种运动，把农民育种、国营农场育种、引进外国优良品种结合起来，努力改变农作物品种退化，当家品种多数为农家品种的现状。为了鼓励良种交换，农业部还要求"收获的良种，组织群众换种，应保证用成色好的现粮去调换"。由于缺乏科学依据，"五年良种普及"计划并没实现。1956年4月，粮食部、农业部联合提出要求，主要粮食作物在7年内做到良种普及，棉花在第一个五年计划内普及现有良种，并不断培育更换新良种。各地以县为

农民水稻育种家陈永康

水稻专家丁颖在研究水稻

单位评选地方优良品种，就地繁殖就地推广，并在此基础上通过引种、系统选择和杂交改良等技术更换地方品种。到1957年底，全国粮棉作物中优良品种播种面积所占比重分别达55.2%和93.9%，油料作物等的良种播种面积也有不同程度的扩大。

小麦专家金善宝在研究小麦

20世纪50—60年代，矮秆育种技术获得重大突破。利用常规育种，先后培育出早籼矮秆矮脚南特号、半矮秆籼稻广场矮等水稻优良品种。矮秆水稻在南方稻区得到大面积推广应用，大幅度提高了水稻单产。以后各地以广场矮、矮脚南特号为亲本，又育成了一大批半矮秆水稻良种用于生产，从而实现了水稻品种的第二次更新，为世界水稻生产史揭开了新的一页。经历了矮秆革命后，我国水稻亩产水平由不足150千克提高到200千克以上。为解决高产地区小麦倒伏问题，60年代中期，陕西省选育出了矮秆高产品种矮半3号，先后育成推广春小麦品种85个。

20世纪50年代大面积推广的水稻品种——南特号

20世纪70年代，中国在杂种优势利用方面取得了举世瞩目的成就，并在良种选育推广上，实现了第三次品种更新。早在1964年，中国就开始了杂交水稻的研究，1970年11月，育种工作者在海南岛发现"野败"不育系，为三系配套打开了突破口。随后又找到了保持系和恢复系。1973年，在被誉为"杂交水稻之父"的袁隆平领导下，成功培育出第一个籼型杂交水稻组合——南优2号，此后又相继育成"汕优""威优""四优"四大杂交组合，并经生产鉴定和多点试验，在生产上大面积推广。到1976年，四大杂交组合已推广15万多公顷，单产比一般种子增产20%以上。从1977年开始，杂交水稻开始引至国外，成为农业国际合作重要项目。玉米的杂交育种开始于20世纪60年代，选育了一批自身产量较高、抗病性好的玉米自交系，并在生产上大面积推广，至70年代培育成功一大批具有兼抗或多抗性的玉米杂交种，并先后用于生产取代一些抗病差的品种。棉花作物自70年代以后，先后育成了一批杂交组合，并从1972年开始，主要推广自育品种，从此结束了美棉品种在中国占主导地位的局面。其他作物如油菜、高粱等杂种优势的利用也都取得了世界瞩目的成就。

"杂交水稻之父"袁隆平和他的助手

20世纪70年代，小麦单倍体育种取得重大成果，北京市农科院培育出的冬小麦花培品种有京花一号在生产上推广应用，各地共育成推广了122个春小麦优良品种，对第三次更换品种发挥了重要作用。

到1978年，各种主要农作物良种覆盖率达80%左右，其中杂交品种达10%。

03　中低产田改良与综合治理

由于我国的自然条件较为复杂，中低产田面积占总耕地面积70%以上，其中低产田占到30%以上。为此，新中国成立后，一直把改造中低产田作为农业建设的一项重要任务，特别是在盐碱地改良、沼泽土改良、低产水稻土改良和红黄壤综合改良等方面取得了显著成就。

盐碱地改良一直是土壤改良的重点内容之一。20世纪50年代初期，由于经济力量有限，改良工作以农业措施为主，如"围堵平种""增施有机肥"以及"种植水稻"等。1958年后，由于在不重视排水的情况下盲目发展引水灌溉和扩种水稻，在黄淮海平原等地引发了大面积次生盐渍化，因此，从20世纪60年代开始，兴起了新一轮改良盐碱地的高潮。随着国家与农民集体经济实力的增强，改良措施由农业措施逐渐进入农水结合、综合治理阶段。20世纪70年代中期开始，国家在黄淮海平原建立了12个综合治理试验区，进行综合试验研究，创造了不少好经验，如通过"排灌平肥"和"深沟提灌与农业措施相结合"改良洼涝盐碱地，通过"井沟平肥林改"治理次生盐碱地，通过"水肥林管"和"抽咸换淡、农牧结合"改良滨海碱地等，使盐碱耕地面积大幅度下降。

低产水稻田改造是土壤改良的又一成就。经过研究总结，中国低产水稻田可划分为冷烂田、黏结田、沉板田和毒质田四大类，每大类又分为不同类型，分别具有不同的生产障碍因素，因而也分别采取不同的改良措施。如在湖南、湖北、四川等省特有的冬干鸭屎泥低产田改良中，农业科技工作者利用生物及工程相结合的方法，改良土壤盐化及通气性状，使土壤盐化状态改善，土壤肥力增加。通过改良，大部分低产水稻田变成高产粮田。

黄土高原水土保持被作为黄河"变害河为利河"的关键工作，20世纪50年代设立了一定数量的水保治理和科研机构，开始了一沟一坡的成片治理，进行试验示范推广。从20世纪60年代起，黄土高原水土保持开始从无序治理向全面规划，综合治理转变。20世纪70年代，加强了梯田、坝地、小片水地等基本农田建设，提出了"以土为首、水土林综合治理，为农业生产服务"的方针。同时，在陕、甘、晋3省，水坠筑坝、机修梯田和飞播林草的科技攻关和推广也取得重大突破。

对于南方红黄壤改良利用，在20世纪50年代对红黄壤开发利用研究的基础上，推广了以增施有机肥、绿肥为主的培肥改土技术，用养结合的耕作制度等，取得了显著的经济效益和生态效益。

04　畜禽品种培育与繁殖技术

1954—1956年开展了部分地方优良家畜、家禽品种的调查，基本摸清部分地区各类家畜家禽的状况，为合理地进行保护和开发利用打下了基础。

20世纪50年代，先后引进苏联大白和克米洛夫等猪种，对培育中国哈尔滨白猪和北京黑猪等起到了重要作用。牛品种改良方面，20世纪50年代，将蒙古牛和引进品种进行杂交，经过系统选育，培育出了中国第一个乳肉兼用品种——三河牛。吉林、河北、内蒙古3地成立草原红牛育种科研协作组，经过杂交改良使红牛进入自群繁育阶段。新疆有计划地利用引进品种对本地黄牛进行杂交和选育。

羊品种改良从1950年开始，先后从苏联、德国引进大批细毛羊、半细毛羊和羔皮羊品种，在各省、自治区建立大型种羊场。从1952年开始，绵羊人工授精技术在全国由点到面逐步发展，各地普遍以绵羊改良为重点，开展相关研究。1954年育成中国第一个细毛羊品种——新疆毛肉兼用细毛羊。

家禽品种改良方面，1953—1958年，华东农业研究所用狼山鸡与澳洲黑杂交，培育出了新狼山鸡。1952—1958年，四川用白来航和澳洲黑与成都本地鸡杂交，培育出了成都白鸡。

20世纪60年代以后，育种工作者运用常规与生物技术相结合的方法，选育出了一批畜禽新品种（品系）。1964年前后，有关部门从瑞典、英国引进长白猪与本地猪进行杂交试验，为以后的瘦肉猪改良作了准备。1972年，农林部组建了全国猪育种科研协作组，在猪种选育、杂种优势利用、饲养管理、繁殖技术和遗传育种等方面组织全国力量协作攻关。1972年还建立了中国黑白花奶牛育种科研协作组，经过一系列综合性育种措施，育成了适应中国生态条件的中国黑白花牛。1976年，东北育成东北细毛羊，内蒙古育成内蒙古细毛羊。20世纪70年代中期以来，各省份相继大量地培育出杂交改良地方品种或选育出新品种，由引种品种选育成新的优良品系等。

利用繁殖技术提高家畜的繁殖效率从而促进畜牧生产效率是畜牧业发展的重要环节之一。我国家畜人工授精技术始于20世纪50年代初期，首先应用于马和绵

新疆细毛羊

狼山鸡

黑白花奶牛

羊改良。20世纪60年代，牛、水牛、猪、山羊、水禽、鸡和火鸡的人工授精技术研究开始，并在生产上获得不同程度的推广应用。自20世纪70年代起，进行了牛、马、驴、猪、羊、水牛等动物的冷冻精液技术研究，取得的成果逐步应用于生产。随着冷冻精液技术的扩大应用，胚胎冷冻技术、精液和胚胎保存技术、生殖激素等相关研究均取得突破性进展，为20世纪70年代以来开展的胚胎移植与分割技术、胚胎性别鉴定、体外受精技术、核移植技术等生物技术的发展奠定了基础。

05　畜禽疫病防治技术

20世纪50年代以来，我国科技人员研制成功一些适用于广大农牧区的预防畜禽疫病的弱毒和灭活疫（菌）苗，控制甚至消灭了中国一些畜禽疫病。20世纪50年代初，研制成功牛瘟兔化、绵羊化、山羊化弱毒疫苗，在全国广大牧区推广后，仅用6年时间就消灭了在中国流行多年的牛瘟。

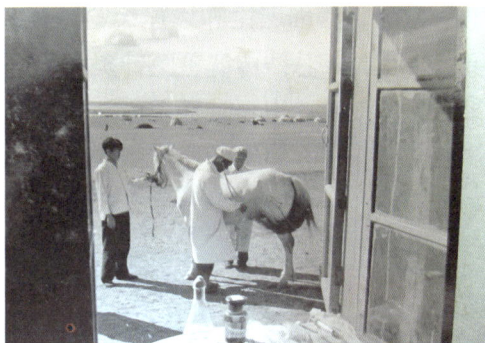

兽疫防治

1952年，进行了猪瘟弱毒疫苗的研究。1956年，研制成功了牛肺疫兔化和绵羊化弱毒菌苗。1957年，研制成功了绵羊痘弱毒疫苗，推广使用后，对控制绵羊痘的流行起了显著作用。

1959年，研制成功了布鲁氏菌病羊型5号菌苗和猪二号病弱毒苗，在

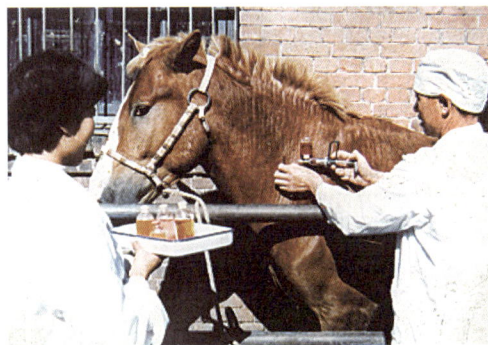

马传染性贫血疫苗人工接种

控制布鲁氏菌病和猪二号病上取得明显效果。中国研究成功的猪喘病弱毒菌苗，是防治猪喘病的一个重大突破。1965年，鸭瘟弱毒疫苗的研究成果推广后，南方养鸭地区基本上控制了鸭瘟的流行。马传病在国外已研究百余年，一直未能攻克，1965年，我国成功研制出马传染性贫血弱毒疫苗，

控制马属动物传染性贫血症效果明显，成为世界上第一个采用弱毒疫苗控制本病的国家。

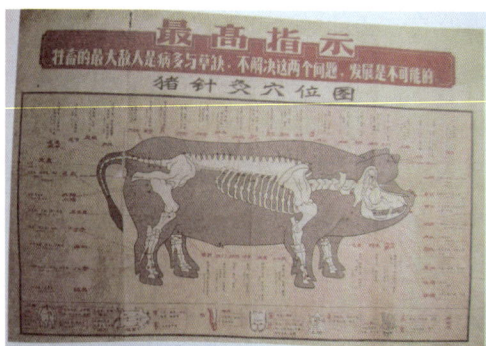

传统中医在畜病防治中发挥作用

为继承和发扬中国传统医学，农业部于1958年前后组织中兽医广泛收集中兽医经验，编写了系统的学术专著，先后出版了《中兽医诊断学》《兽医中药学》《中兽医针灸学》，较全面系统地论述了中兽医的基础理论和诊疗经验；还整理出版了一批兽医古书。20世纪70年代，在深入总结传统兽医针灸术的基础上，还创造了电针、水针、磁穴等新的针灸技术，用各种针灸方法治疗家畜各种疾病，总有效率达89.2%。特别是家畜针刺麻醉术的发明创造，可用于各种家畜的手术，显示了针灸的神奇作用。

06　水产养殖技术进步与海洋捕捞技术改造

20世纪50—70年代，水产科技取得了一些重大成就。青、草、鲢、鳙是中国淡水养殖的当家品种，被称为"四大家鱼"，也是世界公认的优良养殖品种，但它们不能在池塘里自然产卵，这为人工养殖带来了困难。1958年，水产科技工作者采用生态和生理相结合的方法，进行人工繁殖，首先取得了鲢、鳙鱼池塘产卵孵化

20世纪70年代鱼种场

成功，从而结束了淡水养殖鱼苗长期依靠天然捕捞的历史，开创了淡水养殖的新纪元。以后，又相继突破了青、草、鲂、梭鱼的繁殖关，并使中国的淡水养鱼人工繁殖理论和技术一直处于国际先进水平。这项成果的推广，使中国淡水养殖水面迅速扩大。

为了开发利用大中型水域，水产科技工作者运用池塘养鱼原理，开展河

蟹人工增殖试验研究，采用人工放流、移植、驯化良种方法，1966年试验成功，并推广到全国20多个省、自治区、直辖市。1977年，科技人员运用天然海水进行河蟹人工繁殖试验，终于获得突破，并掌握了河蟹运输、饲养、越冬、交配产卵以及幼蟹培育等一整套技术措施，推动了沿海和内陆地区河蟹增殖的发展。

在鱼类杂交育种和细胞工程领域也取得了一定成绩。1972，水产科学工作者用杂交手段培育出了荷元鲤、半鲤、三交杂鲤和芙蓉鲤等，在20多个省、自治区、直辖市推广应用。早在20世纪60年代，在著名科学家童第周的指导下，中国科学院、中国水产科学院等单位开始了鱼类细胞移植研究，于20世纪70年代成功获得正常生活鲤核鲫质杂交鱼和鲫核鲤质杂交鱼，这表明鱼类生物技术特别是细胞核移植研究水平居世界前列。

在海水养殖方面，不断攻克养殖品种的苗种培育和养殖技术难关。继1950年创造了中国独特的筏式全人工海带养殖技术之后，1956—1958年，海带南移和自然光育苗获得成功。20世纪70年代，又相继培育出海带优良品种。20世纪50—60年代，经过多年研究，对虾人工育苗和紫菜人工采苗技术也获得了突破，为这些水产品生产的迅速发展打下了基础。

海带的人工养殖

第十四章
农业学大寨与农业发展模式探索

大寨，山西省昔阳县一个"山高石头多，出门就爬坡，地无三亩平，年年灾情多"的小山村，自然条件恶劣。新中国成立前，家家住的是破土窑，吃的是糠菜粮。新中国成立后，全村社员自力更生，艰苦奋斗，筑坝垒堰，把山沟淤成良田，把坡地修成水平梯田。到1962年，大寨粮食亩产由新中国成立前的100多千克增加到700多千克。这使大寨人在三年困难期间不仅没有人挨饿，反而每人向国家上交余粮400多千克。1964年2月10日，《人民日报》发表《大寨之路》的长篇报道，介绍了大寨大队同穷山恶水斗争，改变

艰苦奋斗的大寨人

山区面貌，艰苦奋斗，发展生产的事迹，同时配发社论《用革命精神建设山区的好榜样》，号召学习大寨的革命精神。

1964年4月，根据周恩来总理的指示，农业部部长廖鲁言率领由国务院农村办、中国农科院作物所、山西省以及晋中地委有关部门人员组成的调查组进驻大寨。廖鲁言一行在大寨考察了21天，向中央递交了考察报告。看过廖鲁言调查报告的毛泽东在中央工作会议上关于第三个五年计划的讲话中指出："农业主要靠大寨精神，自力更生。"一直强调自力更生是立国之本的毛泽东决定要树立大寨作为全国农村的典型。1965年，周恩来总理在政府工作报告中总结了大寨三条基本经验，即政治挂帅、思想领先的原则；自力更生、艰苦奋斗的精神；爱国家、爱集体的共产主义风格。1966年8月12日，经毛泽东同意，党的八届十一中全会在公报中第一次向全国发出号召："工业学大庆，农业学大寨，全国学人民解放军，加强政治思想工作。"从此，

"农业学大寨"这一口号传遍神州大地，大寨经验向全国推广开来。

席卷全国的农业学大寨运动，自20世纪60年代初开始至70年代末结束，历时10多年。这10多年里，中央和山西省委作出有关学习大寨的决定和指示21次；中央和省级专门召开学大寨会议37次；《人民日报》和《山西日报》共发表学大寨的文章及社论22篇；全国农业展览馆举办全国性农业学大寨展览3次；外国专门参观访问团访问35次，国内参观者更是数以千万人次。大

开垦"大寨田"

寨由一个名不见经传的小山村，变成全国农业最著名的模范村。

以1970年北方农业工作会议为起点，农业学大寨运动进入一个新阶段，即建设和普及大寨县阶段。建成大寨县，就是把大寨的根本经验推广到全县，使全县的各级领导、各个部门都能像大寨大队那样地进行工作，使大寨式社、队在全县占到绝大多数或大多数。农业学大寨、普及大寨县运动对促进农田基本建设、发展农业生产起过积极作用，但一些地方不顾当地实际情况，对大寨经验盲目学习，机械照搬，开山砍树、人造梯田成了当时农业生产的唯一模式。同时，学大寨在"左"倾思想影响下，成为推行"左"倾政策的政治运动，大寨也从先进典型演变成为"左"倾政治运动的工具。把小队核算变成大队核算，取消自留地，封闭自由市场，取缔家庭副业，实行标兵工分等，提出"堵不住资本主义的路，迈不开社会主义的步""宁要社会主义的草，不要资本主义的苗""割资本主义尾巴"等"左"倾口号影响全国。农业学大寨运动成为统帅农村政治、经济、思想文化，并牵涉到所有路线的一场大运动，学不学大寨成为"两条道路"的分水岭。

"农业学大寨"标语遗迹

1970年12月至1971年2月召开的全国计划会议，针对不少

地区在农业学大寨运动中暴露出来的问题集中进行了讨论，重申了各项农村经济政策。会议以《当前农业学大寨运动中的一些问题》为题，发出综合简报，强调指出：要正确贯彻"以粮为纲，全面发展"的方针，不可以把粮食生产同多种经营对立起来，要在继续抓好粮食生产的同时，积极发展多种经营；对已经改变基本核算单位的，应当从实际情况出发，多数群众不满意又减了产的，要作适当的调整；要坚持实行"各尽所能，按劳分配"的原则，防止平均主义。各地农村按照这次会议的精神，进一步纠正"左"的错误。

20世纪70年代中后期"农业学大寨"宣传画

1974年初，在"左"倾思想的干扰下，纠正"左"的错误和调整国民经济的一系列正确政策措施，被诬蔑为"复辟""倒退"，并继续利用大寨这块牌子推行"左"倾路线。他们利用所掌握的《人民日报》等新闻宣传工具连续发表文章如《大寨之路就是斗争之路》《无产阶级文化大革命促

抓革命、促生产

进了昔阳县的农业学大寨运动》《深刻的变革——大寨意识形态领域里的革命》等，攻击批判极左是"一股复辟倒退歪风"，说大寨"顶住了资本主义复辟的反动思想"，颂扬"大寨不是一个生产典型，而是所有制变革以后，农村如何继续革命的一面旗帜"等，对农业生产和农村经济工作造成了消极影响。

1975年9月，在山西省昔阳县召开了第一次"全国农业学大寨会议"，提出了"要在全国普及大寨县"，在农村继续进行"基本路线教育"等口号，使农业学大寨运动在"左"的道路上越走越远。1976年10月，粉碎"四人帮"不久，全国第二次农业学大寨会议在北京人民大会堂召开，这次会议的主题仍然是"普及大寨县"，到这次会议为止，全国出现了400多个大寨县。至此，农业学大寨运动达到了最高潮，"大寨模式"成为我国农业发展的基本模式，直至农村改革的到来。

第十五章
新中国农村社会保障制度的初步建立

01　农村合作医疗

　　新中国成立之初，我国农村的医疗卫生机构有多种存在形式，但条件简陋，发展不健全。随着国民经济的恢复和发展，农村卫生机构也逐步得到完善，其中，不少地方建起了医药合作社，如1952年，东北地区由合作社经营和群众举办的农村医疗机构占总数的17%。可以说，这是新中国农村合作医疗的萌芽。

　　农村医疗合作是中国共产党早在新民主主义时期就已形成的医疗传统，通过开办医药合作社、卫生合作社和保健药社等实行医药合作，方便病人，降低医疗费，为百姓提供公共医疗卫生服务，从而受到农民群众的欢迎。20世纪50年代中期，随着我国农业合作化的发展，部分农业合作社设立医疗站，其特点是群众缴纳保健费，合作社提供公益金。1958年随着人民公社化的实现，合作医疗也迅速发展起来，全国农村推行合作医疗的公社占全国公社总数，1958年达到10%，1960年达到32%，1962年达到46%。但是受"左"倾思想和"共产风"的影响，合作医疗普遍实行供给制，平调药品和医疗资金，"看病不要钱"，结果在广大农村不能坚持，截至1964年底，仍坚持合作医疗的农村社队不到30%。

　　针对有限的医疗资源集中在城市，农村医疗资源十分匮乏的情况，1965年6月26日，毛泽东指示卫生部要"把医疗卫生工作重点放到农村去"。遵照毛泽东和中共中央的指示，1965年后，我国农村卫生工作出现了巨大改观，医疗卫生方面的人力、物力和财力很快从城市转向农村，大批城市医务人员奔赴农村、边疆，走与工农相结合的道路，同时，全国农村掀起了群众性办医办药的高潮，赤脚医生成为合作医疗的践行者，农村合作医疗焕发生机。到1965年底，全国已有山西、湖北、江苏、江苏、福建、广东、新疆等10

多个省份的一部分农村实行了合作医疗制度。

1968年12月5日，经毛泽东亲自批示，《人民日报》在头版头条发表《深受贫下中农欢迎的合作医疗制度》的调查报告，介绍湖北省长阳县乐园公社实行合作医疗制度的做法和经验。伴随这个时期合作医疗发展，数以百万计的赤脚医生队伍成长壮大。同年9月，《红旗》杂志第3期发表了《从赤脚医生的成长看医学教育革命的方向》的文章，第一次把农村半医半农的卫生员正式称作赤脚医生，高度评价

培训赤脚医生

了赤脚医生在合作医疗中的积极作用。这篇文章经毛泽东批示，《人民日报》予以全文转载。《人民日报》还开辟专栏讨论合作医疗和赤脚医生问题，所登文章各地报纸纷纷转载。经过毛泽东的两个批示和各级报纸的大力宣传，农村合作医疗广泛普及，实现了超常规发展。

到1976年，全国农村的行政村（生产大队）实行合作医疗的比率达到90%。到1977年底，全国赤脚医生的数量达到150多万名，农村人口大约每500人配备1名赤脚医生，每个生产大队有1～3名赤脚医生。生产队的卫生员、接生员达到390多万人。赤脚医生与合作医疗、农村保健站成为解决人民公社时期我国农村缺医少药问题的三件法宝，成为大幅度改善我国卫生状况、显著提高居民期望寿命的重要力量。

02　农村社会养老制度

中国在近代以前，养老保障一直是依赖土地和家庭，受道德伦理约束，进行自给自足式的家庭养老。1949年后，新中国着手制定新的社会政策，为农村养老提供制度保障。

新中国成立之初，在农村与农民的社会养老制度建立之前，从宪法到各专项法规都规定要建立针对农村特殊人群的国家救济体系。1953年内务部制定的《农村灾荒救济粮款发放使用办法》，将农村中的孤老残幼等人群定为一等救济户，在粮食救济方面给予优待；1954年颁布的《中华人民共和国宪法》不仅对农村土地的农民所有制进行了确认，而且针对年老、疾病等特殊公民规定有

获得物质帮助的权利，其中包括在农村年老、疾病或者丧失劳动能力的公民；1950—1954年，国家相继颁布了一系列拥军优属相关法规，对在战争中牺牲的军人、革命烈士、病故与伤残军人及其家属实施优待措施。这些针对农村特殊人群的帮助或救助，在一定程度上弥补了传统家庭养老的不足。

20世纪50年代中期以后，农村"五保户"供养与公益金制度为主的农村养老制度逐渐形成。1956年1月，中共中央发布的《一九五六年到一九六七年全国农业发展纲要（草案）》第三十条规定了对农业合作社内缺乏劳动力、生活没有依靠的鳏寡孤独的社员，应当统一筹划照顾鳏寡孤独者，保障其吃穿、子女教育和死葬等问题。同年6月，第一届全国人民代表大会第三次会议通过《高级农业生产合作社示范章程》，规定对鳏寡孤独者实行保吃、保穿、保医、保住、保葬的"五保"制度。由此，"五保户"供养制度作为国家最初形式的农村养老保险制度得以建立，并逐渐在广大农村地区实行。

人民公社化运动使农村养老形式出现新的变化。由于人民公社实行的是集中管理、平均分配模式，家庭养老在经济层面的功能被削弱，传统养老模式被集体养老模式所取代。1958年11月，党的八届六中全会通过的《关于人民公社若干问题的决议》提出，为"五保户"提供一个较好的生活场所。此后，全国各地迅速开始兴建敬老院，到1958年底，全国办起敬老院15万所，收养300余万老人。

人民公社制度确立以后，生产队成为"五保户"养老的责任主体。1962年9月，党的八届十中全会通过《农村人民公社工作条例》，其中第三十六条规定："生产队可以从可分配的总收入中，扣留一定数量的公益金，作为社会保险和集体福利事业的费用。""生产队对于生活没有依靠的老、弱、孤、寡、残疾的社员，遭到不幸事故、生活发生困难的社员，经过社员大会讨论和同意，实行供给或者给以补助。对于生活有困难的烈士家属、军人家属和残废军人，应该给以适当的优待。"这种统筹式的保险制度安排发挥了农村集体经济制度的优越性，弥补了传统家庭养老单一模式的不足，在整个人民公社时期对农村社会养老保障事业发挥着重要作用。

从总体上看，人民公社时期初步建立了农村集体经济条件下的社会养老模式。但由于农村集体经济发展缓慢，集体积累和公益金严重不足，集体统筹制度缺乏足够资源和资金支持，致使农村社会养老制度运行效果有限。

第三篇 改革开放和现代化建设新时期的农村改革与发展

第一章

农村改革先行者——小岗村的故事

人民公社体制虽然在兴修水利等大型农业工程中曾发挥了重要的组织动员作用，但历史经验证明，由于经营管理过于集中，分配上存在严重的平均主义倾向，责权利不清，总体上看，它制约了生产力的发展，致使1978年以前的农业增长缓慢甚至停滞不前，农村经济陷入困境。面对艰难的农村经济形势，有的地方实行了"放宽政策""休养生息"的方针，率先进行改革实验。

1978年春夏之交，安徽省发生了百年不遇的特大旱灾，秋种无法进行。同年9月，安徽省委决定把部分土地借给农民种麦种菜，所产粮菜不征收，不计口粮。这一应急措施极大地唤起农民生产积极性，有些地方开始冲破旧体制的限制，自发地包干到组和包干到户，其中安徽省凤阳县小岗村最为典型。

小岗村（当时为生产队）是凤阳县当时有名的"吃粮靠返销，用钱靠救济，生产靠贷款"的"三靠村"。全村有20户农户，110口人，517亩农田，10头耕牛，几把犁耙。村民的住房都是破烂不堪的茅草屋，家徒四壁，大旱灾更使他们的生活雪上加霜。为了自救，1978年11月24日晚，18位小岗村农民聚在一座低矮残破的茅屋里，商定了一项秘密协议。协议主要内容有三条：一是分田到户；二是不再伸手向国家要钱要粮；三是如果干部坐牢，社员保证把他们的小孩养到18岁。领头人严俊昌特别强调，"我们分田到户，瞒上不瞒下，不准向任何人透露"。1979年秋收，小岗村全队粮食总产量6.6万千克，相当于1955年到1970年粮食产量总和。

小岗村的做法是生产队与每户农民约定，先把该缴给国家的、该

1978年11月小岗村十八位村民搞"大包干"拉开了中国农村改革的序幕

留给集体的都固定下来，收获以后剩多剩少都是农民自己的。这个办法简便易行，深受农民欢迎。小岗村的丰收引起了安徽省委领导的注意，时任安徽省委书记万里亲自到小岗村进行调研。万里肯定了小岗村的做法，他说："你们这样干，形势自然会大好，我就想这样干，就怕没人敢干。你们这样干了，我支持你们……现在有人批我们小岗开倒车……地委能批准你们干3年，我批准你们干5年。"

安徽省除小岗村外，肥西县一些生产队也推行了包产到户。其他省也有一些地方进行了农村改革试验，如四川省鼓励一些生产队进行包产到组和"以产定工，超额奖励"的试验；云南省楚雄彝族自治州等地推广包产到组的责任制。这些实行生产责任制的地方，农村面貌越来越显现出生机和活力，许多生产队和农户实现了"一季翻身"或"一年翻身"。由于试行生产责任制效果明显，产生了极大的示范效应，于是一些地方纷纷自行仿效，农村改革的春潮在民间涌动。从1979年1月起，《人民日报》对这些省份实行农村生产责任制的情况和经验进行了报道，肯定这是我国农村体制改革的试验。

《安徽日报》肯定小岗的做法

安徽省小岗村"大包干"纪念馆

1980年5月31日，邓小平同志发表了关于农村政策问题的重要谈话，他指出，"农村政策放宽以后，一些适宜搞包产到户的地方搞了包产到户，效果很好，变化很快。安徽肥西县绝大多数生产队搞了包产到户，增产幅度很大。'凤阳花鼓'中唱的那个凤阳县，绝大多数生产队搞了大包干，也是一年翻身，改变面貌。有的同志担心，这样搞会不会影响集体经济。我看这种担心是不必要的。"

第二章
家庭联产承包责任制的建立和完善

01 推行联产承包责任制

也许是历史的巧合，就在小岗村"分田到户"的第二个月，即1978年12月，决定中国人民命运和前途的党的十一届三中全会在北京召开，会议作出了把工作重心转移到社会主义现代化建设上来的战略决策，会议原则通过的《关于加快农业发展若干问题的决定（草案）》，虽然规定"不许承包到户""不许分田单干"，但明确指出："我们的一切政策是否符合发展生产力的需要，就是要看这种政策能否调动劳动者的生产积极性。""除有法律规定者外，不得用行政命令的方法强制社、队执行，应该允许他们在国家统一计划的指导下因时因地制宜，保障他们在这方面的自主权，发挥他们的主动性。"这相当于为广大农民进行农村改革实践打开了大门。

从1979年初开始，全国各地大胆迈出探索农村经营体制改革的步伐，从定额包工到联产到组、专业承包，从联产到劳到包产到户，多种形式的农业生产责任制得到普遍推行，包干到户也在少数地方实行。到1979年底，全国已有超过50%的基本核算单位实行了各种形式的责任制。

1980年5月31日，邓小平在一次重要谈话中公开肯定了"大包干"的做法，指出："农村政策放宽以后，一些适宜搞包产到户的地方搞了包产到户，效果很好，变化很快。⋯⋯有的同志担心，这样搞会不会影响集体经济。我看这种担心是不必要

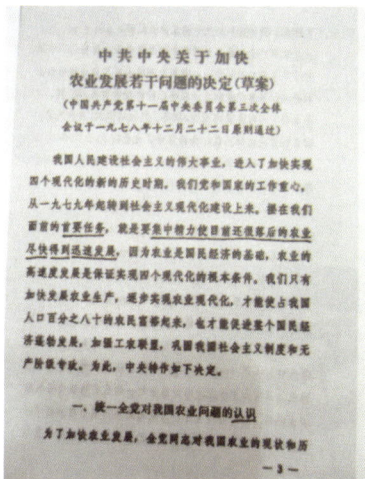

党的十一届三中全会通过《中共中央关于加快农业发展若干问题的决定（草案）》

的。……只要生产发展了，农村
的社会分工和经济发展了，低水
平的集体化就会发展到高水平的
集体化，集体经济不巩固的也会
巩固起来。"同年9月，中共中央、
国务院发布了《关于进一步加强
和完善农业生产责任制的几个问
题》，指出："在生产队领导下实行
的包产到户是依存于社会主义经

1982年至1986年中央连续发布5个1号文件，推
进农村改革

济，而不会脱离社会主义轨道的，没有什么复辟资本主义的危险。"1982年
1月1日，中共中央1号文件批转《全国农村工作会议纪要》，对迅速推开的
农村改革进行了总结，明确指出，目前实行的各种责任制，包括小段包工定
额计酬，专业承包联产计酬，联产到劳，包产到户、到组，包干到户、到组
等，都是社会主义集体经济的生产责任制，"是社会主义农业经济的组成部
分"。邓小平对农村改革实践旗帜鲜明地支持和中央文件精神对包产到户等
责任制的社会主义性质的肯定，对于打破思想僵化，推动农村改革发挥了
重要作用。到1982年6月，包产到户、包干到户的生产队已占全国生产队
的86.7%。

1983年初，中共中央再发1号文件，充分尊重和肯定了亿万农民在农业
生产责任制中的实践和创造，明确指出："联产承包责任制采取了统一经营
和分散经营相结合的原则，使集体优越性和个人积极性同时得到发挥。这一
制度的进一步完善和发展，必将使社会主义合作化的具体道路更加符合我国

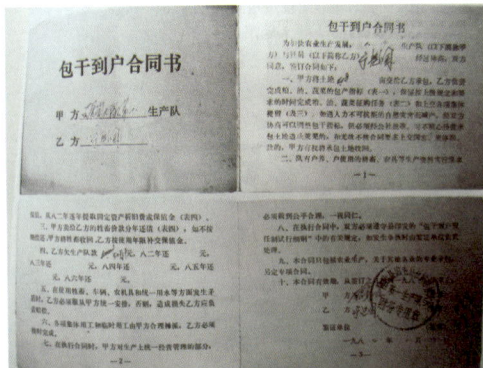

土地承包初期的"包干到户合同书"

的实际。"文件从理论上说明了家
庭联产承包责任制"是在党的领
导下中国农民的伟大创造，是马
克思主义农业合作化理论在我国
实践中的新发展"。文件要求全面
推行家庭承包责任制。随后，全
国农村加大了包产到户、包干到
户为主要形式的农业生产责任制
的推行力度，到1983年底，98%

左右的基本核算单位都实行了包产到户或包干到户，家庭承包经营的土地面积占总耕地面积的97%左右。

中国农村在贫困艰难中进行的变革很快获得了巨大收益：农业生产迅速发展，1978—1984年，中国农业保持年均7.7%的增长速度，粮食连年增产，1984年粮食总产量达到 8 146亿斤。随着家庭

承包土地划田到户

联产承包责任制普遍推行和农业生产效率的提高，广大农民利用富余劳动力和资金发展多种经营，涌现出了一大批专业户、重点户。这是中国农村向着专业化、商品化、社会化生产方向转变的开始。

02　稳定土地承包关系

在实行家庭联产承包责任制之初，承包期一般都比较短。承包期限过短，难以调动农民增加投资、培养地力、合理开发土地的积极性，甚至可能导致短期行为和对土地的掠夺式经营，使实行土地承包经营制度失去积极意义。1984年中央1号文件要求"土地承包期一般应在十五年以上"。1991年11月，党的十三届八中全会通过的《中共中央关于进一步加强农业和农村工作的决定》，提出把以家庭联产承包为主的责任制、统分结合的双层经营体制作为我国乡村集体经济组织的一项基本制度长期稳定下来，并不断充实完善。

从1993年到1997年，各地第一轮土地承包相继到期。1993年中共中央、国务院发布《关于当前农业和农村经济发展的若干政策措施》，明确"在原定的耕地承包期到期之后，再延长三十年不变"。"为避免承包耕地的频繁变动，防止耕地经营规模不断被细分，提倡在承包期内实行'增

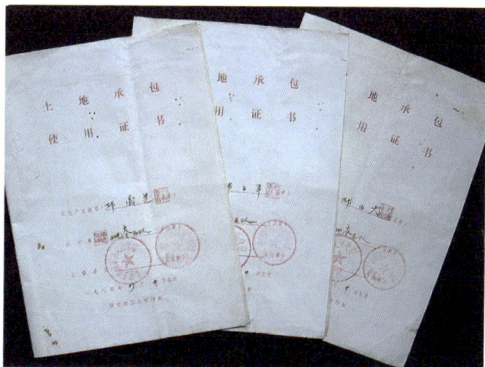

第一轮承包期一般为15年

人不增地、减人不减地'的办法。"1995年《中共中央、国务院批转农业部关于稳定和完善土地承包关系的意见》再次强调提倡在承包期内实行"增人不增地、减人不减地"。1998年修改土地管理法明确规定"耕地的承包期为三十年"。此后，2002年出台的农村土地承包法、2007年颁布的物

延长承包期，农民领到土地承包经营权证

权法也都对延长到30年耕地承包期予以明确。到1999年5月底，全国有89%的村组开展了延长土地承包期工作，家庭承包经营的耕地承包期达到30年的占95%以上，大多数地方将土地承包经营权证和承包合同签发到户。到2000年，全国农村延长土地承包期工作总体完成。

随着农村劳动力向城镇转移步伐加快，举家进城居住、务工或经商的农民日益增多，再加上税费负担相对较重等因素，导致土地荒芜情况越来越普遍。而在广东等沿海经济发达地区，农民将承包土地转租于外来投资企业用于建厂，也相当普遍。但由于土地管理法规定，"农民集体所有的土地的使用权不得出让、转让或者出租用于非农业建设"，而土地转租没有经过"确权"，造成土地转租存在风险，这种状况已不利于农村经济的市场化发展。为了引导农村土地使用权流转健康发展，2001年12月中央对承包地（指耕地、果园和鱼塘）使用权流转的有关问题作出了规定，农户承包地使用权流转要在长期稳定家庭承包经营制度的条件下，坚持依法、自愿、有偿

山东省枣庄市发放全国首张农村土地使用产权证

的原则进行，并要求规范企事业单位和城镇居民租赁农户承包地。2005年，农业部制定了农村土地承包经营权流转管理办法，规范土地流转；同时鼓励各地开展多种形式的土地流转中介服务，引导流转双方依法建立稳定规范的流转关系。2007年10月正式实施的《中华人民共和国物权法》明

确规定农民土地承包经营权的用益物权性质，赋予农民对承包土地更加充分的占有、使用、流转和收益权力，进一步从法律上保障了农民的土地承包经营权。

据统计（除西藏外），2007年全国家庭承包经营的农户为2.27亿户，签订土地承包合同2.17亿份，占家庭承包农户总数的95.59%；颁发土地承包经营权证2.05亿份，占家庭承包农户总数的90.31%。在长期稳定农村土地承包关系的基础上，农村土地流转逐步扩展，2007年流转面积占家庭承包经营面积的5.24%。

2008年，中央1号文件提出"加强农村土地承包规范管理，加快建立土地承包经营权登记制度"，2009年农业部选择8个省（直辖市）的部分乡镇进行试点，2011年农业部等6部门正式启动全国范围内的农村土地承包经营权确权登记试点，至2018年底全国农村基本完成了农村土地承包经营权的确权登记颁证工作。

2008年12月，党的十七届三中全会通过《中共中央关于推进农村改革发展若干重大问题的决定》，指出，赋予农民更加充分而有保障的土地承包经营权，现有土地承包关系要保持稳定并长久不变。并根据农业和农村经济发展新形势，进一步提出"按照依法自愿有偿原则，允许农民以转包、出租、股份合作等形式流转土地承包经营权，发展多种形式的适度规模经营"，并且"有条件的地方可以发展专业大户、家庭农场、农民专业合作社等规模经营主体。土地承包经营权流转，不得改变土地集体所有性质，不得改变土地用途，不得损害农民土地承包权益"。这是对此前土地流转的相关法律制度的再次确认与发展。

保持土地承包关系长期不变政策，使亿万农民具有长期而有保障的土地使用权，有效调动了广大农民对耕地长效投入的积极性，为农业长期持续发展打下了基础。同时，在农村土地使用权流转的新政策推动下，通过土地入股等形式，鼓励农民将承包的土地向专业大户、合作农场和农业园区流转，发展农业规模经营，提升农业应对市场的能力，使农民拥有基本的就业和收入保障。

第三章

人民公社的解体与乡镇体制的建立

人民公社诞生于1958年，在1962年形成"三级所有，队为基础"人民公社体制。"政社合一"的人民公社，经营管理过于集中，分配上存在着严重的平均主义倾向，这种体制不利于调动农民的积极性，在很大程度上抵消了国家对农业的巨大投入，致使农业生产的发展和农民生活的改善都比较缓慢。

农村改革开始后，随着家庭联产承包责任制的普遍推行，人民公社体制越来越不适应生产力发展，其功能在逐渐消解。为适应新的生产力发展要求，在试点的基础上，1982年12月，第五届全国人大五次会议通过的新宪法，作出改变农村人民公社政社合一体制，设立乡政府作为基层政

1980年8月，四川省广汉县向阳公社换牌，设立乡政府

权，普遍成立村民委员会作为群众性自治组织等规定。1983年中央1号文件指出："政社合一的体制要有准备、有步骤地改为政社分设，准备好一批改变一批。在政社尚未分设以前，社队要认真地担负起应负的行政职能，保证政权工作的正常进行。在政社分设后，基层政权组织，依照宪法建立。"

1983年10月，中共中央、国务院发出《关于实行政社分开建立乡政府的通知》，要求改变当时农村政社合一的体制，把政社分开，在原有人民公社的基础上建立乡政府，同时建立乡党委，并逐步建立经济组织。通知规定乡的规模一般以原有人民公社管辖范围为基础，争取在1984年底以前大体上完成建立乡政府的工作，改变之前党不管党、政不管政和政企不分的状

况。在建乡过程中，要重视集镇的建设，对具有一定条件的集镇，可以成立镇政府，以促进农村经济、文化事业的发展。村民委员会是基层群众性自治组织，应按村民居住状况设立。村民委员会要协助乡政府搞好本村的行政工作和生产建设工作。到1984年底，全国各地基本完成了政社分设，建立起9.1万个乡（镇）政府，92.7万个村民委员会。到1985年春，撤社建乡（镇）工作完成。实行了27年的人民公社制度至此不复存在。这是中国农村又一次历史性的重大变革。

事实上，人民公社体制的消亡是在建制撤销多年之后逐步实现的。由于人民公社体制是在乡镇这个层次及其内部实行社会国家化、经济计划化和公共事业合作化的产物，所以是多种制度－功能的集成，不仅包括"三级所有，队为基础"的集体化生产经营体制，也涉及供销社、信用社等城乡横向合作制度，还涉及农民合作承担的社队内部公共物品供给制度如医疗、教育、基础设施建设等，所以，家庭联产承包经营使得"三级所有，队为基础"的生产制度趋于解散，人民公社建制取消；而之后的农业商品化、市场化改革才使供销社、合作社等制度开始改革，逐渐走向市场化；传统的公共物品自我供给机制，直到2006年农村综合改革时才被县级财政转移支付所取代。总之，随着人民公社建制的消失，人民公社体制的生产制度、经营制度和社队内部公共物品供给制度也先后分别以不同的方式逐渐终结，使中国农村发展进入一个新时代。

第四章

取消统购统销与农产品市场体系建设

01　取消统购统销

　　1978年以前，按照农副产品对国计民生的重要性，国家将其划分为一、二、三类，分别进行统购、派购和议购，其中统购统销的农副产品占到全部农副产品收购额的80%以上。

　　农村改革使农产品产量大幅度提高，农产品市场供求关系改善，这使得农产品流通体制在新形势下必须作出调整，以适应农村经济发展的需要。从1978年到1984年，初步形成了多种经济成分、多条流通渠道、多种经营方式并存的局面。

　　在中央政策的鼓励下，从1979年开始，全国各地的农村集贸市场迅速恢复和发展起来，到年底，全国农村集市贸易市场的数量和规模基本恢复到1966年的水平。1980年，各地普遍恢复了传统的定期集、插花集、早晚集、庙会、骡马大会、物资交流会等交易形式。上市商品品种达二三百种，一些多年绝迹或少见的土特产品，传统产品又重新上市。

　　1982年中央1号文件提出，允许"试办和发展社队集体商业，如贸易货栈、联合供销经理部和农工商联合企业等等"；1983年的中央1号文件明确提出了农产品流通体制改革的方向，坚持计划经济为主、市场调节为辅的方针，要求调整购销政策，指出，对

20世纪80年代农副产品价格开始放开，自由交易

重要农副产品实行统派购是完全必要的，但品种不宜过多；对农民完成统派任务后的产品（包括粮食、不包括棉花）和非统购产品，应当允许多渠道经营，可以进城，可以出县、出省，"农民个人和合伙进行长途贩运，有利于农副产品销售，有利于解决产品积压，销地缺货的矛盾，也应当允许"。同年10月，经国务院批准，由商业部管理的一、二类农副产品种类由46种减至21种。1984年又调减为12种，这在一定程度上改变了国家对农副产品统得过多、管得过死的状况。

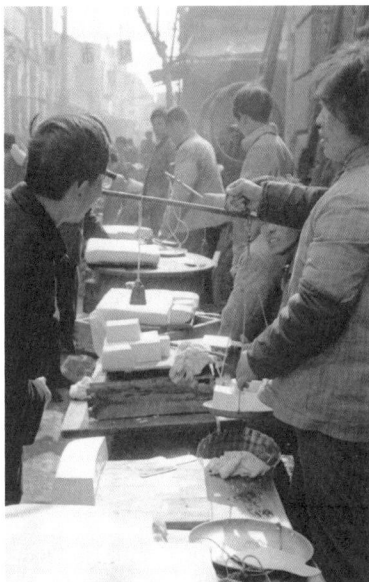

20世纪80年代中后期允许农民进城务工经商，农民开始走出乡村

1984年10月党的十二届三中全会通过了《关于经济体制改革的决定》，提出"建立自觉运用价值规律的计划体制，发展社会主义商品经济"，指出，当前我国价格体系不合理的主要表现之一，是主要农副产品的购销价格倒挂，销价低于国家购价。为此，必须进行价格体系改革。为此，国家在放宽农副产品购销政策的同时，对农副产品的价格进行了调整，与1978年相比，1984年中国农副产品收购价格上涨了53.7%，其中粮食价格上涨了51.0%，经济作物上涨了51.0%，棉花上涨了98.1%，畜禽产品上涨了34.5%，极大地调动了农民的生产积极性。到1984年底，农民出售的农副产品总额中，国家计划牌价统购、派购的比重从1978年的84.7%下降到1984年的39.4%。

1984年，我国农业生产在连续5年丰收的基础上又获得了丰收，但随之而来的是出现了农民"卖粮难"的局面。1985年后，中国农村体制改革的目标，便集中到如何取消统购统销政策，及如何改革农产品购销体制问题上。党的十二届三中全会经济体制改革决议的出台，尤其是对价格体系改革原则的规定，为取消统购统销制度、改革购销体制提供了强有力的政策依据。

1985年1月，中共中央、国务院颁布了1号文件《关于进一步活跃农村经济的十项政策》，指出："农产品统购派购制度，过去曾起了保证供给、支

1985年中共中央、国务院发布《关于进一步活跃农村经济的十项政策》

持建设的积极作用，但随着生产的发展，它的弊端日益表现出来，目前已经影响农村商品生产的发展和经济效益的提高。因此，在打破集体经济中的'大锅饭'之后，还必须进一步改革农村经济管理体制，在国家计划指导下，扩大市场调节，使农业生产适应市场的需求，促进农村产业结构的

合理化，进一步把农村经济搞活。"其规定的十项经济政策中的第一条就是"改革农产品统派购制度"，规定："除个别品种外，国家不再向农民下达农产品统购派购任务，按照不同情况，分别实行合同定购和市场收购。粮食、棉花取消统购，改为合同定购。由商业部门在播种季节前与农民协商，签订定购合同""生猪、水产品和大中城市、工矿区的蔬菜，也要逐步取消派购，自由上市，自由交易，随行就市，按质论价""国家不再向农民下达农产品统购派购任务"。农村取消统购派购制度迈出了决定性的一步，标志着农村第二步改革的开始。

02　农产品市场体系建设

1984年，中央确定农村工作的重点是：在稳定和完善生产责任制的基础上，提高生产水平，梳理流通渠道，发展商品生产。国家开始允许有营业执照的商贩下乡采购、贩运农副产品，也可以在城市指定的市场向贩运者批量进货就地销售。此后，陆续恢复和发展了一批日用工业品、小商品市场和旧货市场。1985年1月，中央提出全面改革农产品统购派购任务，规定：改粮棉统购为合同定购，全面开放除蚕丝、药材、烤烟外的蔬菜、水果、水产品等132项农产品市场，实行价格放开，市场供求调节；允许菜农、商贩进城卖菜，提倡国营基层食品站、集体、个体经营户和农民直接进城卖肉或搞城乡联营。至此，各地取消了限制农民进城贩卖农产品的做法，农村和城市农贸市场完全开放，农产品初级市场迅速发展。

进入20世纪90年代，为顺应农产品大规模市场、大区域流通的要求，国家加快了农产品市场网络建设，并提出逐步建设和完善以批发市场为中心的农产品市场体系。1990年10月，郑州粮食批发市场建立，以此为标志，全国共有9个区域性批发市场和一批较为规范的农贸市场迅速兴起。随着"菜篮子工程"建设的实施，农产品批发市场建设的力度进一步加大，各大中城市都建立起了农副食品批发市场。"九五"期间，国家每年安排专款用于蔬菜批发市场建设，并有计划地组建全国性中心批发市场，形成覆盖全国各地的市场网络。经过10多年的建设与发展，到1998年，全国农产品批发市场已达4 000多家，初步形成了覆盖全国的农产品批发市场网络，为最终实现主要农产品由"计划"到"市场"创造了物质和制度条件。

随着农产品集贸市场和批发市场的发展，国家着手准备建立更高级形态的农产品期货市场。1990年10月成立的郑州粮食批发市场是现货批发市场，但其组织结构、交易规则则参照期货市场的模式设立，实行会员制、保证金制，并允许远期合约在场内转让，是首次引进期货机制的规范化交易市场，主要经营小麦、

20世纪80年代中期的农贸市场

1988年"菜篮子"工程启动，开始在各大中城市建立农副食品批发市场

20世纪90年代初的郑州粮食交易市场

玉米等产品的远期批发交易。1993年5月，郑州商品交易所成立，推出了大豆、绿豆、小麦、玉米、芝麻等5个商品的标准化期货合约，制定了国际通用原则的交易规则和经纪代理章程。

继郑州商品交易所之后，上海粮油商品交易所、苏州商品交易所、华南商品交易所、海南中商期货交易所等先后成立，豆油、菜籽油、生丝、坯绸、原糖、橡胶等期货交易相继推出。据不完全统计，到1993年底，全国期货交易所或商品交易所已达39家，其中专营或兼营农产品的有十几家。

2007年8月11日合肥国家粮食交易中心挂牌成立

为了更好地解决农产品生产与市场连接不够紧密的问题，国家开始注重引导和培育新型市场主体的工作。1991年，国家要求在充分发挥国营商业和供销社主渠道作用的同时，要重视发挥乡村集体商业组织和个体运销专业户的作用，保护各种联合组织已形成的供销关系，从1998年起，代表农民自身利益的各种形式的农民运销组织迅速发展，产供销一体化经营组织不断壮大。

经过20多年的不断改革，我国农产品市场流通主体已形成多元化格局。除粮食、棉花外，绝大多数农产品都是由国有商业组织、集体商业组织、个人及合伙、各种农民专业协会或销售合作社、私营企业甚至外资企业来共同经营与组织流通。其中，对于鲜活农产品的流通，个人及合伙运销组织、龙头企业、各种农民专业协会或销售合作社等产供销一体化组织发挥着更为重要的作用，而且发展相当迅速，成为主要鲜活农产品市场流通主体。同时，农产品的网络销售也开始兴起。

第五章

不断完善的粮食流通体制改革

农村改革以后，国家不断提高农产品价格。从1979年起，国家连续提高粮食统购价格，并实行超购加价50%的激励政策，加之实行家庭联产承包责任制，农民生产积极性得到充分调动，粮食连年丰收。到1984年，出现了全国性的卖粮难现象。面对粮食过剩的局面，1985年的中央1号文

1985年取消粮食统购，实行合同收购

件规定：取消粮食统购，改为合同定购和市场收购；定购粮按"倒三七"比例计价（即三成按原统购价，七成按原超购价）；定购以外的粮食可以自由上市，如市场粮价低于原统购价，国家仍按原统购价敞开收购，实行合同制与议价制并行的"双轨制"，保护农民利益。

20世纪90年代，开始探索实行粮食保护价收购政策。1990年夏粮上市后，市场粮价疲软问题引起政府关注，国家连续出台文件，要求各地在以县为单位完成定购任务后，敞开收购议价粮，收购价格不得低于国家规定的保护价格。1990年9月，国务院决定筹建国家粮食储备局，对粮食收购实行最低保护价制度，并建立用于调节供求和市场价格的粮食专项储备制度，这标志着粮食流通体制改革进入了市场取向的大跨步推进阶

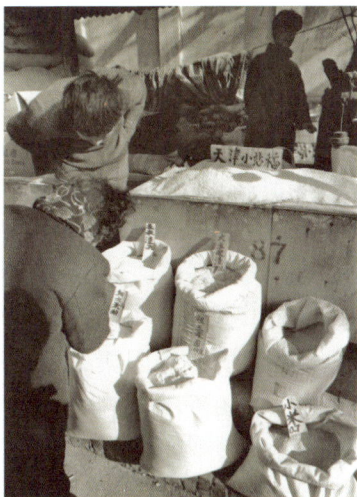

20世纪80年代中期大中城市市场开始出现粮食交易

段。经过 2 年运行后，1993 年又
对这项政策进行了调整完善，缩
小保护价实施范围，明确要求地
方也要对议价粮开展保护价收购，
并形成地方粮食储备，将一部分
政策成本转由地方政府承担，并
提出在 3 年内逐步取消了中央和地
方粮食财政补贴，把这部分资金
用于建立粮食风险调节基金，为
保护价收购提供资金保证。1995
年以后，随着粮食持续增产，供
过于求的矛盾更加突出，国家进
一步出台了"三项政策、一项改
革"，即"按保护价敞开收购农
民余粮、粮食顺价销售制度、加
强粮食收购资金和粮食市场管
理"和推进粮食购销企业自身改
革，进一步完善了粮食保护价收
购政策。

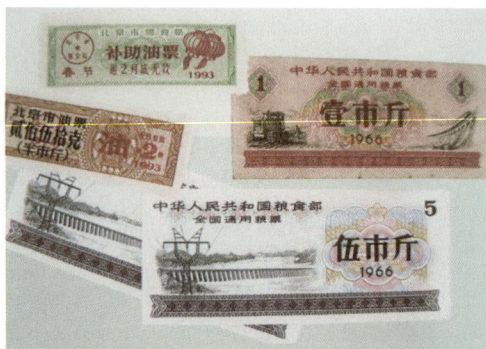

1993 年全面取消粮票制度

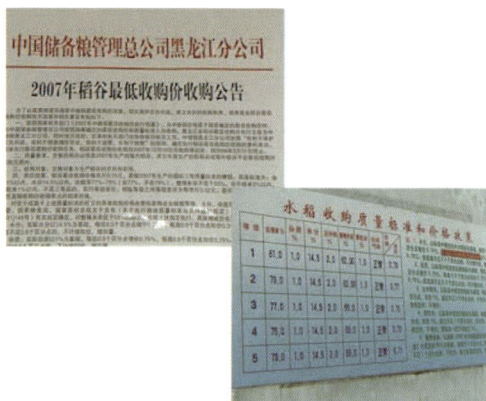

1990 年开始实施粮食收购最低保护价政策

在粮食销售方面，1991 年，国家将统销价提高 67%，实行平价供应，从
而打破了销价长期不变的局面。1992 年，在定购粮价提高 20%的同时，将城
镇销售价再提高 43%，实现了购销同价。1993 年底，全国各地基本上全部取
消了实行了 40 年的口粮定量办法，价格随行就市。

从 1998 年到 2003 年，我国粮食产量连续下降，为了稳住粮食生产，提
高农民种粮积极性，粮食价格支持政策发生了重大转型，粮食最低收购价政
策取代了实行多年的保护价收购政策。改革的主要思路是国家根据市场供
求、生产成本等因素，合理确定粮食最低收购价格，减少对市场的过度干
预。当市场价格在最低收购价格水平之上时，政府不对市场价格进行干涉；
当市场价格水平低于最低收购价时，政府委托部分国有粮食购销企业入市收
购，促进价格回升到合理区间；同时明确规定中储粮集团公司为最低收购价
政策执行主体，并限定品种和执行区域，控制政策执行成本。从 2004 年开

始，对粮食主产区实施了稻谷的最低收购价。从 2006 年起，开始对小麦实施最低收购价，执行范围包括河北、江苏、安徽、山东、河南、湖北 6 省。2007 年以后，面对国际市场粮价上涨、国内生产成本增加、直接补贴政策效应递减等新形势，国家连续提高稻谷和小麦最低收购价，在粮食主产区实行敞开收购。最低收购价作为市场托底价格，主导了市场粮价的一轮上涨，也带动了农民收入的较快增长。

2007 年、2008 年以后，针对部分农产品出现的价格下跌及卖难现象，国家在东北三省和内蒙古自治区实施玉米、大豆临时收储政策，2009 年起分别在 17 个油菜籽主产区和新疆实施油菜籽、小麦临时收储政策；2011 年起，国家开始对棉花实行临时收储政策，以支持价格敞开收购棉花。临时收储政策促进了农产品特别是粮食生产的稳定和市场的稳定。

第六章
农业产业结构调整与农业发展

01   农业产业结构调整

1978年以前，"以粮为纲"全面主导中国农业的发展，"农业以种植业为主，种植业以粮食为主，粮食又以高产作物为主"，农业结构长期停留在"农业—种植业—粮食"模式。在农业结构中，种植业与林牧副渔的结构比始终稳定在7：3的比例上，粮食作物播种面积份额始终稳定在80%以上，而经济作物不到10%。在粮食作物中，稻谷、小麦和玉米三者合计的种植面积1978年占73.3%。

农村改革后，随着粮食产量的增长，农业结构也开始调整。1981年，中央转发了国家农委《关于积极发展农村多种经营的报告》，提出"决不放松粮食生产，积极发展多种经营"的方针，要求农业同林业、牧业、渔业和其他副业，粮食生产同经济作物生产之间保持合理的生产结构，实现农林牧副渔全面发展。

1981年3月30日，中共中央和国务院就转发国家农委《关于积极发展农村多种经营的报告》

1984年后，粮棉因连续几年丰收而出现"卖难"现象，而其他农产品则相对短缺，为此，中央提出了"发展多种经营和非农产业"目标，改革粮食和棉花流通体制，调减粮食和棉花种植面积；同时，对供不应求的生猪、水产品、蔬菜、药材等实行市场、价格、经营"三放开"。此后，畜产品和蔬菜等产量持续增长，与1978年相比，1990年畜牧业所占比重由15.5%上升到21.2%，同时，乡镇企业迅猛发展，而种植业在农业总产值中所占比重则由79.3%下降到61.6%。

20世纪80年代中后期的结构调整，使主要农产品产量大幅度增长，但一些农产品却出现了"卖难"现象，价格下跌。为此，1992年，国务院发出了《关于发展高产优质高效农业的决定》，提出进一步把农产品推向市场，以市场为导向继续调整和优化农业生产结构，建立贸工农一体化经营，依靠科技进步，发展高产优质高效农业。

20世纪90年代后期，主要农产品实现了由长期短缺向总量平衡、丰年有余的历史性转变。但同时也出现了多数农产品供大于求，而优质农产品供给不足的结构性矛盾，以及农业生产科技含量低，市场竞争力不强、农业生产区域优势不明显等一系列问题。为此，1998年中央提出对农业进行战略性结构调整，即"发展高产、优质、高效、安全的现代农业"。在农业部统一部署下，随即在全国范围内调整和优化种植业作物和品种结构，优化区域布局，发展畜牧业和农产品加工业。从1999年农业生产的实际看，粮食作物播种面积比上年减少了1 200万亩，棉花也减少了1 000多万亩，糖料作物减少了400万亩，而同时，油料和蔬菜分别扩大了1 260多万亩和1 500多万亩。除了种植面积上的调整外，粮食作物品种结构也有调整，如稻谷压缩了早稻而增加了优质稻；小麦重点是优化区域布局，增加生产优质专用麦；玉米生产调整的重点是控制东北的越区种植问题。

2001年中国加入世界贸易组织（WTO）后，为了提高农产品国际竞争力，优势农产品布局在全国实施。同时，把发展无公害蔬菜和绿色食品、提高农产品质量安全作为农业结构调整的一个重要内容，先后建立了无公害水稻、优质专用小麦、优质专用玉米、高油大豆、双低油菜、优质抗虫棉，以及名特优蔬菜、水果、花卉等国家级和省级规范化标准化生产示范区，带动耕地面积5亿多亩。

根据1999年至2003年粮食总产连续下降的情况，从2004年开始，中央1号文件重新聚焦三农问题。党和政府把保障粮食生产和主要农产品供给作为农业政策的着力点，不断优化粮食品种、品质结构和区域布局，同时，出台了一系列强农惠农富农政策，对种粮农民进行直接补贴，提高农民的种粮积极性。到2012年，受益于国家对粮食生产的支持和鼓励政策，粮食产量持续稳定提升，粮食作物在农作物种植结构中的占比稳定在68%左右。但农业生产中的结构性问题也日益突出，如玉米受"政策市"影响，在粮食作物总结构中的占比从2005年的17%增加到2012年的21.4%。

随着我国的农业工业化进程加快，大量工业产品如化肥、农药不断作用于农业生产，造成资源浪费、环境破坏和农产品质量下降。为此，2006年中央1号文件指出，按照高产、优质、高效的要求，加快建设优势农产品产业带，积极发展特色农业、绿色食品和生态农业。2007年，围绕转变农业发展方式，以提高资源利用效率和生态环境保护为核心的"资源节约型、环境友好型"的两型农业开始得到重视。

另一方面，大力促进初级农产品的转化和加工。将初级农产品转化为更多的肉禽蛋奶和水产品，既是满足人民生活水平提高的必然规律，也是不断开拓农产品市场的客观要求。到2012年，我国农林牧渔业在农业产值中的占比分别为52.5%、3.5%、30.4%、9.7%，初级农产品转化水平尚有很大潜力。农产品经过加工，不仅可以生产出多样化、高品质的消费品，还可以提供大量的工业原料，为农产品的增长提供极为广阔的市场空间。同时，开发农业多功能也成为农业结构调整的重要方向，促进了农业产业结构的不断优化升级。

02　种植业的发展

种植业是改革开放的先行者和实验田。1978年至2012年，粮食作物播种面积由18亿亩减到16.72亿亩，但总产量却从3亿吨连续跨上4亿吨、5亿吨台阶。粮食平均亩产从337斤迅速跃升到480斤，并相继迈上500斤和600斤的台阶，单产水平的提高成为粮食增产的主要来源。

1978年后，我国农村开始全面推行家庭联产承包责任制，同时大幅度提高粮食价格，由此激发了广大农民发展粮食生产，增加生产投入的积极性，总产量由6 095亿斤增加到8 146亿斤，基本解决了长期困扰我国的粮食短缺问题。

在发展粮食生产的同时，积极发展多种经营。1981年全国农业工作会议提出，在粮食继续增长的同时，加快发展棉花、油料、糖料、烤烟等生产。1985年到1988年，国家通过农产品流通体制改革，加大了农业内部结构调整力度，种植业特别是粮食生产发展放缓，而蔬菜、水果以及畜产品发展速度加快，使1988年农业总产值达到3 191.1亿元，比1985年增长了48.1%，但粮食产量仅为39 408.1万吨，没有超过1984年的历史记录。1989年至

1992年，国家加大了对农业的投入，促进了农业综合生产能力的提升，农业总产值逐年提高，粮食总产量也恢复到1984年的历史水平。

1992—1998年，随着社会主义市场经济体制的建立，市场价格信号的导向作用日益增强，国家通过对农产品特别是粮食

经济作物种植面积占种植业比例从1978年的3.3%上升到2006年的13.8%

的购销体制改革，实施粮食保护价收购政策，使农业生产进入稳定发展期。1998年粮食总产量突破5亿吨大关，达到5.12亿吨，实现了由供不应求到供求基本平衡、丰年有余的历史性转变，农业生产进入了新的发展阶段。

20世纪末21世纪初，由于农产品供求关系、资源环境约束等方面都发生了显著变化，农业结构调整步伐加快，粮食生产出现下滑趋势。为了保证国家粮食的安全，必须种植16.5亿亩的粮食，而2003年种粮面积只有14.9亿亩。从1998年到2003年，农业生产总产值由14 242亿元增长到14 870亿元，年均增长4.3%，但粮食生产出现较大幅度下滑，2003年粮食总产量仅4 306.9万吨，比1998年下降了15.9%。

2004年以后，中央提出以"工业反哺农业，城市支持农村"和"多予、少取、放活"为基本方针，加大对农业的财政支持和金融投入，实行对种粮农民的种粮直接补贴、良种补贴、农机具购置补贴、农资增支综合直补等四项补贴政策，出台了产粮大县奖励政策，调动了广大农民和粮食主产区政府发展粮食生产的积极性；同时，国家把握有利时机，加大粮食流通体制改革力度，实行粮食最低收购价政策和部分农产品临时收储政策，促进了粮食市场的健康运行，使粮食生产出现稳定增长。2006年，粮食总产量达到49 747.8万吨，接近1998年的历史最高水平。从2007年到2012年，粮食产量首次连续6年稳定在5亿吨以上，新中国成立以来粮食产量首次实现连续9年增长。

随着种植业结构不断调整优化，棉花、油料、糖料、园艺产品等经济

作物生产发展迅速。棉花总产量2007年达到760万吨，是1977年205万吨的3.7倍，2012年达到684万吨。1978—2006年，油料作物种植面积增加了120.8%，总产量由1978年的522万吨迅速迈上1 000万吨台阶，此后每5年迈上一个新台阶，2005年达到3 077万吨，2012年达到3 476万吨。糖料作物1978—2006年，种植面积增加了1.3倍，总产量2007年达到11 110万吨，是1977年的5.5倍，2012年达到13 493万吨。蔬菜、水果等园艺作物生产规模不断扩大，特别是加入WTO以后，种植面积快速增加，在种植业中的比重由1978年的3.3%上升到2006年的13.8%。作为农产品出口创汇的主要力量，2007年蔬菜、水果、茶叶、花卉等园艺产品出口额达106.93亿元，比2000年增长了2.36倍。

饲料作物种植面积随着畜牧业的发展而不断扩大，从1978年到2000年，全国饲料作物种植面积从184万公顷提高到214.2万公顷。饲料作物虽然总体规模不大，但其种植面积的不断扩大使种植业结构从粮食作物和经济作物为主的"二元结构"向粮食作物、经济作物和饲料作物并举的"三元结构"转变。

03 畜牧业的发展

改革开放以前，畜牧业被认为是种植业的补充行业，生产规模相对较小。1978年农村改革后，国家对畜牧业政策作出了重大调整，提出"要大力发展畜牧业，提高畜牧业在农业中的比重"，畜牧业生产经营体制开始转变。

养禽专业户遍布农村

1984年，我国开始在牧区推行草畜双承包责任制，其后，草场又逐步推行有偿承包使用责任制，人民公社时期集体所有的家畜都逐步分还给农户饲养，极大地提高了农民养畜的积极性，加快了畜牧业生产的发展。同年,7月,国家决定放开畜产品市场，绝大多数畜产品可以随行就市，实行"国营、集体、个体"一起上，形成各种经济成分参与、各种经营形式并存的格局，畜牧业生产增长提速。1984年底，全国肉类总产量达到1 540.6万吨，是1978年的1.8倍，年递增率为10.3%，其中生猪出栏22 047.1万头，比1978年增长了36.9%。

在放开畜产品流通体制的同时，国家采取多项措施加快畜产品生产向商品化、专业化、社会化发展。随着家庭经营主导地位的形成和价格的放开，各地畜、禽饲养专业大户不断涌现，三年翻了一番，1987年达到93.5万户，比1984年增长了1.1倍。他们由自给性生产走上了专业化、商品化的道路。专业大户的发展促进了畜牧业的产业化经营。1988年，农业部开始实施"菜篮子工程"，建立了一批肉、蛋、奶等生产基地及良种繁育、饲料加工等服务体系，使畜牧业生产全面加速，1990年肉类产量达到2 857万吨，跃居世界第一位。到1996年，肉类产量达到4 584万吨，畜牧业总产值6 015亿元，占农业总产值的26.9%。

20世纪90年代中后期出现了畜产品结构性过剩、畜牧业饲料资源短缺、畜产品质量安全等问题。1999年国务院办公厅转发了农业部《关于加快畜牧业发展的意见》，提出稳定发展生猪和禽蛋生产，加快发展牛羊肉和禽肉生产，突出发展奶类和羊毛生产；加快改变养殖方式，大力调整、优化畜牧业结构和布局，加强良种繁育、饲料生产和疫病防治体系建设，提高生产效率、经济效益和畜产品质量安全水平。同时，国家还加快了畜牧生产标准化建设，制定了一系列促进畜牧业发展的政策措施，使畜牧业生产逐步由数量增长型向质量效益型转变。2004年，农业部发布了《关于推进畜禽现代化养殖方式的指导意见》，以引导和促进畜牧业向规模化、标准化、产业化方向发展。随着国家经济实力的增强，国家不断增加投入，加大对生猪、奶业和草原等产业的扶持力度。2006年，奶牛数量发展到1 068.9万头，奶类产量达到3 302.5万吨，首次进入世界前三名，人均奶类占有量50.2斤。肉类总产量年均增长率保持在3.35%，其中年羊肉增速保持在5%～7%。

经过30年的快速发展，全国畜牧业总产值由1978年的209.3亿元增加到达到2007年16 125.2亿元，占农业总产值的比重由15%上升到33%，畜牧业成为我国农业和农村经济的支柱产业。

2007年以后，为构建现代畜牧业、促进畜牧业平稳健康发展，国家对畜牧业的支持力度进一步加大。2007年1月，国务院下发了《国务院关于促进畜牧业持续健康发展的意见》，提出，畜牧业科技进步贡献率要由50%上升到55%以上，畜牧业产值占农业总产值比重由34%上升到38%以上；要优化畜产品区域布局，完善畜牧业基础设施，扩大对畜牧业的财税和金融支持，合理安排畜牧业生产用地。同年7月，针对生猪价格发生波动的情况，国务院又下发了《关于促进生猪生产发展稳定市场供应的意见》，要求建立保障生猪生产稳定发展的长效机制，调动养殖户（场）的养猪积极性，从根本上解决生猪生产、流通、消费和市场调控方面存在的矛盾和问题。同年9月，国务院下发《国务院关于促进奶业持续健康发展的意见》，提出奶业是农业现代化的重要标志，到2012年，力争奶牛良种覆盖率提高到60%，奶牛平均单产水平提高到5.5吨，应加大奶业发展的政策扶持，加快推进养殖环节的规模化、集约化、标准化，逐步解决奶牛养殖规模小而散问题。

在中央政策的指导和推动下，畜牧业生产总体保持稳定增长，到2012年，全国肉类总量达到8 387万吨，其中全国猪肉产量达5 343万吨，牛肉和羊肉分别为662万吨和401万吨，禽肉产量1 823万吨，禽蛋产量为2 861万吨，牛奶产量为3 464万吨。

┃ 04　渔业的发展

农村改革前，渔业发展十分缓慢，市场供应严重不足，渔业集体经济薄弱，渔民生活困难。1978年10月《人民日报》发表社论《千方百计解决吃鱼问题》，这是中央对渔业问题关注的信号。党的十一届三中全会之后，部分渔区恢复"几包""几定"生产责任制。从1982年开始，沿海渔区开始推行"大包干"责任制，并普遍推广了以作业船为基本核算单位的生产经营体制。

1982年10月，中共中央、国务院批转农牧渔业部《关于加速发展淡水渔业的报告》，要求落实水面使用权长期不变，养鱼能手可雇工承包较大面积水面。1982年全国海水养殖工作会议确定，凡适合分散经营的养殖项目，实行包产或包干，可以包到组、户、劳。随后全国主要渔区对水域滩涂普遍进行了确权颁证。在进行渔业体制改革的同时，国家对水产品流通体制也进行了改革，到1984年，除虾、带鱼外，其余水产品价格全部放开，由市场决定。

经过以上调整和探索性改革，水产养殖积极性空前高涨，各地水产养殖业蓬勃发展，渔业生产逐渐恢复。1984年水产品总产量619万吨，比1978年增加33%，其中水产养殖产量244万吨，比1978年翻一番。

在前期改革探索实践的基础上，1985年3月，中共中央、国务院下发《关于放宽政策、加速发展水产业的指示》，明确了渔业发展"以养为主，养殖、捕捞、加工并举，因地制宜，各有侧重"的方针，坚持经营体制放开、水产品价格放开的改革实践，并要求"尽快组建我国的远洋渔业船队，放眼世界渔业资源，发展远洋渔业"。1985年3月，由中国水产总公司13艘渔船组成的第一支远洋渔队，从福建马尾港出发远赴非洲，实施已经签约的渔业项目。这次远征标志着我国渔业开始走向世界。

1986年1月，新中国成立以来第一部渔业基本法《中华人民共和国渔业法》颁布实施，其基本精神是"放宽、搞活、管好"，这标志着我国进入"依法治渔，依法兴渔"的历史时期。

渔业政策和渔业法的实施，使渔业进入了新一轮快速增长期。1985—1994年，水产品全国人均占有量从13.6斤提高到35.8斤，城乡居民"吃鱼难"问题基本解决，一些优质鱼、虾、蟹等高档水产品进入寻常百姓家。水产品总产量从705万吨增加到2 146万吨，增长了2倍，1989年水产品产量跃居世界第一位。同时，远洋渔业从零起步，1994年产量达68.8万吨，成为世界主要远洋渔业国家；水产养殖量在1988年超过捕捞量，成功走上"以养为主"的渔业发展道路。

经过10多年的快速发展，渔业资源和生态环境方面的问题日益凸显，呈现衰退趋势，为实现渔业可持续发展，从1995年开始，实施产业结构调整，先后出台了一系列政策措施强化资源环境保护。1998年，国务院批准首次在东海、黄海实行伏季全面休渔，1999年休渔范围扩大到渤海、黄海、南海，涉及沿海11个省（自治区、直辖市）和香港、澳门特别行政区。1999年开始实施海洋捕捞"零增长"计划，2002年初确立"十五"期间捕捞产量"负增长"目标。

1996年5月，全国人民代表大会常务委员会批准《联合国海洋法公约》，之后，分别与日本、韩国、越南等签定渔业协定，海洋渔业管理开始向专属经济区制度过渡。同时，多边渔业合作也在不断加强，多次举办世界渔业大会和世界水产养殖大会，中国渔业进一步走向世界。

进入 21 世纪以来，国家对渔业的支持保护力度加大，2002 年开始实施长江禁渔期制度，并组织实施水生生物资源增殖放流行动，促进了渔业资源的恢复和生态环境的改善。从 2002 年到 2008 年，中央财政专项用于渔业的资金逐年增长，2008 年达到 131.8 亿元，重点加强水产良种繁育、病虫防治、质量管理、资源保护、渔港和渔业安全等方面的力度。同时通过实施水产健康养殖行动、渔业科技入户工程等措施，大范围推广健康养殖模式和技术，推进水产养殖标准化、规模化和产业化进程，为国际和国内市场提供更加丰富、更加优质的水产品。

2010 年 11 月，国务院下发《国务院批转农业部关于进一步加快渔业发展意见的通知》，强调"水产品在我国人民的食物结构中已占有重要地位"，要求"各级人民政府和有关部门要牢固树立大农业、大粮食的观念，把渔业作为农业中的一个大产业，摆上重要位置"，提出要"积极发展淡水和近海养殖，有计划地扩大远洋渔业，加强对近海渔业资源的保护和合理利用""在政策以及技术和资金等方面继续给予积极扶持，推动我国渔业和渔区经济持续、快速、健康发展"。

第七章

承包到户的集体林权制度改革

我国现有集体林地面积 25.48 亿亩，占全国林地面积的 60.1%，主要分布在山区。长期以来，由于集体山林产权不明晰，制约着林业生产力发展，影响了集体林经营水平和森林资源的质量，也影响了集体经济的收入。

1998 年 11 月，我国南方重点林区县（市）之一的福建省永安县洪田村，把土地承包责任制引入林地，率先突破集体林经营管理机制屏障，实现"分山到户"，并把公益林管护责任捆绑落实到户，打开了"山定权、树定根、人定心"的局面。通过改革，调整了生产关系，解放了生产力，洪田村面貌发生了喜人的变化。

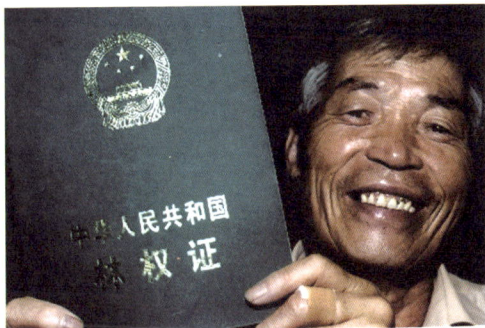

林权制度改革的发源地——福建省永安县林农喜领林权证

2003 年，中共中央、国务院作出了《关于加快林业发展的决定》，要求进一步完善林业产权制度，确立以生态建设为主的林业可持续发展道路。同年，福建省在全国率先全面启动集体林权制度改革，洪田村的做法得到肯定和推广，要求将集体林地按人头平均分配到户，全面落实所有权、经营权、处置权和收益权（合称"四权"），实现"山有其主、主有其权、权有其责、责有其利"，农村家庭承包经营制度从耕地向林地拓展和延伸。截至 2005 年 5 月底，福建省林权改革成效初步显现，全省累计完成明晰产权的村占有改革任务村总数的 90.9%；累计完成明晰产权面积占全省应改革面积的 94.2%。改革到位的地方，林业发展机制被激活，林业经济效益明显提高，林农收益增加，林区经济呈现出一派生机勃勃的景象。

继福建省之后，江西、辽宁、浙江也进行了林权改革试点。截至 2006

年底，这3个省已基本完成明晰产权的主体改革。由于各省林权改革试点取得了显著成效，中央决定在全国范围内推广。自2006年到2008年，集体林权改革连续3年成为中央1号文件部署的农村改革工作重点之一。2008年6月，中央在《中共中央 国务院关于全面推进集体林权制度

集体林权制度改革政策宣传栏

改革的意见》中指出："我国将用5年的时间基本完成明晰产权，承包到户的集体林权制度改革任务，林地的承包期为70年。"要求"实行商品林、公益林分类经营管理。对商品林，农民可依法自主决定经营方向和经营模式，生产的木材自主销售。""农户承包经营林地的收益，归农户所有。征收集体所有的林地，要依法足额支付林地补偿费、安置补助费、地上附着物和林木的补偿费等费用，安排被征林地农民的社会保障费用。"2009年，新中国成立以来首次以中央名义召开林业工作会议，对全面推进集体林权制度改革进行全面部署安排。

江西奉新县澡下镇青潭村民在自家竹林中给刚舒枝展叶的新竹"打针"施肥

集体林权制度改革的核心内容是，在坚持集体林地所有权不变的前提下，依法将林地承包经营权和林木所有权，通过家庭承包的方式落实到本集体经济组织的农户，确立农民作为林地承包经营权人的主体地位。改革主要有5个环节：一是明晰产权。以均山到户为主，以均股、均利为补充，把林地使用权和林木所有权承包到农户。二是勘界发证。在勘验"四至"（指某块土地与四周相邻土地的界限）的基础上，核发全国统一式样的林权证，做到图表册一致、人地证相符。三是放活经营权。对商品林，农民可依

法自主决定经营方向和经营模式；对公益林，在不破坏生态功能的前提下，可依法合理利用林地资源。四是落实处置权。在不改变集体林地所有权和林地用途的前提下，允许林木所有权和林地使用权依法出租、入股、抵押和转让。五是保障收益权。承包经营的收益，除按国家规定和合同约定交纳的费用外，归农户和经营者所有。

截至2012年底，全国27亿亩集体林地已经确权，占集体林地总面积的97.7%，林改的发证面积占确权林地的95.5%，集体林权制度主体改革基本完成。林权制度改革使广大林区农民的潜能不断释放，造林育林护林的积极性高涨，森林资源得到了有效保护。同时，通过林改，广大山区农民精心经营林地、发展林下经济和森林旅游等，获得了更多的经济实惠，从而使农村经济发展的活力大大增强，社会更加和谐稳定。

第八章

异军突起的乡镇企业

　　乡镇企业的前身是社队企业（从20世纪60年代到1983年称为社队企业）。1984年3月，社队企业正式更名为乡镇企业。早在人民公社化以前的合作化运动中，农业和副业相结合的互助合作经济就在互助组和初级社中有所发展。公社化以后，为了加快实现农业机械化，全国各地出现了小化肥、小农药、小农机、小水电、小水泥等"五小"社队工业，但主要建立在农业的附属产业上，并且国家对其发展作了一些限制性规定，如社队企业发展必须遵循"就地取材、就地加工、就地销售"的原则，将社队企业的生产严格限制在农村自给性经济的范围之内，社员联户和户办企业被限制等，因此，社队企业发展十分缓慢。

　　党的十一届三中全会以后，中央要求"社队企业要有一个大的发展"，鼓励农村发展种养业、加工业、运输业和各种服务业。同时，国家从信贷、税收、设备技术、供销等方面制定了一系列扶持社队企业发展政策，为社队企业的起步发展打造了良好的政策和制度环境。1984年是乡镇企业发展历史上的一个重要分水岭，中央1号文件规定允许农民个体或联合经商办企业。同年3月，中共中央、国务院批转了农牧渔业部《关于开创社队企业新局面的报告》，将社队企业改称为乡镇企业，明确乡镇企业由原来的社办、队办两个轮子改为乡办、村办、联户办、户办四个轮子同时发展，农工商建运服并进，实行"多轮驱动，多轨运行"；并且规定，乡镇企业可以广泛外引内联，突破"三就地"限制。这个文件的实行使各地迸发出了兴办乡镇企业的积极性和创造性，各类乡镇企业

全国乡镇企业先进典型——江苏省华西村

迅猛发展起来，特别是珠江三角洲和长江三角洲地区，乡镇企业如雨后春笋般出现。

此后，中央政府又放开了乡镇企业的产业限制，允许农民和农村集体兴办交通运输业，参与小城镇建设，发展农产品加工、大工业配套产业，短平快科技项目，城乡区域国际合作企业等，并在税收、信贷和运输计划安排等方面对乡镇企业实行扶持，从而推进了乡镇企业超常规发展，农民兴办的个体企业和联办企业在乡镇企业中的比重大幅度上升，农村经济结构中非农产业呈现出蓬勃生机。在南方地区，乡镇企业的发展出现了多种模式，最著名的有苏南模式和温州模式。1987年，乡镇企业产值首次超过农业产值。乡镇企业的发展使农民就业结构发生了显著变化，也带动了农村城镇化发展。

20世纪80年代末90年代初，由于国内经济出现紧缩，市场疲软，中央特别强调乡镇企业在出口贸易中的重要作用，对乡镇企业出口创汇给予扶持政策，使得乡镇企业

1985年5月12日，《解放日报》刊登题为《乡镇企业看苏南，家庭工业看浙南》的报道，提出了"温州模式"

在增速下降的情况下，外向型经济取得长足发展。1991年乡镇企业完成出口交货值789.1亿元，比1988年增长了1.94倍，占全国出口商品总值的比重由1988年的15.2%提高到1991年的29.7%。1992年，随着社会主义市场经济的确立，国家要求各地把发展乡镇企业作为一项战略任务，坚持不懈地抓下去，特别提出支持和加快西部地区乡镇企业的发展。1993年2月，国务院提出要把加快发展乡镇企业作为中西部地区经济工作的一个战略重点，并在产业政策、信贷政策等方面给予扶持。1994年，根据中共中央、国务院的要求，拉开了乡镇企业东西合作、中西部乡镇企业快速发展的序幕，乡镇企业在社会主义市场经济的大潮中进入了一个新的发展阶段。东西合作取得了比较明显的成效，1993—1995年，中、西部地区乡镇企业总产值年均增长速度分别达到58.6%和50.5%，均高于东部地区的49.2%。

村里办起板材厂

20世纪90年代中后期，国内外市场环境发生了一些新的变化，尤其是进入买方市场之后，乡镇企业增长明显减缓，加之市场竞争日趋激烈，竞争优势下降，效益下滑。为此，中央提出，乡镇企业的发展不能再追求总量的简单扩张，必须将增长方式转到以效益为中心的轨道上来。此后，国家在继续稳定对乡镇企业的扶持政策的基础上，开始全面推进对乡镇企业的结构调整和体制创新。

乡镇企业在发展过程中，随着企业的成长壮大、产权不清、政企不分、体制不顺、机制不活等问题逐渐显露出来。1993年11月，党的十四届三中全会提出了乡镇企业要"进行产权制度和经营方式的创新"，1994年农业部发布了《乡镇企业产权制度改革意见》。意见在肯定我国乡镇企业在改革开放中形成的独具特色的经营机制的同时，指出乡镇企业在经营机制和企业制度上存在的问题，并提出通过改革，使各种生产要素在不同地区、不同行业、不同企业、不同所有制之间自由流动和优化组合；使各种经营方式得到完善和发展；使企业真正成为企业法人实体和市场竞争主体；同时要求各地围绕产权问题进行积极的改革探索，提出现阶段乡镇企业产权制度改革的主要形式包括：①具有一定规模、效益较好的企业，改建成股份合作制企业；②以股份合作制形式组建新企业；③规模较大、效益较好、有一定知名度的企业，组建规范化的股份制企业；④以优势产业、名牌产品和骨干企业为龙头，组建企业集团；⑤对小型、微利、亏损企业实行兼并、租赁、拍卖和风险抵押承包等。到1995年，乡镇股份合作制企业已发展到近300万家，全国性的乡镇企业集团发展到327家，省地级企业集团大量涌现。到2000年，全国95%以上的乡镇企业业已完成改制。

改革后的乡镇企业又焕发出勃勃生机。越来越多的乡镇企业通过体制和技术上的改造实行贸工农一体化经营，成为带动农业产业化经营的龙头企业；一些乡镇企业加速发展外向型经济，从材料到设备、从人才到技术、从管理到文化，开始博采同业众长，全面对接世界名牌。上规模、高科技成为乡镇企业发展的重要方向，由粗放型增长方式转向集约型增长方式；与小城镇建设互为依托，寻求共同发展，加速了农村城镇化进程。从 2002 年开始，乡镇企业发展逐步回到合理增长区间，到 2004 年底，其增加值首次突破 4 万亿元，其中，混合型企业和个体私营企业创造的增加值占整个乡

村办企业车间

镇企业的 90% 以上。2002—2006 年，乡镇企业增加值增长速度逐年提高，年均达到 15.7%，乡镇企业吸纳就业能力逐年回升，2006 年达到 14 680 万人。

随着建设社会主义新农村的战略决策的实施，乡镇企业加快了发展方式转变的步法，不断调整优化结构，促进乡镇企业产业产品结构升级。受国家政策的推动，乡镇企业中农产品深加工业快速发展，成为发展最快的产业之一；同时，乡村旅游和休闲农业等第三产业蓬勃发展。到 2012 年，全国乡镇企业总产值达到 60 万亿元，其中，全年规模以上农产品加工企业实现总产值达到 15 万亿元；休闲农业成为新亮点，营业收入达到 2 400 亿元，各类休闲农业园区超过 3.3 万家，全年接待游客超过 8 亿人次，从业人员超过 2 800 万。

乡镇企业的兴起对农村经济发展发挥了重要作用，带动了农村经济结构的转变，促进了农村劳动力转移就业，提高了农民收入，是农业农村现代化不可或缺的支撑力量。同时，乡镇企业也是推动国家工业化、城镇化进程的重要力量，为整个国民经济的发展作出了重要贡献。

第九章

农村劳动力转移就业之路

新中国成立初期，农村极度贫困，大批农民涌入城市谋生，给城市生活带来巨大压力，也削弱了农业生产。为了减少农村人口向城市的流动，中央要求各地劝阻和制止农民盲目进城。1958年1月，《中华人民共和国户口登记条例》对农民进入城镇作出了约束性限制，从此形成了城市户口和农村户口"二元结构"的户籍模式。特别是人民公社体制确立后，农村劳动力流动受到计划严格控制，城乡之间自由流动被禁止，导致在就业制度上城乡隔离，直到改革开放以后，农村劳动力的自由就业才逐步恢复。

改革开放初期，农业劳动力有2.85亿人，占全社会劳动力的70.9%，但农村劳动力能离开土地自由流动的数量很小，大约200万人左右，主要是走村串乡的木工、瓦工等手艺人以及小商小贩等。家庭联产承包责任制的实施，确立了农户的生产经营主体地位，基本农产品供给大幅度改善，单一粮食生产的格局被打破，农民开始发展多种经营。农村劳动力开始从种植业向林牧渔业部门转移，农民个人或合伙进行长途贩运，扩大农副产品销售。这是农村劳动力转移的开端，标志着国家政策在给农民松绑，恢复农民在经济、社会生活中的自主权。

之后，随着农村乡镇企业的异军突起，中央制定和出台了一系列旨在鼓励乡镇企业发展的政策。乡镇企业的发展使大量农村劳动力开始进入乡镇企业就业，在农村内部首次出现"离土不离乡"的农村劳动力向非农产业转移，这也是改革开放后的第一次农村劳动力大规模转移。1978—

20世纪80年代珠江三角洲地区吸引着大批"离土离乡"打工的农民

2005年，乡镇企业就业数量从2 827万人上升到1.43亿人，平均每年吸纳劳动力424万人，乡镇企业就业占农村劳动力比重从9.2%上升到28.3%。1996年以后，私营企业发展成为推动农村非农就业的重要力量，1995—2005年，农村私营企业就业人数从551万人上升到2 366万人。

乡镇企业员工

　　城乡之间、地区之间的劳动力转移早在20世纪80年代中期就已开始。随着农产品供给增加，国民经济高速发展，城市各项建设空前高涨，城市对用工的需求强劲，中央关于允许农民进城务工经商政策随即出台。1985年中央1号文件提出，"允许农民进城开店设坊，兴办服务业，提供各种劳务"；1986年中央1号文件规定，允许农民自理口粮进城务工经商。从此，城乡关系松动，农村劳动力开始向城市和跨区迁移，外出数量逐年扩大，到20世纪80年代末达到3 000多万人，初现迁移大潮。

　　从1989开始，由于经济过热引发了严重的通货膨胀问题，国家进行了为期3年的治理整顿，城市许多项目下马或停建，企业开工不足，城市劳动力市场就业形势恶化，国家因此加强了对农村劳动力流动的限制，强调"离土不离乡"，就地消化和转移，出现了已经转入城市的农民工向农村逆向流动的现象。到1990年、1991年，大多数城市流动人口数量回到了1988年的水平。通过控制农民工盲目外出异地就业，减轻了农民工异地流动对城市与国民经济造成的冲击。

走出乡村进城找工作

　　1992年，邓小平南方谈话发表之后，国家由控制农民工流动向允许与鼓励农民工流动转变，引导农民工在城乡之间有序流动。随着社会主义市场经济体系的确立，东南沿海地区对外开放步伐加快，外商投资所创造的非农就业机会，吸引着农村劳动力再次从农业领域大量转移出来，首次出现了农村劳动力大规模跨区迁移大潮，形成所谓"民工潮"。1993年，农村劳动力出乡就业数量达到6 200万人，在短短的4年时间里，出乡迁移量翻了一倍。此后，农村劳动力外出数量逐年增加。

城镇建设工地的农民工

在20世纪90年代中后期，深化国有企业和城市就业体制改革，带来了大量城市职工下岗，城市就业形势严峻；同时，加上乡镇企业增长速度减缓，吸纳农村劳动力非农就业能力减弱，农村劳动力的迁移速度逐步放慢，年平均迁移数量下降到360万人左右，但是外出数量仍保持上升的趋势。

重庆市"农民工日"专场招聘会

进入21世纪后，国家在合理引导农民进城务工就业的同时，也逐渐为进城务工的农民创造良好的政策支持环境。2003年1月，国务院办公厅发出《关于做好农民进城务工就业管理和服务工作的通知》，要求加大对外来务工人员政策和收费的清理整顿，不断提高对农民工的管理和服务水平，对统一劳动力市场、建立城乡平等就业制度进行积极的探索，农民进城务工的环境得到了明显改善。2005年中央1号文件要求通过全面开展农民职业技能培训工作，扩大农村劳动力转移培训阳光工程实施规模，加快农村劳动力转移。

随着城乡管理体制的不断改革，农民进城务工对城市社会经济发展的贡献作用逐步得到社会的承认，农民工就业的公共服务工作不断加强。2006年3月国务院出台了《关于解决农民工问题的若干意见》，第一次系统地从解决拖欠和克扣农民工工资，改善农民工生产生活条件，做好农民工培训工作，多渠道安排农民工子女上学就业，加强对农民工管理等方面解决农民工问题。此后的中央1号文件不断强调，全面加强农民工权益保障，建立统一规范的人力资源市场，形成城乡劳动者平等就业的制度。

随着中央政策和相关措施的完善和落实，农村劳动力转移和就业进入了一个前所未有的平等就业环境。2001—2004年，农村劳动力年平均迁移数量上升至412万人。2004年，农村劳动力迁移数量首次超过1亿人，占农村劳动力总量的20.6%，2006年达到1.32亿人。

2010年以后，东部发达地区的劳动密集型产业开始向中西部转移，这给当地农民工创造了大量的就业机会。根据国家统计局的数据，2012年在中西部地区务工的农民工数量较快增长，在西部地区务工的农民工达4 479万人，比2013年增长6.2%，占农民工总量的17.1%。2010年政府工作报告明确，要引导非农产业和农村人口有序向小城镇集聚，鼓励返乡农民工就地创业。

农村劳动力转移使农民从土地和乡村中解放出来，参与国家工业化、城市化的伟大历史进程，对整个国民经济的发展产生了巨大的促进作用；同时为农民收入增长开辟了新的来源，并通过农民将进城务工中积累的经验、资金和技术用于家乡经济建设，促进了农村社会经济的发展。

第十章

从农村税费改革到彻底取消农业税

农村改革以后，以家庭承包经营为主的责任制极大地解放了农村生产力，农业生产获得较快发展，粮食产量连年丰收。但进入20世纪80年代中后期后，出现了农民卖粮难问题，农村经济发展开始放慢，农民收入增长相对困难，与此同时，农民负担却大幅度增长。一些地方部门错误地估计农民的承受能力，以各种名目向农民乱收费、乱集资、乱摊派。从1990年到1998年，农民税费负担从469亿元增加到1 399亿元，农民人均税费从55.5元增加到161元，呈现出恶性增长的势头，影响了农村的改革、发展和稳定。

中央也意识到农民负担的严重性。早在1985年10月，中共中央、国务院就发出《关于制止向农民乱派款、乱收费的通知》。1989年11月，中央在《关于进一步治理整顿和深化改革的决定》中明确要求："坚决制止和纠正乱收费、乱摊派、乱罚款现象。"1986—1989年，各地开始深入地研究农民负担重的原因，并着手制定保护农民权益的法规。针对农民负担日益加重的情况，1990年2月，国务院明确提出，以乡为单位，人均提留乡统筹控制在上一年人均纯收入的5%以内。同年9月，中共中央、国务院决定把减轻农民负担纳入全国治理"三乱"工作的总体部署。1991年11月，国务院颁布《农民承担费用和劳务管理条例》，该条例明确了农民负担的项目、标准、使用范围、审批程序和监督管理的内容及奖励处罚规定，使农民负担监督管理工作步入法制化轨道。1993年9月，中共中央办公厅、国务院办公厅要求对涉及农民负担的文件和收费项目一律先停后清。同年，国务院召开全国减轻农民负担电视电话会议，宣布取消43项达标升级活动、纠正10种错误收取方法，取消37项收费、集资和基金项目。1995年12月国务院要求各地严禁在农副产品收购中代扣代缴各种款项向农民乱摊派。

通过上下共同努力，减轻农民负担、保护农民合法权益的大气候、大声势在全国范围内形成，有效遏制了加重农民负担的势头。然而，中央和地方的分税制实施后，由于省级以下财政体制没有相应改革，使得县乡财政普遍出现困难，特别是乡镇财政无法保证政府的正常运转，造成一些地方"三乱"问题更加严重。从1996年到1999年间，中共中央、国务院又作出了一系列决定，强化治理责任，加大治理力度，实行减负工作党政主要领导负责制，标本兼治。在这一阶段里，各地普遍推行提留统筹费一定3年不变的办法，农民承担的提留统筹费基本上控制在国家规定的5%限额内，建立了减轻农民负担责任制，进一步健全了职能部门间分工协作的监督管理机制，农业、财政等部门确定了各自在减轻农民负担工作中的职责分工。这时的农民

1996年12月，中共中央、国务院作出《关于切实做好减轻农民负担工作的决定》

负担虽然趋于稳定，但加重农民负担的体制、机制根源并没有消除，为此，国务院责成有关部门开始着手调研，制定农村税费改革方案，为从根本上减轻农民负担作准备。

2000年3月，中共中央、国务院印发《关于进行农村税费改革试点工作的通知》，并确定在安徽以省为单位进行农村税费改革试点。试点的主要内容是"三个取消、两个调整和一项改革"。"三取消"即取消乡统筹费、农村教育集资等专门向农民征收的行政事业单位收费和政府性基金、集资，取消屠宰税，取消统一规定的劳动积累和义务工；"两个调整"即调整农业税政策、调整农业特产税政策；"一项改革"即改革村提留征收办法。这些措施在试点区推行后，当年就取得了明显成效，乡镇的"五统筹"和村里的"三提留"分别纳入了农业税和农业税附加，农民除缴纳7%的农业税和1.4%的农业税附加外，不再承担任何费用。2002年3月，农村税费改革试点扩大到除江苏、安徽之外的河北等16个省、直辖市、自治区，2003年3月，全国普遍开展了农村税费改革试点工作。

从2004年开始，农业税费改革进入一个新阶段。中央通过连续3年的1号文件对取消农业税进行部署。2004年农业税税率总体上降低1个百分点，取消除烟叶外的农业特产税，并选择吉林、黑龙江两省进行全部免征农业税

试点。粮食主产区和中西部地区因降低税率后减少的地方财政收入，由中央财政通过转移支付解决。2005年，中央1号文件进一步要求农业税免征范围，加大农业税免征力度，同时在牧区开始取消牧业税试点。2005年12月中央决定在全国范围内彻底取消农业税，并在2006年1号文件中进行了部署。2005年12月29日，十届全国人大常委会第十九次会议作出了自2006年1月1日起废止《中华人民共和国农业税条例》的决定。这表明在我国延续了2 600多年的农业税制度从此退出了历史舞台。

农民自铸"告别田赋鼎"以庆祝取消农业税

农业税取消后，随着国家强农惠农富农政策实施力度的逐步加大和农民负担监管工作的不断加强，农民负担总体上保持在较低水平。但2010年后，一些地方对减轻农民负担工作重视程度有所下降，监管力度有所减弱，涉农乱收费问题不断出现，向农民集资摊派现象有所抬头，惠农补贴发放中乱收代扣问题时有发生，一事一议筹资筹劳实施不够规范，部分领域农民负担增长较快。为此，2012年4月，国务院办公厅发布了《关于进一步做好减轻农民负担工作的意见》，要求面向农民的行政事业性收费必须严格按照法律法规和国务院相关规定收取，严禁向农民"搭车"收费或摊派各种费用。提出要严格管理涉农收费和价格，严格执行涉农收费文件"审核制"，防止出台加重农民负担的政策文件；全面推进涉农收费和价格"公示制"，及时更新公示内容、创新公示形式，提高收费透明度。对农民的各种补贴补偿款，不得抵扣和代缴其他费用。意见要求规范实施村民一事一议筹资筹劳，深入治理加重村级组织和农民专业合作社负担问题，建立和完善农民负担监管制度。中央从政策上持续保持减轻农民负担的高压态势，防止因为农业税的取消而思想麻痹，因农民收入增加和农民负担水平下降而工作松懈，确保农民负担继续控制在较低水平，促进农村社会和谐稳定。

第十一章

优化农民与国家关系的农村综合改革

通过农村税费改革，初步理顺了农村分配关系，扭转了农民负担过重的局面，但是，造成农民负担重的深层次问题并没有得到根本解决。一是多数地方县乡财力紧张，农村基层政府和村级组织运转困难，农村公益事业发展缺乏资金。二是乡镇机构多、人员多，增加的支出主要在养人养机构上。要巩固税费改革成果，跳出"黄宗羲定律"，摆脱"加重—减轻—再加重"的恶性循环，必须不失时机地推进农村综合改革，从根本上消除农民负担反弹隐患。因此，农业税取消后，中央及时部署加快推进以乡镇机构、农村义务教育、县乡财政体制为主要内容的农村综合改革，建立健全减轻农民负担的长效机制。

以2006年9月全国农村综合改革工作会议为标志，农村税费改革进入了农村综合改革阶段。农村综合改革的主要任务包括乡镇机构改革、农村义务教育体制改革和县乡财政管理体制改革。

乡镇机构改革的核心是转变政府职能。乡镇是政府管理农村，服务农民的主体。取消人民公社，设立乡镇后，乡镇政府职能转变一直没有到位，表现在政企不分，政社不分。通过乡镇机构改革把工作重心转到加强社会管理和公共服务上，这样可以从根本上消除制约农村发展的体制

乡镇政府把工作重心转到社会管理和公共服务上

性障碍，更好地为农村发展和农民减负增收创造良好的外部环境。根据中央要求，乡镇机构职能转变强调因地制宜，在经济相对发达地区，按照城乡一体化要求，完善政府功能，加强基础设施建设，提高公共服务和社会管理水

平；在粮食主产区，重点推进农业产业化，提高农民组织化程度，健全农业社会化服务体系，增加为农服务能力；在经济欠发达地区，重点优化区划布局，加强编制管理，严格控制人员规模，增加三农服务功能，努力促进农民增收。

精简机构和人员也是乡镇机构改革的重要内容。多数地方综合设置乡镇党政机构，有的地方设置综合性岗位，有条件的地方合理撤并乡镇。对乡镇事业站所，多数地方进行了合并整合，湖北省探索出乡镇公益事业的"以钱养事"模式，少数地方将设置在乡镇的农业、林业、国土等事业单位上收到县管理或跨乡镇分片设置。

到2012年年底，全国乡镇机构改革的任务基本完成。乡镇机构改革提升了乡镇履行职能的能力，提高了农村管理水平，降低了行政成本，巩固了农村税费改革成果。

推进农村义务教育体制改革，完成农村义务教育经费保障机制，是农村综合改革一项重要内容。2005年国务院对农村义务教育经费保障机制改革进行了部署和安排：一是全部免除农村义务教育阶段学生学杂费，对贫困家庭学生免费提供教科书并补助寄宿生生活费。免除学杂费资金由中央和地方按比例分担，西部地区为8∶2，中部地区为6∶4，东部地区除直辖市外，按财力状况分省确定。二是提高农村义务教育阶段中小学公用经费保障水平，在免除学杂费的同时，中央和地方按免除学杂费比例分担各省份预算内生均公用经费（拨款标准）。三是建立农村义务教育阶段中小学校舍维修长效机制，所需资金由中央和地方按比例共同承担。四是巩固和完善农村中小学教师工资保障机制，中央按照现行体制对教师工资经费给予支持。从2007年秋季开始，将免费教科书范围扩大到全国农村义务教育阶段所有学生，提高对农村中小学教育各项资金投入的标准。这次改革把农村义务教育全面地纳入了公共财政保障范围，政府办学的经费分担和管理机制逐步健全，农民的教育负担大大减轻。

县乡财政管理体制改革，是缓解县乡财政困难、统筹区域和城乡发展，巩固农村税费改革成果的重要步骤。由于受多方面因素影响，许多县乡财政没有形成稳定的收入来源，财政增收乏力，而财政供养人口增长过快，省级财政对下转移力度不够，使得县乡收支矛盾突出，对县乡经济和社会事业发展形成严重制约。县乡财政体制改革从健全引导财力向基层倾斜的激励机制开始，财政部进一步调整完善了"三奖一补"政策，增加了调节县级财力差距奖励、提高重点支出保障水平奖励等内容。近几年中央财政安排奖补资金连年增加，一些地方省级财政也加大了对基层财力补助的力度。各地进一步调整县乡财政关系，一些经济发达地区对乡镇实行了比较规范的分税制财政体制，一些经济欠发达地区县对乡镇实行了核定收支，超收分成的体制，一些经济落后地区县对困难乡镇实行了统收统支加激励的体制，基本保证了乡镇政府的正常运转。

对于村级公益事业，2006年和2007年中央1号文件指出，要完善农村一事一议筹资筹劳办法，支持各地对一事一议建设公益设施实行奖励补助制度。2008年中央1号文件明确提出，要探索建立农村公益事业建设新机制，支持建立村级公益事业建设一事一议财政奖补制度试点。2008年，村级公益事业一事一议奖补试点开始迈出实际步伐。

农村综合改革，调整了上层建筑和农村经济基础、农村生产关系和生产力发展不适应的部分，逐步建立了高效的农村行政管理体制和运行机制、覆盖城乡的公共财政制度和农民增收减负的长效机制，优化了农民与国家的关系，促进了农村经济社会全面协调发展。

第十二章

新型农业经营主体的出现与发展

01　农业产业化经营组织

农业产业化是指以家庭承包经营为基础，以市场为导向，依靠龙头企业和其他各类组织的带动，将农产品生产、加工、销售各个环节有机结合起来的经营组织形式和运行机制。农业产业化是农村产业结构调整、生产专业化和社会分工的结果，以实现小生产与大市场的对接。

20世纪80年代中期，在经济发展较快的东部地区和大城市郊区，出现了一种叫作"贸工农一体化""产加销一条龙"的全新经营方式，这是各市场经营主体出于自身利益的自发性联合。最常见的做法是，经营组织根据市场需要，与农户签订合同，建立农副产品生产基地，提供配套服务，扶持生产，培植货源，组织加工，并把产品销往国内外市场；农户按合同进行定向生产，按时定量交售产品，这就是农业产业化经营的雏形。

实施农业产业化经营，带动农民参与市场竞争

进入20世纪90年代，农业产业化经营已经在东部沿海地区和城市郊区得到推行。据农业部统计，1992年，仅在畜牧业系统，从事这种经营方式的组织就有2 000多家。农业产业化经营通过贸工农一体化和产加销一条龙经营，一头连着国内外市场，一头连着千家万户农民，使生产、收购、加工、储藏、运输、销售紧密相联，较好地解决了生产与市场脱节的问题，成为联结分散农民的小生产与社会化大市场的桥梁和纽带。

农业产业化经营得到了中央和地方政府的充分肯定和高度重视。1993年6月，中共中央、国务院在《关于当前农业和农村经济发展的若干政策措施》中指出，要"以市场为导向，积极发展贸工农一体化经营。通过公司或龙头企业的系列化服务，把农户生产与国内外市场连接起来，实现农产品生产、加工、销售的紧密结合，形成各种专业性商品基地和区域性支柱产业。这是我国农业在家庭经营基础上向专业化、商品化、社会化生产转变的有效途径"。1995年4月，中共中央、国务院进一步明确要求，"各种形式的贸工农一体化经济组织，在带动农民发展商品生产，促进农业生产专业化、现代化等方面，发挥着越来越重要的作用，要认真总结经验，引导其更好地发展"。

1995年，中央有关部门在总结山东等地实践经验的基础上，确定了一批贸工农一体化经营试点，如内蒙古的绒毛、黑龙江的玉米、广西的甘蔗、江西的苎麻和吉林的鹿业等。1997年，农业部成立农业产业化工作领导小组，对全国农业产业化经营情况进行全面调查，并联合8部委公布一批国家农业产业化重点龙头企业名单，明确了扶持龙头企业发展的政策导向。

此后，农业产业化表现出迅猛发展的势头，从1996年到2000年，全国产业化经营组织从1.2万个增加到6.6万个，增长了4.5倍。在各种产业化组织模式中，龙头企业带动型占49.7%，中介组织带动型占26.4%，专业市场带动型占16.0%。农业产业化带动的农户数量也持续增加，从1996年到2000年，联结农户由1 995万户，约占全国农村总户数的9%，增加到5 900万户，占全国农村总户数的25%。

21世纪初，我国加入世界贸易组织（WTO）以后，农业产业化发展的内外环境发生了重大而又深刻的变化，农业产业化进入了新的发展阶段。中央明确提出，扶持产业化就是扶持农业，扶持龙头企业就是扶持农民，并出台了一系列支持和优惠政策。各地根据中央的要求，开始选择一批龙头企业进行重点扶持，以国家和省级重点龙头企业为主体的产业化经营组织迅速壮大。2000—2008年，农业部等8部委又先后联合认定了890多家国

选择龙头企业重点扶持

家重点龙头企业，各省、自治区、直辖市也先后认定了 5 700 多家省级重点龙头企业。龙头企业一头连千万家农户，一头连国内外市场，通过深加工带动，一体化经营，集团化运作，依托名牌产品开拓市场。

农业产业化龙头企业

为了增强农产品在国际上的竞争力，在国家的引导下，一批国家重点龙头企业开始将基地建设和加工项目向优势农产品区域转移。各地在农业产业化经营的扶持项目安排和龙头企业布局上，也积极引导向优势产业和优势区域集中。

与此同时，"订单农业"作为推动农业产业化经营的重要环节，

龙头企业引导农民进行山地蔬菜标准化种植

得到了政府的提倡。各地把发展"订单农业"作为发展农业产业大户和规模化经营的重头戏，农民按照企业的要求从事专业生产，企业利用自身优势不断开拓市场，相得益彰。不少地方因此形成了一定规模的重点产品和产业，培育出了地方特色经济。如山东的蔬菜、新疆的棉花、海南的冬季瓜菜、陕西的苹果、山西的小杂粮等，成为当地特色支柱产业。

2005 年前后，包括外资在内的工商资本开始大量涌入农业产业化领域，创新了农业经营理念。江苏、上海等地通过"政府搭台、企业唱戏"等有效途径，积极鼓励工商资本、民间资本和外来资本参与农业产业化经营，以工业的理念发展农业产业化经营，有的省份还创新了农业经营理念，提出要为龙头企业的进一步发展注入新的活力。

经过 30 多年的探索和发展，农业产业化经营模式日益成熟，龙头企业与农户的联结方式不断完善，农业产业化组织结构趋向合理，产业化经营组织的范围扩大、数量增多，形成了一批资产实力强，技术设备先进、经营规模大，在国内外市场占有一席之地的企业集团。据统计，到 2012 年底，我

国各类产业化经营组织超过30万个，带动农户达1.8亿户，农户加入产业化经营年户均增收2 800多元。农业产业化经营模式在发展农村经济、促进农民增收、推进农业结构升级和加快城镇化建设等方面发挥着重要作用。

2012年3月，国务院发布《关于支持农业产业化龙头企业发展的意见》，提出了农业产业化龙头企业发展的新目标，培育壮大龙头企业，打造一批自主创新能力强、加工水平高、处于行业领先地位的大型龙头企业；引导龙头企业向优势产区集中，形成一批相互配套、功能互补、联系紧密的龙头企业集群；推进农业生产经营专业化、标准化、规模化、集约化。同时，强化龙头企业社会责任，提升辐射带动能力和区域经济发展实力。

02　农民专业合作组织

农民专业合作社是在农村家庭承包经营基础上，同类农产品的生产经营者或者同类农业生产经营服务的提供者、利用者，自愿联合、民主管理的互助性经济组织。

农民专业合作社

20世纪80年代初，随着家庭联产承包责任制的确立，农民获得了自主经营权，1984年中央1号文件提出，农民群众可以不受地区限制，自愿参加或者组成不同形式不同规模的各种专业合作经济组织。为了满足农民对农业科技的需求，一批以提供技术、信息服务为主，具有合作制性质的专业合作组织应运而生，它们多以专业技术协会或专业技术研究会的称谓存在。

20世纪80年代末、90年代初，随着农村经济体制改革和市场经济的发展，越来越多的农产品实行市场调节，农民更多地面向市场，对农产品的生产及其相应的产前产后服务提出了要求，从而开始出现一批具有一定科技水平同时又具有产前产后综合服务能力的专业协会。国家对农民专业合作组织也加强了政策支持，积极组织试点，为农民专业合作组织发展提供了良好条件。据农业部统计，1990年全国各类专业合作组织已达123.1万个，其中

60%为生产经营型，33.6%为服务型，6.3%为专业技术协会。

　　随着农业市场化程度的提高，农民合作经济组织也在不断进行调整，兴办方式多种多样，除专业大户和乡村能人兴办外，还依托县乡两级农技、畜牧、水产、农机等农业技术推广部门和供销社组建。同时，农业产业化龙头企业在联结农户过程中，也兴办了一批专业合作经济组织，它们一头连接企业，一头连接农民，起着纽带和桥梁作用。

　　20世纪90年代中后期，我国农业和农村经济进入新的发展阶段，农产品从过去长期短缺到总量基本平衡，丰年有余，部分农产品结构性过剩，出现了农产品卖难和农民收入增长缓慢问题。为此，各级政府和有关部门引导农民自愿建立专业合作社和专业协会，合作的重点转向加工购销领域，这使得以农产品销售为目的的各类产业协会快速发展。到20世纪90年代末，农业专业合作组织基本稳定在140万个左右。

　　这一时期，农民专业合作组织主要有两种类型：一是专业合作社。专业合作社是农民合作组织的典型模式，其基本特征是从事专业生产的农民自愿入社，退社自由，平等持股，民主管理，合作经营。专业合作社一般为实体性的，农民入社需要缴纳一定股金，合作社除按股付息外，主要按购销产品数量向社员返还利润。二是专业协会。专业协会是一种较为松散的合作形式，主要是从事专项农产品生产、销售、加工的农民，按照自愿和互利的原则，以产品和技术为纽带，组建的社团性合作经济组织。

　　进入21世纪，农民对合作社的需求进一步显化，中央有关部门开始有计划、有组织地支持合作社的发展，相应制定了对农民专业合作组织的各种扶持政策。2002年，农业部继1994年在陕西、山西和安徽等省开展试点之后，又在全国100个农民专业合作组织开展试点。2004年中央1号文件提出了鼓励发展各类农民业合作组织的具体政策。同年，农业部围绕全国11个优势农产品区域，安排专项资金重点支持农民专业合作经济组织为成员开展信息、技术、培训、质量标准与认证、市场营销等服务，并计划扶持1 000个农民专业合作经济组织产销网点。2003年和2004年，财政部也设立了专项资金，进行扶持农民合作经济组织的试点工作；北京、江苏等省份还提供了财政贴息贷款支持农民合作组织。2005年，中央决定对专业合作组织及其所办加工、流通实体适当减免有关税费。2006年中央进一步要求加快立法进程，加大扶持力度，建立有利于农民专业合作社发展的信贷、财税和登记制度。2006年10月31日第十届全国人民代表大会常务委员会第二十四次会议通过了《中华人民共和国农民专业合作社法》，该法明确了国家扶持农民专业合作社的基本政策。同时要求各地农民专业合作组织依照农民专业合作社法的规定，健全内部管理制度，加强民主管理，开拓农产品市场，发展当地主导产业。2007年中央1号文件要求"认真贯彻农民专业合作社法，支持农民专业合作社加快发展"。此后，农民专业合作社大量涌现，并逐渐从产前农资供应等、产后农产品销售向产中的病虫害防治、机械化耕作等环节深入。

　　农业部数据显示，到2012年底，全国农民专业合作社超过68.9万家，实有成员超过5 300万户。此时，尽管农民专业合作社的数量还不是很多，运行也不甚规范，但已在发展优势产业和特色产业、参与产业化经营、连接小农户和大市场、增加农民收入等方面发挥了独特的功能和作用。

｜03　专业大户与家庭农场

　　专业大户主要指种养专业大户和农机等农业服务类专业大户。对于种养专业大户，通常指那些专业化从事种植或养殖，生产规模明显大于当地传统农户，初步实现规模经营的农户。20世纪80年代，在国家政策的鼓励下，非种植业经营的专业户也应运而生。为了更好地从事自己的专业经营，专业户把自己承包的土地转让给其他专事种田的人，于是，土地逐渐集中于种田能手，使从事种植业经营和非种植业经营的专业户同时得到发展。专业户的产生得到了中央的肯定，1984年的中央1号文件提出"鼓励土地向种田能手集中"。此后，各地部分养殖和种田能手开始通过承包或转包较大面积的土地，实行不同于分散经营的规模经营，并成为最早的一批专业大户。20世纪80年代末，专业大户的不断发展，深化了农业的内部分工，促进了农村产业结构的调整，使得长期以来农村毫无生气的第二、第三产业变得活跃起来。

　　进入新世纪以后，随着"谁来种地、怎么种地"问题的提出，专业大户得到政府进一步重视。2007年，中央1号文件把"积极发展种养专业大户"作为培育适应现代农业发展要求的经营主体的重要措施之一。2009年中央1号文件要求加大对农机大户、种粮大户和农机服务组织的扶持力度，加快农业机械化。截至2012年底，我国共有经营规模在100亩以上的专业大户270万户，覆盖了粮食种植、经济作物种植、畜禽养殖、农机服务、经纪服务等农业生产全产业链。

20世纪90年代，一些地方在专业大户的基础上，开始培育多种形式的家庭农场。家庭农场以家庭成员为主要劳动力，从事农业规模化、集约化、市场化生产经营，并以农业收入为家庭主要收入来源。1994年农业部提出"土地规模经营的组织形式，应该以发展适度规模的家庭农场为主"。此后，随着规模化经营和土地流转的深入推进，家庭农场有所发展。

2008年，党的十七届三中全会首次在党的会议报告中提出了"家庭农场"概念，指出"有条件的地方可以发展专业大户、家庭农场、农民专业合作社等规模经营主体"。2009年中央1号文件要求"加大对专业大户、家庭农场种粮的补贴力度"。之后，各地各具特色、符合自身地域特点的家庭农场不断涌现。据农业部调查，到2012年，我国家庭农场达87.7万个，经营耕地面积1.76亿亩，平均经营规模200.2亩。其中，从事种养业的家庭农场达到86.1万个，占家庭农场总数的98.2%，平均每个家庭农场的平均收入为18.47万元。

第十三章
构建新型农业社会化服务体系

农村改革以后，随着人民公社体制的废除和家庭联产承包经营、统分结合双层经营体制的实行，农业社会化服务事业也应运而生。农村改革初期，主要依靠公益性农业社会化服务组织推动。1983年中央1号文件明确要求："各地要办好国家和集体的农业技术服务机构，通过技术承包制，建立科技示范户、技术服务公司、生产科技联合体、科技普及协会等等，普及农业科技知识，推广科技成果，为农民提供科技服务。""基层供销合作社应恢复合作商业性质，并扩大经营范围和服务领域，逐步办成供销、加工、贮藏、运输、技术等综合服务中心。"20世纪80年代中期以后，广大农民对农业社会化服务的要求越来越迫切，仅靠国家公益服务机构已不能满足需求，对此，1985年中央明确提出："农村一切加工、供销、科技等服务性事业，要国家、集体、个人一齐上，特别要支持以合作形式兴办。"随后，农业科研、教育、信息、技术推广和经营管理等服务组织兴起，提供着良种、技术、加工、储运和销售服务。同时，针对大多数地区不具备规模经营的情况，鼓励通过组织机耕、灌溉、植保等共同服务，以实现一定的规模效益。

20世纪90年代初，随着社会主义市场经济体制的探索和建立，伴随着国家机构改革，一些公益性农业服务组织出现"网破线断人散"现象。1991年，国务院下发《关于加强农业社会化服务体系的通知》，明确指出，加强农业社会化服务体系建设对实现小康目标，促进农业现代化具有极其重要而深远的意义。1993年出台的《中华人民共和国农业法》第四十四条规定："国家鼓励供销合作社、农村集体经济组织、农民专业合作经济组织、其他组织和个人发展多种形式的农业生产产前、产中、产后的社会化服务事业。县级以上人民政府及其有关部门应当采取措施对农业社会化服务事业给予支持。""对跨地区从事农业社会化服务的，农业、工商管理、交通运输、公安等有关部门应当采取措施给予支持。"在国家政策的支持下，整个20世纪90年代，经营性农业社会化服务组织迅速发展，每年夏收时节，农业农村部门组织30多万台联合收割机实行大面积"跨区作业"成为中国农村一道亮丽的风景。

"三夏"跨区机收队

进入21世纪，随着我国加入WTO、融入世界经济一体化进程，我国农业的国际竞争不断加剧，农业社会化服务的需求日益增加，公益性服务组织得以重建，经营性服务组织逐渐发展壮大起来，新型农业社会化服务体系逐渐形成。

21世纪初期，由于粮食产量下降，农民收入增长放缓，加大农业科技创新和农业推广体系建设成为农业社会化服务体系建设的重点。2003年10月，中共中央发布的《关于完善社会主义市场经济体制若干问题的决定》，把农业社会化服务体系建设确定为深化农村改革、完善农村经济体制的主要内容之一，要求"深化农业科技推广体制和供销社改革，形成社会力量广泛参与的农业社会化服务体系"。从2004年开始，中央在下发的1号文件中，连续对建立和完善农业社会化服务体系提出新要求，强调要着力强化农业科技和服务体系的基本支撑。

2008年10月，党的十七届三中全会通过的《关于推进农村改革发展若干重大问题的决定》提出，要加快构建以公共服务机构为依托、合作经济组织为基础、龙头企业为骨干、其他社会力量为补充，公益性服务和经营性服务相结合、专项服务和综合服务相协调的新型农业社会化服务体系。强调建设覆盖全程、综合配套、便捷高效的社会化服务体系，是发展现代农业的必然要求。支持供销合作社、农民专业合作社、专业服务公司、专业技术协会、农民经纪人、龙头企业等提供多种形式的生产经营服务。为了加强公共服务能力建设，中央决定力争3年内在全国普遍健全乡镇或区域性农业技术推广等公共服务机构，逐步建立村级服务站点。农业部对此进行了推动部署。2012年中央1号文件进一步强调，要强化基层公益性农技推广服务，全面实行人员聘用制度，严格上岗条件，落实岗位责任，加快把基层农技推广机构的经营性职能分离出去，按市场化方式运作，探索公益性服务多种实现形式；引导科研教育机构积极开展农技服务，鼓励科研人员创办领办科技型企业和技术合作组织；培育和支持新型农业社会化服务组织，扶持农民专业合作社、供销合作社、专业技术协会、农民用水合作组织、涉农企业等社会力量广泛参与农业产前、产中、产后服务；鼓励有条件的基层站所创办农业服务型企业，推行科工贸一体化服务的企业化试点，由政府向其购买公共服务。

在中央政策的引导和推动下，到2012年底，以公共服务机构为依托、合作经济组织为基础、龙头企业为骨干，公益性服务和经营性服务相结合的新型农业社会化服务体系基本形成。但从总体上看，此时，农业社会化服务体系服务能力尚不强、服务领域不够全面、服务对接机制不够通畅，需要进一步健全完善。

第十四章
科教兴国战略下的农业科技体制改革

1978年3月，全国科学大会在北京召开，邓小平在大会上讲话时指出"现代化的关键是科学技术现代化"，强调"科学技术是生产力"这一马克思主义观点。大会通过了《1978—1985年全国科学技术发展规划纲要（草案）》，农业科技事业从"文化大革命"时期的停滞开始进入快速恢复发展时期。

全国科学大会后，农业科研机构的建制得以陆续恢复。1978年5月，国务院批准恢复了中国农业科学院和中国林业科学研究院，同时还批准组建中国水产科学研究院。各省、自治区、直辖市的农业科学院和其他农业专业研究机构也相继恢复了建制或开展新建工作。地区一级大部分也先后设立了农业科学研究所。全国三级农业科研体系全面恢复后，地区以上农、牧、渔、农机化科研单位达到1 300多个，全国农业科技人员4.25万人。

为了打破僵化的计划经济管理体制和机制，增强科技体制的活力，1985年3月，中共中央作出了《关于科学技术体制改革的决定》，进一步明确了"经济建设必须依靠科学技术，科学技术工作必须面向经济建设"的科技发展方针。同年，农业科技体制改革正式启动。改革的重点是：调整科研方向，改革拨款制度，支持科研机构以多种形式发展科技实体，多渠道创收，改革科研单位人事分配制度，调动科技人员积极性。1985—1987年，国家先后开始实施"星火计划""丰收计划"，每年安排一定资金，激励科研单位转化科研成果，把一批先进的科研成

中国农业科学院院属公司目标责任书签字仪式

果和技术引向农村和农业，促进农村的科技进步。尽管这一时期的科研体制改革只是初步的，但农业科研机构开始注重与市场的结合，初步建立起贡献与效益挂钩的按劳分配管理办法，把竞争机制引入到科研单位，开展农业技术开发、技术承包以及应用技术的研究与推广，促进了科研与生产的结合。

农业科技成果转让

　　1992年3月国务院发布了《国家中长期科学技术发展纲要》，提出了我国农业科技体制进一步改革的指导性原则与发展方向。同年农业部要求农业科研单位要面向市场，以开发研究为主。部属大院大所和省级农业科研单位要大力精简管理机构，充实到科研、开发第一线。1994年2月，国家科委、国家体改委发布了《适应社会主义市场经济发展深化科技体制改革实施要点》。在随后的几年里，全国农业科研机构按政策要求，进一步开展了体制改革。科研单位或争取国家立项支持重点农业科研项目，或被改造为地区性的技术服务中心，开展技术承包，或改造为科研生产型企业，或并入一些大中型工商企业的技术开发机构。农业科技开发创收的途径日趋多元化，从技术转让、技术承包、技术咨询、技术入股等形式向大规模技术承包、结合基地建设与地方合办经营实体、建立专业化商品生产基地方向发展。

　　1999年后，我国农业和农村经济形式发生了根本性变化。中共中央、国务院作出了《关于加强技术创新，发展高科技，实现产业化的决定》，提出进一步实施科教兴国战略，建设国家知识创新体系，加速科技成果向现实生产力转化，同时启动新一轮较大规模的科研体制改革。决定提出对科研机构进行分类改革，对有面向市场能力的科研机构，要转为科技企业、整体或部分进入企业，或转为中介服务机构；对面向社会提供公共服务、无法获得相应经济回报的科研机构，要在调整结构、分流人员的基础上，按非营利机构运行并管理。同年，农业部提出按照"分类指导，分步实施"的原则，在加强农业基础研究，建设农业科技服务体系和发展农业科技产业三个层次部署改革。2000年，农业部制定了科研体制改革初步方案，并启动了部分院所的改革试点工作。

2002年10月，根据科学技术部、财政部、中央机构编制委员会办公室联合下发的《关于农业部等九个部门所属科研机构改革方案的批复》意见，中国农业科学院、中国水产科学研究院和中国热带农业科学院（简称"三院"）启动了全面改革。"三院"所属69个研究所和单位，经过分类改革，转为非营利性科研机构29个，转为科技型企业22个，转为农业事业单位的研究所11个，进入大学的研究所4个。各地也参照部属科研院所，结合实际情况，启动了地方农业科研院所的改革工作。改革后的科研机构，管理体制和运行机制发生了根本性变化，提高了科研水平，加速了科技成果转化与产业化，也加快了以市场为导向、以企业为主体、产学结合的技术创新体系建设。

经过多年努力，我国农业科技虽然取得了很大的发展成就，但是，农业科技的总体水平与世界发达国家相比仍有较大差距，自主创新能力不强，原始创新和集成创新严重不足。要加快发展现代农业，摆脱我国在现代农业技术国际竞争中的不利地位，就必须深化科技体制改革，加快农业科技创新体系建设。

2005年的中央1号文件对深化农业科技体制改革，加强农业科技工作提出了新的要求，对加强国家农业科技创新体系建设步伐，建设国家农业科技创新中心、区域创新中心、国家农业实验站和农业科研高级人才培养基地作出了具体部署。为此，国家进一步加大了公益

中国农业科学院植物病虫害生物学国家重点实验室

性农业科研机构的体制改革力度，加强农业科研基础设施建设，充实和扩建了一批国家和省（部）级农业重点实验室，建立起以政府为主导的多元化农业科技投入体系，同时加强知识产权制度建设，科研项目实行首席科学家制度，科研单位内部推广课题主持人制度，进一步优化科技资源管理。2006年1月，中共中央、国务院召开全国科学大会，部署实施《国家中长期科学和技术发展规划（2006—2020年）》，加强自主创新。2007年5月，农业部、

科学技术部、财政部、国家发展和改革委员会等 7 部委联合下发了关于印发《国家农业科技创新体系建设方案》的通知，提出"未来 15 年，农业科技工作的指导方针是：自主创新，加速转化，提升产业，率先跨越"。构建由国家基地、区域性农业科研中心、试验站和企业技术研究中心组成的国家农业科技创新体系方案。

此后，农业科技进入创新发展期。根据中央对"发展现代农业"总体要求，以农业科技自主创新为农业科技发展主要任务，重点支持解决瓶颈问题和引领现代农业的关键技术研究，加大成果转化、农民增收关键技术集成与示范力度。农业部联合财政部构建了以主要农产品为单元的现代农业产业技术体系。现代农业产业技术体系打破了创新链条中部门、机构的条块分割界线，建立起有固定岗位的国家农业科技创新体系。同时，根据 2012 年 9 月中共中央、国务院印发的《关于深化科技体制改革加快国家创新体系建设的意见》，充分发挥农业科技对农村经济社会发展的支撑引领作用，继续深化农业科技体制改革、加快国家农业科技创新体系建设和现代农业产业技术体系建设。

第十五章
农业技术推广的体制机制创新

　　党的十一届三中全会以后，农村实行家庭承包经营，农业技术推广工作由面向公社、大队变成了直接面对农村的千家万户，"文化大革命"时期建立的四级农科网（即县办农科所、公社办农技站、生产大队办农科队、小队办实验小组）解体。

　　1982年1月，中央1号文件要求要恢复和健全各级农业技术推广机构，充实加强技术力量，重点办好县一级推广机构。同年7月，农牧渔业部组建成立了全国农业技术推广总站，各地农业技术推广机构也都在整顿中恢复。"文化大革命"中被下放遣散的农业技术人员陆续归队。1987年4月，农牧渔业部根据中央1号文件精神，发布了《关于建设县农业技术推广中心的若干决定》，要求把原有分散的县农科所、农技站、植保站、土肥站、农业干部培训学校等机构合并成立县级农业技术推广中心。1988年，全国开始推广"莱芜经验"，将乡镇农技推广站的人、财、物管理权由县下

农业技术推广站挂牌

国家级星火计划项目证书

放到乡镇管理。1989年11月，国务院要求各地建立健全各种形式的服务组织，进一步加强农业科技服务体系建设。到1990年，初步形成了以国家技

术推广机构与群众推广组织相结合的农技推广网络。

1985—1987年，国家先后开始实施"星火计划""丰收计划"，每年安排一定资金，激励科研单位转化科研成果，把一批先进的科研成果和技术引向农村和农业，促进农村的科学种田。1988年开始实施"菜篮子工程"，推广10个方面的科技成果，品种改良和引进、科学饲养、疫病防治、保鲜储运、暖棚栽培、机械化作业等技术大面积推广。

20世纪90年代初，我国确立了建设中国特色的社会主义市场经济体制的改革目标，但由于各地农业部门片面理解市场经济，加之县乡财政普遍紧张，全国范围内县以下的农业推广机构几乎被完全推向市场。据不完全统计，大约44%的县、41%的乡农技推广机构被减拨或停发事业经费，致使约1/3的农技推广人员离开了技术推广岗位。

1993年7月，《中华人民共和国农业法》颁布实施，对扶持农业技术推广事业作出了明确的法律规定，同年还颁布实施了《中华人民共和国农业技术推广法》，明确了农技推广工作的法律保障机制。1996—1997年，农业部开展并完成了全国大部分省份的乡镇农技推广机构定性、定编、定员的"三定"工作。1998年6月，中共中央办公厅、国务院办公厅联合发布13号文件，明确对推广体系实行"机构不乱、人员不散、网络不断、经费不减"的政策，并要求推广体系强化市场观念和服务意识，逐步完善市场经济条件下的运行机制，增强活力。到1999年底，全国种植业技术推广机构已达5.1万个，人员38.4万人，其中乡镇机构4.2万个，人员19.8万人，初步建立了产前、产中、产后综合技术服务体系。

进入新世纪以后，随着市场经济发展、农业生产方式的转变，农民的科技需求呈现明显的多样化趋势。2003年4月，国务院决定进一步推进农业科技推广机构改革，发展多元化服务组织，创新农技推广的体制和机制；逐步形成国家兴办与国家扶持相结合、无偿服务与有偿服务相结合的新型农技推广体系。2006年8月，国务院下发《关于深化改革加强基层农业技术推广体系建设的意见》，对基层农业技术推广体系改革与建设进行部署。提出大力发展各类社会化农业技术服务组织，培育多元化农业技术推广主体，不断满足农民的多样化技术需求。鼓励和支持科研教育单位、涉农企业、农业产业化经营组织、农民合作经济组织、专业协会、技术团体等，开展技术承包、技术转让、技术培训、技物结合、技术咨询等服务。同时，鼓励其他经济实体依法进入农业技术服务行业和领域，参与经营性农业技术推广服务实体的基础设施投资、建设和运营。积极探索公益性农业技术服务的多种实现形式，鼓励各类技术服务组织参与公益性农业技术推广服务，对部分公益性服务项目可以采取政府购买的方式落实。

开展田间培训

经过多年的艰苦努力，到2012年，我国已基本形成一个以政府农业技术推广机构为主体，以农业企业和农民自办服务组织为重要补充的多层次、多功能的农业技术推广体系。

第十六章
农业科技成果与农业科技进步

01 农作物新品种的培育与应用

改革开放初期，为解决农产品短缺问题，尚在恢复中的各地农业科研和推广机构，把提高粮棉供给作为首要任务，加大研发和推广，特别是大面积推广了杂交水稻、徐薯18等科技成果，促进了1979—1984年我国农业的快速发展，1984年粮食产量达到历史最高水平。

两系杂交水稻

随着农作物育种由传统育种向杂交育种、细胞工程育种、基因工程育种和航天育种发展，良种培育和品种更换速度大大提高。尤其是通过杂种优势理论的研究和开发，及其在水稻、玉米、高粱、蔬菜育种上的广泛运用，培育出了一大批高产、优质、多抗杂交新品种。

超级稻高产理论研究与新品种选育居于国际领先地位，先后建立和完善了杂交水稻"三系"和"两系"理论和技术，培育成功一批高产稻和超级稻新品种。农业部1996年启动"中国超级稻育种计划"，全国20多个科研团队，经过联合协作攻关，在超级稻育种理论、育种材料创制和新品种选育与推广方面取得一系列重大突破。袁隆平院士团队于2000年突破了百亩连片单产每亩700千克的第一期目标。为促进超级稻的进一步发展，2005年中央1号文件明确提出：从2005年起，国家设立超级稻推广项目。袁隆平院士团队于2005年和2011年分别再次突破了百亩连片单产每亩800千克的第二期目标和单产每亩900千克的第三期目标，使中国超级稻研究继续保持世界领先水平。据统计，到2010年，经农业部认定的80个超级稻品种推广面积达1.01亿亩，占全国水稻种植面积的近1/4，亩增产59.3千克，为水稻增产作出了重要贡献。

小麦育种也取得了显著成绩。小麦杂交育种、轮回选择、系统选育等传统育种不断取得突破，分子标记辅助育种技术不断创新，先后育成了北京系列、小偃系列、轮选系列、扬麦系列、豫麦系列等一批高产新品种；还实现了小麦三系配套，育成了杂交小麦新品种；成功研制出小麦群体改良的理想工具"矮败小麦"，大幅度提高了育种效率。

超级稻丰产示范田

玉米杂交育种全面实现了三系配套，成功培育出具有重大影响的中单系列、农大系列、掖单系列、郑单系列、鲁单系列等玉米杂交种，超过了从美国、欧洲引进的优良玉米新品种，成为我国玉米的主导品种。

大豆常规育种和杂交优势利用取得重大突破，初步实现了"三系"配套，先后育成了一批高产、优质新品种。

为了满足人们营养化、健康化和多样化膳食需求，先后培育成功并推广了优质水稻品种，面条面包专用小麦品种，高蛋白、高淀粉、高油玉米品种，高蛋白、高油大豆品种，高产"双低"油菜新品种等，推动了我国优质专用粮油产业发展。

经济作物、园艺作物和特色作物的新品种培育也实现了突破，先后培育并大面积推广了46个具有自主知识产权的优质转基因抗虫棉新品种；育成了世界上第一个可实际应用的甘蓝

1981年培育的"鲁棉一号"，彻底结束了美国岱字棉品种在我国黄河流域棉区长达20多年的主导地位

显性雄性不育系，实现甘蓝育种技术的革命性突破，国产品种已占全国甘蓝种植面积的80%以上。

据统计，从1978年到2008年，我国已成功培育高产、优质的主要农作物新品种及新组合1万余个。主要粮油作物实现了2～3次大规模品种更新换代，每次更新使作物增产10%～20%。到2012年底，主要农作物良种覆盖率达95%以上，杂交稻占了总水稻种植面积的57%，转基因抗虫棉推广超过70%，玉米、油菜杂交种普及率达98%以上。

为了进一步加强农作物育种和品种改良工作。2011年，国务院出台了《关于加快推进现代农作物种业发展的意见》，召开了全国现代农作物种业工作会议，确立了农作物种业是国家战略性、基础性核心产业的重要地位，指明了现代农作物育种和种业的发展方向。

02　农作物栽培技术的全面进步

改革开放以后，通过对我国部分地区如黄淮海平原、松嫩三江平原、北方旱区、黄土高原、南方红壤地区等中低产田进行综合治理科技攻关，研究提出了不同类型区的主要农作物高产、优质、配套栽培技术，发挥了显著的增产作用，形成了一批具有显著经济、生态和社会效益的农林牧综合发展模式。

测土配方与高产创建综合样板

进入21世纪，通过技术攻关，建立起一整套农田低耗、高产的生产技术体系，包括优化配方施肥和提高肥料、农药利用率技术，水分利用率提高及优化灌溉制度技术，农机农艺配套技术等都取得快速发展。旱作节水农业技术，尤其是旱区集雨高效利用技术、隔沟交替灌溉技术、经济作物水

玉米地膜覆盖栽培

肥一体化技术和抗旱坐水保水剂拌种技术等，推广应用区域不断扩大，已经覆盖了我国北方近一半的农田。建立了小麦指标化栽培技术体系、水稻叶龄模式栽培技术体系，创新了与小麦、玉米、超级稻、双低油菜等优良品种相配套的超高产理论模型。地膜覆盖技术、科学施肥和节水灌溉技术取得突破和大面积推广应用，达到显著的增产效果。

马铃薯免耕栽培

耕作制度也在不断改革，在水稻方面，形成了北方一季稻、南方双季稻、南方中籼稻、长江中下游中粳稻超高产技术和再生稻超高产栽培技术，旱育稀植培育、水稻抛秧技术已经覆盖我国主要稻区，应用面积近3亿亩，超级稻示范推广面积达到8 000万亩以上。在小麦栽培技术方面，精播半精播技术、水肥合理调控技术、叶龄促控、氮肥后移等高产高效技术得到大面积应用。在玉米栽培技术方面，高产、超高产玉米栽培模式不断更新，玉米早熟、矮秆、耐密增产技术得到重视和推广应用。随着农作物栽培技术的持续提高，我国多熟种植制发展迅速，从1978年到2008年，农田复种指数提高了近10%，相当于增加农作物播种面积1.6亿亩。

农作物病虫害防治取得进展。查清30多种重大病虫害的发生流行与迁飞规律，提出了中短期预测预报技术；通过研究小麦条锈病、棉花枯黄萎病、玉米螟等主要农作物病虫害的灾变规律，成功研发出一系列关键防控技术，建立起综合防治技术体系，并在生产上进行试验示范和推广应用，取

南方多熟种植

得了很好的防病增产效果。确立了以生物防治为基础，化学应急防治为补充的蝗害可持续控制技术体系。自主研发出适合扫描昆虫雷达的数字化采集与分析系统，提高了我国农作物重大迁飞性害虫早期监测预警技术水平。化学杀虫剂、除草剂、杀菌剂、农用

抗生素等发展迅速,部分产品达到国际先进水平;各种微生物杀虫剂、杀菌剂产业化初具规模,施用面积占病虫害防治总面积的10%～15%。粮食病虫害损失率从20世纪60年代的30%～40%下降到21世纪初的10%～20%。

03　畜禽水产技术的创新发展

畜禽良种是现代畜牧生产的主要基础,改革开放后,我国加大了从国外引进优良畜禽品种的力度,先后引进了大白猪、荷斯坦牛、罗曼蛋鸡和艾维茵肉鸡等,快速提升了畜禽产品产出能力。在利用引进品种的同时,加强了对我国畜禽品种的改良和培育,培育出了湖北白猪、苏太猪、北京白鸡、江村黄鸡

对虾工厂化育苗

等几十个畜禽新品种(系),一些新品种个体生产能力达到世界先进水平。

畜禽养殖水平取得了跨越式发展,成功开发了饲料植酸酶、瘤微生物脲酶抑制剂等新型饲料添加剂生产应用技术,以及蛋白质饲料资源的利用技术,确定了主要畜禽品种营养参数并开发了畜禽饲料配方新技术,畜禽良种的推广

人工养殖大黄鱼技术在闽西沿海地区大规模推广

及人工授精技术、规模化畜禽养殖技术、塑膜暖棚饲养畜禽技术等科技成果得到推广应用。实现了对南方草坡改良及利用,加强了北方草地草畜平衡动态监测能力,提高草地病虫害、鼠害的综合防治水平。成功研制出60多种动物疫病疫苗,使马传贫、口蹄疫、禽流感等畜禽疫病得到有效控制,消灭了牛肺疫。研制成功的高致病性禽流感的H5N2灭活疫苗、基因工程重组H5N1灭活疫苗、以禽痘病毒为载体的H5N1活疫苗、禽流感-新城疫重组二联活疫苗等,使畜禽发病率降低80%～90%。研究开发出了一大批新兽药,使猪、牛、羊、禽的病死率分别下降到8%、

2%、4%和18%以下。

畜牧科技成果的广泛推广，加快了畜牧业生产效率的提高。从20世纪70年代末80年代初至进入新世纪后，育肥猪全生期由300天左右缩短到180天左右，胴体体重由57千克提高到76.5千克，出栏率由62%增长到137.64%，肉鸡生长期由65天缩短到42天左右，牛、羊出栏率分别由4.7%、23%增长到40.18%、89.35%；蛋鸡年产蛋量由100多枚增加到260多枚，奶牛单产水平由3 000千克提高到4 500千克；生猪、肉鸡和蛋鸡等畜禽配合饲料转化率也大幅度提高。

工厂化养鸡

1978年10月18日《人民日报》发表社论《千方百计解决吃鱼问题》

在水产方面，培养并大面积推广了建鲤、罗非鱼等水产新品种；海水鱼虾繁育和繁殖养殖技术领先世界；在国际上率先完成了对虾白斑杆状病毒基因组全序列测定工作。20世纪80年代，珠江、长江流域万亩连片鱼池高产综合技术，在全国首创万亩千斤塘高产纪录；对虾工厂化育苗技术体系的创立，为我国成为世界第一养虾大国奠定了坚实基础；海湾系统养殖容量与规模化健康养殖技术的研究，填补了我国海水养殖容量研究的空白。水生动物重大病害综合防治技术研究取得重要进展，主要水产品病害机制、快速诊断和防治技术研究取得重要突破；建立了疫苗防治技术及综合预防措施，细菌性疾病的疫苗保护率在80%以上，病毒性疫苗大规模制备技术也获得突破性进展。

04　农业生物技术发展

与发达国家相比，我国农业高新技术起步较晚，但由于近年来国家对农业高新技术发展的重视，发展步伐已经加快，并在一些领域已达世界先进水平。

国际生物领域竞争的热点之一是重要基因的发掘、分离与克隆，以期

高效广适双价转基因抗虫棉中棉所41

获得知识产权。在重要农艺性状基因的克隆及功能研究方面，我国已有了一定的基础，到2012年，建成了包括水稻、小麦在内的主要作物遗传资源收集和研究中心，收集鉴定和创造了一大批具有特殊抗性的遗传资源；建立了一些病害和逆境抗性的筛选与鉴定体系；已开展了一定规模的抗性基因分子遗传研究，获得了包括小麦抗白粉病基因、水稻抗白叶枯病和稻瘟病基因等的分子标记，获得了一些主要功能基因。先后独立完成了中国水稻（籼稻）基因组工作框架、世界上第一张鸡基因组遗传差异图、世界上第一张家蚕基因组工作框架图、水稻粳稻4号染色体的精确测序；从水稻、小麦、棉花、大豆等重要农作物中分离克隆出与产量、品质、抗性等相关的功能基因30多个；先后完成了112种微生物的全基因组序列测定与注释工作。

到2012年，植物转基因技术已接近实用化阶段。建立了多种主要农作物的遗传转化技术，应用这些转化技术已获得具有不同性状的转基因植物180种，进入中试或大田释放的15种，其中有6种进入商品化阶段。转基因抗虫棉进入商品化生产阶段，转基因抗虫水稻和玉米已进入环境释放阶段，即将进入商品化生产。利用植物细胞工程和染色体工程技术育成了小偃6号小麦、京花1号小麦、中花号水稻等一批重要品种。

种苗基地组培室

动物克隆和转基因工程技术有较快发展。我国从20世纪80年代中期开始进行胚胎分割研究，1990年

陕西杨凌的"中国克隆动物基地"

开始胚胎细胞核移植技术，先后用胚胎细胞克隆牛、羊、猪、兔等动物获得成功，动物胚胎移植技术已在畜牧业生产上应用。我国还成功地获得了转基因鱼、小鼠、猪、牛、羊等动物，培育出了乳腺中能表达人血清蛋白的转基因牛和乳腺中能表达凝血因子的转基因羊。在异种动物克隆研究方面，我国已得到大熊猫胚胎克隆。

包括转基因技术、细胞工程和染色体工程在内的生物技术在农业中的应用，以及这些技术与常规育种技术的有机结合，在动植物遗传改良方面取得新的突破，在农业生产上引发了一场新的绿色革命。

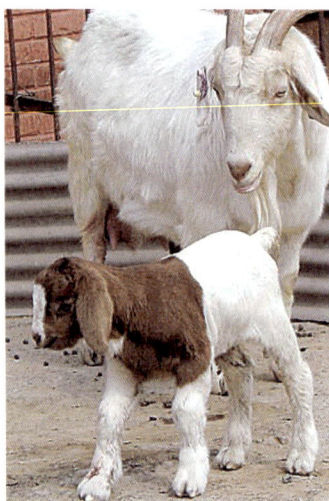
中国首例体细胞克隆波尔山羊在天津降生

另外，利用核辐射诱变技术在40种植物上诱变育成了513个品种。自1987年以来，利用返回式卫星和高空气球搭载植物种子，完成了300多项试验，育成了高产、优质、多抗的水稻、小麦、青椒等作物新品系。

微生物农药和农业重组固氮微生物的研究，相继被列入"七五""八五"和"九五"国家攻关项目和"863"计划。新型疫苗的研究也被列入国家攻关和"863"计划，成功地构建了伪狂犬病毒TK基因缺失的鸡传染性喉气管炎病毒、含马立克氏病毒gB基因的重组禽痘病毒、表达传染性气管炎病毒gB基因和传染性法氏囊病毒$VP2$基因的重组禽痘病毒，成功地制备成双价大肠杆菌疫苗。

05　设施农业的发展

我国设施农业的发展历史悠久，但发展速度非常缓慢。20世纪50年代中期我国首先从日本引进农用聚乙烯薄膜，开始在中小棚进行蔬菜春早熟栽培试验并获得成功。20世纪60年代初，上海、北京相继生产出农用聚乙烯和聚氯乙烯薄膜，大大推动了我国塑料大棚的发展。但后来由于技术条件限制，设施农业在技术上停滞不前，直到改革开放以后，随着农业结构调整和现代技术的发展，设施农业才真正迎来了发展的春天。

1979—1987年是我国引进温室发展的第一个高潮，先后从欧美和日本等引进了连栋温室，但由于当时只注意引进温室设备，忽略了温室的管理和栽培技术，引进温室由于能耗过高、栽培管理不当，相继因亏损而停止了生产，致使20世纪90年代初我国大型连栋温室跌入了发展的低潮。

20世纪80年代中后期，在塑料大棚无法越冬生产，连栋温室建设投资和生产成本居高不下的情况下，为了解决北方地区冬季新鲜蔬菜生产和供应的问题，日光温室适时而生。通过对原有温室的建筑结构、环境控制技术和栽培技术的优化和改进，逐渐

塑料大棚

形成适合我国农村实际条件的"节能型日光温室"。到80年代末期，温室产业的雏形已经在我国初步形成。

我国的现代化连栋温室是在引进与自我开发并进的过程中发展起来的。1995年以后，随着农业科技示范园区在全国各地的崛起，设施农业得到各地的广泛重视。以以色列温室为代表的北京中以示范农场的建立，拉开了我国第二次学习和引进国外现代温室的序幕。上海从荷兰、以色列等国分别引进现代化连栋温室，并组建了引进消化科研组和专家组，从温室设备配置到温室栽培品种与栽培技术各个方面对引进温室进行了全面的研究。全国各地也在学习"中以示范农场"的基础上从法国、美国、西班牙等国相继引进了上百公顷连栋温室。

日光温室

大量引进发达国家的现代化连栋温室，带动了国产现代化连栋温室制造业的发展。科技部在"九五"期间将"工厂化高效农业示范工程"列为国家农业科技攻关重大产业化工程项目，将"工厂化农业关键技术研究与示范"列为科技部"十五"国家重点科技攻关项目。2001年"设施园艺可控环境生产技术"被首次列入国

现代化连栋温室

家"863"计划。2006年出台的《国家中长期科学和技术发展规划纲要（2006—2020年）》指出，要积极发展工厂化农业，提高农业劳动生产率，要重点研究农业环境调控、超高产高效栽培等设施农业技术。这对设施农业的发展起到很大的推动作用。

通过引进学习和自主开发，目前我国已经能够设计生产各种现代化连栋温室，全国连栋温室2/3以上都是由国内设计、生产和安装的，国内温室厂家也迅速发展到300多家。到2012年，除智能化控制系统外，现代化温室硬件系统基本达到与国际同步的水平，但品种和栽培管理方面的技术与发达国家还存在较大差距。

截至2007年底，我国设施园艺面积已达3 750万亩，约占世界设施园艺总面积的85%，年产值达到2 000多亿元。1 000米^{2}以上的连栋温室全国32个省份无一空白，设施生产从蔬菜扩展到了花卉、瓜果以及畜禽、水产养殖、林木育苗、食用菌、中草药等领域。温室工程为解决我国城乡居民菜篮子和农民增收，为推进农业结构调整发挥了重要作用，温室种养业已在农业生产中占据重要地位。

2008年7月，农业部下发了《关于促进设施农业发展的意见》，明确要求要认真落实中央一系列强农惠农政策，扶持鼓励设施农业发展；将重点设施农业装备纳入购机补贴范围，加大对农民和农民合作组织发展设施农业的扶持力度；加大对设施农业财政、税费、信贷和保险政策的支持。

在国家政策的支持下，各地设施农业成雨后春笋般发展之势，在京、津、粤地区示范效应下，辽宁出台了4.8亿元扶持设施农业的政策；广西将现代农业示范园区建设列入了国民经济和社会发展纲要；甘肃提出了四大设施农业优势区域；海南制定了设施农业两大发展阶段的整体规划；安徽以推进设施园艺综合开发为主线，重点建设四大棚菜产区；山东省把设施农业机械化作为"十一五"期间农机化发展的战略重点……

第十七章
农业教育改革与发展

01 农业高等教育改革

农业教育是农业科技发展的基础。"文化大革命"期间，新中国成立初期建立起来的农业教育体系遭到极大破坏。改革开放后，农业教育逐渐恢复和发展，至今已形成以高等农业教育为龙头，中、初等农业教育为网络，具有中国特色的农业教育体系。

国务院关于华北农大搬回北京并恢复校名的通知

"文化大革命"期间，农业院校被迫搬迁下放到地方，1978年11月，国务院发出《关于华北农业大学搬回马连洼并恢复北京农业大学的通知》，使处于困境的搬迁农业院校停止了搬迁。继北京农业大学之后，南京农学院等12所院校相继搬回办学。几年后，绝大多数高、中等农业院校得到恢复，还另外新建了一批农业院校。到1984年，全国已有61所农业高等院校（包括农牧、农垦、农机、水产），358所中等农校，各省、自治区、直辖市都有一所以上高等农业院校，地区一级都

1979年，南京农学院迁回南京卫岗原址办学

有一所中等农校，而且规模逐渐扩大，在校学生逐年增多。

20世纪80年代中期，为了尽快适应改革开放以后迅速发展的农业和农村经济形势，刚刚恢复的高等农业

教育又进入了一个不断改革与发展的
阶段。到1996年，逐步形成了"一
主三辅"的招生就业制度。"一主"
就是以国家统招为主，"三辅"就是
招收定向生、实践生和对口生。20
世纪90年代中期以后，高等农业教
育就业制度同其高等教育一样，也发
生了改变，双向选择、自主择业越来
越成为主要的就业分配方式。

20世纪80年代上海农学院

1993年2月，中共中央、国务院发布《中国教育改革和发展纲要》，明
确指出："要集中中央和地方等各方面的力量办好100所左右重点大学和一批
重点学科、专业。"为此，1994年以后，在中央统一部署下，高等院校管理
体制进行改革，改革的主要内容和形式是"共建、调整、合作、合并"。全
国14所农业院校参加了合并，到1998年底，独立建制的农业院校由1993年
的67所调整为50所。农业部所属18所院校减少为12所。北京农业大学、北
京农业工程大学合并组建中国农业大学。南京农业大学、华中农业大学、华
南农业大学、沈阳农业大学等4所部属农业大学省部共建，其他部属大学采
取了与地方合作办学的形式。西北农业大学等10个农业教育、科研单位合
并组建西北农林科技大学。

农业中专和农村职业高中教育的改革，强调培养农业生产第一线用得
上、留得住的人才，学用结合，不包分配。在专业设置上，已形成了适应农
村经济发展需要的，面向一、二、三产业的门类齐全、布局合理、各具特
色的专业体系。到2010年，全国32个省份300多所农业中专学校共计培养
"不包分配"的毕业生10多万人，职业高中农科200多万人。

02　农民职业技能教育

农民是农业生产的主体。农村改革以后，农民整体文化素质和专业技能
不断提高，成为我国农业和农村经济发展的重要推力。

农村改革初期，在原农民技术夜校的基础上，开展了以文化教育为基础、
职业教育为重点的农业技术教育。1979—1983年全国参加文化技术学习的农民
总数发展到2 491.9万人。1984年，全国县、乡两级科协已创建的一年制以上的

农民技术学校1.2万所，在校学员达120万人。

1989年，农业部开始开展农民技术资格证书试点工作。1994年，国务院办公厅转发农业部《关于实施"绿色证书工程"的意见》，要求把其作为科教兴农的一项重大措施，认真实施。此后，绿色证书工作成为一项由农业部牵头，各级人民政府直接领导，有组织、有计划对农民进行岗位系统培训的教育工程。农业部1992年发布了农业、畜牧、水产三大类12个岗位达标规范。凡达到规范要求的，可获得由农业部颁发的"绿色证书"，取得证书的农民，可获得项目承包、贷款、录用村干部和农民技术员的优先权。1997年，"绿色证书"由试点转向全面铺开，到2003年，全国有2 073个县组织开展了绿色证书培训，全国共培训绿色证书学员2 042万，887万多人获得了绿色证书。

农业技术资格证书

绿色证书培训班授课记录表

为了在农村培养一批"有文化、懂技术、善经营、会管理"的青年骨干农民，从1999年开始，农业部与财政部、共青团中央等单位共同组织实施了"跨世纪青年农民科技培训工程"，2000年有198个县开展了试点工作，培训青年农民52万多人。2001年，启动"西部农业人才培训计划"，重点实施"农业科技电波入户计划"。

2003年9月，农业部等六部门联合发布了《2003—2010年全国农民工培训规划》，推出了农民工培训的政策措施，要求加大农民工培训资金投入，制定农民工培训激励政策，推行劳动预备制度，实行就业准入制度，整合教育培训资源，提高培训效率。鼓励各类教育培训机构和中介组织主动参与农村

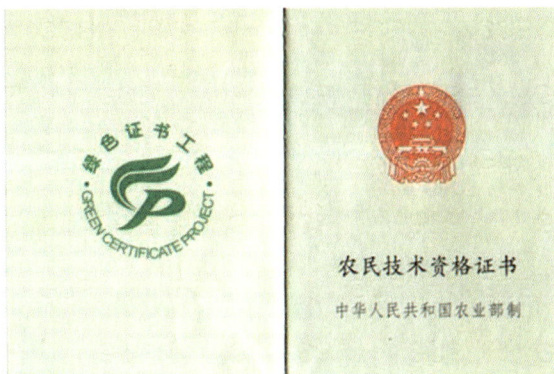

劳动力就业市场体系建设并发挥积极作用。2003年农业部等部门启动实施了"农村劳动力转移培训阳光工程"，采用"公开招标培训基地、财政资金直补农民、培训保证农民就业"的机制，对开展农民非农就业培训进行了积极探索。2005年后，中央进一步加大了"阳光工程"投入力度，加强监督管理，接受培训的农民数量大幅度增加，对农民就业和增收发挥了积极的作用。

阳光工程培训基地

　　农业广播电视教育是改革开放以后农业教育的一种创新形式。1980年12月，由国家农委、农业部等10个单位联合创办了中央农业广播电视学校，由农业部直接管理，1988年被正式列入国家及地方成人中等专业教育事业计划。到2012年，除中央农业广播电视学校外，全国建成省级农业广播电视学校39所，地（市）级农广分校348所，县级农广分校2 145所，乡镇教学班12 000个，形成了覆盖全国、上下贯通的五级办学体系；具有广播、电视、互联网络、卫星网络、文字教材、音像教材、报纸、杂志和科技入户直通车等多种农村远程教育传播渠道。农业广播电视教育将优质的教育培训资源制作成教学节目，利用多种形式送教育培训下乡，弥补了农民教育培训资源的不足，为建立我国新型农民教育培训长效机制，推进社会主义新农村建设发挥了重要作用。

　　2012年中央1号文件提出，以提高科技素质、职业技能、经营能力为核心，大规模开展农村实用人才培训，明确提出了大力培育高素质农民。此后，在中央政策指导下，在培育高素质农民的工作中，积极探索高素质农民培训的新模式、新方法。

第十八章

农业基础设施的加强与改善

完善的农业基础设施是提高农业生产能力、增加农民收入的前提和保障。改革开放以来，农业基础设施建设经历了一个渐进发展过程。

从1983年开始，国家拨出专款，采取中央与地方联合的办法，启动了商品粮基地建设项目，选择粮食生产基础较好的60个县进行商品粮基地建设试点。在其后的10年间，中央和地方共投入23亿多元，在全国28个省、自治区、直辖市分7批建设了209个商品粮基地县。2003年，针对我国粮食生产出现徘徊甚至下降的情况，国家继续实施粮棉油糖商品生产基地、国家级大型优质商品粮基地等项目。2004年开始启动实施《国家优质粮食产业工程建设规划》，重点在13个粮食主产省（自治区）的484个粮食主产县（场）建设标准粮田，优质专用良种繁育基地和病虫防控项目。此外，国家还拿出资金支持土地开发，建设高标准农田。到2005年底，建成种养业良种项目1 208个，其中农作物良种繁育项目684个，畜禽良种繁育项目331个，渔业良种繁育项目193个；建成动植物保护项目3 275个；创建了一批标准化示范基地。

农田水利是农业基础设施建设的重点内容。20世纪80年代，国家确立了"自力更生为主，国家支援为辅"的农田水利设施建设方针。1986—1988年，全国群众性水利建设蓬勃展开，其中1987年、1988年两个冬春全国投入劳动积累工约50亿工日，集资约20亿元。从1990年起，国家水利基础设施建设的重点，开始转向大江大河和重点水利工程，小型农田水利建设主要依靠集体特别是农民投工投劳来进行。1998年以后，国家安排的基本建设投资重点向水利倾斜，水利占农业基本建设投资的比重达70%。

自动化喷灌

1999年、2000年国家计划安排的大中型基本建设项目共116项，其中水利占107项，绝大多数为大江大河大湖的治理项目。

由于改革开放以后，小型农田水利建设主要依靠农民自主筹资投劳来进行，导致小型农田水利建设严重滞后，影响了大型灌溉工程效益的发挥和农业生产的稳定发展。为了尽快补齐这一短板，2005年中央1号文件明确提出，要在继续搞好大中型农田水利基础设施建设的同时，不断加大对小型农田水利基础设施建设的投入力度，并新设了小型农田水利设施建设补助专项资金，对农户投工投劳开展小型农田水利设施建设予以支持。"重点建设田间灌排工程、小型灌区、非灌区抗旱水源工程"。2008年中央要求大幅度增加中央和省级小型农田水利工程建设补助专项资金。2012年中央提出实现小型农田水利重点县建设基本覆盖农业大县。

宁夏引黄渡槽

对于节水灌溉，2005年中央1号文件明确提出，加快实施以节水改造为中心的大型灌区续建配套。新增固定资产投资要把大型灌区续建配套作为重点，并不断加大投入力度，着力搞好田间工程建设，更新改造老化机电设备，完善灌排体系。继续推进节水灌溉示范，积极发展节水旱作农业，建设旱作农业示范区。从2005年起，选择部分地区开展对农民购买节水设备实行补助的试点。继续搞好病险水库除险加固。抓好地方中型水源、中小河流治理等工程建设。

进入新世纪后，中央进一步加大对节水灌溉、人畜饮水、乡村道路、农村沼气、农村水电、草场围栏等"六小工程"的支持力度，增加投资，充实建设内容，扩大建设范围。各地从实际出发，因地制宜地开展雨水集蓄、河渠整治、牧区水利、小流域治理、改水改厕和秸秆气化等各种小型设施建设。继续搞好生态建设，对天然林保护、退耕还林还草和湿地保护等生态工程，统筹安排，因地制宜，巩固成果，注重实效。

在中央政策的支持下，我国农业基础设施不断完善，在提高农业综合生产能力，保障国家粮食安全，促进农民增收，强化现代农业支撑和保障体系方面发挥了重要作用，产生了良好的经济效益、社会效益和生态效益。

第十九章

财政支农力度不断加强

　　从新中国成立到20世纪90年代，我国农业通过工农产品价格"剪刀差"和大量廉价农业富余劳动力的形式，为工业发展提供了大量原始积累，使新中国用不到半个世纪的时间就完成了从农业国向工业国迈进的进程，建立起了一套比较完整的现代工业体系和国民经济体系。到20世纪90年代后期，我国工业化水平进一步增强，但农业和农村经济发展出现了一些新情况、新问题，农民人均纯收入连续多年增长缓慢，粮食生产比较效益下滑，城乡居民收入差距不断扩大，农业、农村和农民成为我国现代化建设的短板和难点。

　　进入21世纪，特别是2002年党的十六大以后，党中央敏锐察觉到这一问题，提出"坚持把解决好'三农'问题作为全党工作的重中之重"，明确统筹城乡发展的基本方略。在党的十六届四中全会上，胡锦涛同志明确提出了"两个趋向"的重要论断，即：在工业化初始阶段，农业支持工业，为工业提供积累是带有普遍性的倾向；但在工业化达到相当程度后，工业反哺农业，城市支持农村，实现工业与农业、城市与农村协调发展，也是带有普遍性的倾向。同时明确提出，我国总体上已经发展到了"以工促农，以城带乡"阶段。在这样的背景下，从2004年到2012年，在连续下发的9个中央1号文件中，对工业支持农业、城市支持乡村进行了部署。

　　2004年，中央1号文件首次提出要坚持"多予、少取、放活"的方针，建立健全财政支农资金稳定增长机制。2005年中央进一步明确，新增财政支出和固定资产投资要向三农倾斜。2006年中央要求提高耕地占用税税率，新增税收主要用于三农。2007年中央提出建设用地税费提高后新增税费主要用于三农。2010年中央决定耕地占有税、新增建设用地有偿使用费全部用于农业。2011年和2012年中央要求明显提高对三农的投入，加强对水利和农业科技领域的财政投入。由此，推动建立起财政支农的投入保障机制。

在逐渐减免农业税的同时，国家开始建立以"四项补贴"即良种补贴、粮食直补、农资综合直补和农机具购置补贴为主要内容的农业补贴制度。为了加快良种推广，促进良种区域化种植，中央财政于2002年开始在东北试点良种补贴，用于推广高油大豆；2004年良种补贴进一步扩大到小麦、大豆、水稻、玉米4种作物，以后不断增加补贴资金，扩大良种补贴作物种类和范围，2009年实现对水稻、小麦、玉米、棉花、油菜、大豆、马铃薯等作物的全覆盖，2010年启动青稞良种补贴，实施花生良种补贴试点。到此，基本形成了良种补贴政策。从2004年开始实行种粮农民直接补贴政策，补贴资金出自粮食风险基金。2006年，中央提出补贴资金规模提高到粮食风险基金的50%以上，2007年进一步要求将这一比例延伸到全国各地。此后，中央要求逐年加大粮食直接补贴规模。农机具购置补贴开始于1998年，但当时补贴的数额和范围很小。2004年的中央1号文件提出，对农民个人、农场职工、农机专业户和直接从事农业生产的农机服务组织购置和更新大型农机具给予一定补贴。当年在66个县实行农机具购置补贴试点，此后，实施区域和补贴数额不断扩大，到2008年覆盖所有农业县。2006年，柴油和化肥的价格随着国际原油价格上涨而升高，国家财政出资120亿元补贴农民生产成本，取得了良好效果。2007年、2008年中央1号文件要求进一步加大农业生产资料的综合补贴力度。2009年中央决定建立和完善农业生产资料综合补贴动态调整机制，根据农资价格上涨幅度和农作物实际播种面积及时增加补贴。到2011年，中央财政安排的农业"四项补贴"资金总额达到1 406亿元。

从2005年开始，中央财政对产粮大县实施奖励政策，完善粮食风险基金制度，不断加大对粮食主产区的转移支付力度，激发了产粮大县重农抓粮的积极性。为调动地方发展生猪生产的积极性，促进生猪生产的规模化、产业化，稳定猪肉市场供应，增加农民收入，从2007年起，国家财政实施生猪调出大县奖励政策。2004年以来，国家还对粮食实行最低收购价、大宗农产品临时收储等保护性收购政策，稳步提高粮食最低收购价格水平，稳定了粮食生产。中央财政从2008年起设立现代农业生产发展专项资金，支持各地发展粮油生产和优势特色、安全高效农业，支持做大做强粮食等优势特色产业，促进农业稳定发展和农民持续增收。2005年，中央决定设立小型农田水利建设专项资金，对农户投工投劳开展小型农田水利建设予以支持。从2005年到2011年，中央财政小型农田水利设施建设专项资金从3亿元增加到

126亿元。从2006年开始，为实现农业可持续发展，保护农业环境，中央决定采取财政转移支付的方式对生态保护者给予补偿。此外，还出台了农民培训补贴、测土配方施肥补贴、科技入户技术补贴等一系列补贴措施。

到2012年，初步形成了以促进粮食增产和农民增收为目标，生产技术补贴与收入补贴相结合，专项补贴与综合补贴相配套的农业补贴政策体系框架。

为从根本上减轻农民负担，2006年，在税费改革基础上又进行了农村综合改革，即对乡镇机构、农村义务教育、县乡财政管理体制进行改革。通过改革，不断增加对农村的投入，进一步完善转移支付制度，财政新增教育、卫生、文化等事业经费主要用于农村。在全国免除农村义务教育阶段中小学生的学杂费，同时将农村义务教育全面纳入公共财政保障范围。在农村公共事业方面，国家实施了包括农村道路、电力、通信等"村村通"工程以及农村安全饮水工程，新型农村合作医疗、最低生活保障、农村养老等一系列政策，逐步把农村基础设施、农业生态建设和公共服务纳入财政预算，开启城乡统筹的进程。

到2011年，全国财政用于三农的支出合计29 342亿元。其中，中央财政用于三农的投入首次突破1万亿元大关，达到1.04万亿元。在财政支农投入大幅度增加的推动下，粮食实现了连续8年增产，农民收入实现连续7年增长，农村基础设施和公共服务水平不断改善。

第二十章
多元化农村金融体系的形成

　　农村金融改革是我国农村改革的重要组成部分。1978年之前，农村金融资源的配置通过计划实施，不存在真正意义上的农村金融市场。农村改革以后，随着家庭联产承包经营制度的实施、农业产业结构调整和乡镇企业的发展，原有的农村金融体系已不能满足农村经济发展的要求。在此背景下，农村金融市场的作用不断增强，以增加供给来满足日益增加的农村金融需求成为农村金融改革的主要任务。

　　农村改革初期，农村金融改革聚焦于金融供给能力。1979年，中国农业银行正式恢复，成为承担农村金融业务的专业银行，主要任务是统一管理支农资金，集中办理农村信贷，领导农村信用合作社，发展农村金融事业。1984年，国务院同意中国农业银行对农村信用社管理体制进行改革，提出把农村信用合作社办成群众性的合作金融组织，在农业银行领导、监督下，独立自主地开展存贷业务。1992年以后，随着市场经济体制的逐步建立和不断完善，农村金融改革全面推进。1994年成立中国农业发展银行，承担国家粮油储备和农副产品合同收购、农业开发等业务中的政策性贷款，代理财政支农资金的拨付及监督使用，将政策性业务从中国农业银行剥离出来。

　　1996年，农村信用合作社与中国农业银行脱离行政隶属关系，农村信用合作社的业务管理改由县联社负责，金融监督管理由中国人民银行负责。农村金融市场形成了中国农业银行、农村信用合作社、中国农业发展银行三足鼎立的局面。但1997年后，中国农业银行商业化步伐加快，逐步收缩县及县以下分支机构。1998年，

农村信用合作社

为配合全国粮食流通体制改革，国务院决定
中国农业发展银行封闭运行，专营农副产品
收购资金的供应和管理。

随着中国农业银行和中国农业发展银行
在农村收缩业务，农村信用合作社逐渐成为
农村金融供给主体。为进一步解决农村金融
面临的突出问题，巩固"三位一体"框架的
作用，1997年我国开始围绕农村信用合作社
进行改革，同时不断加强政策性金融机构与
民间金融组织的规范性。1996年8月国务院
发布了《关于农村金融体制改革的决定》，明
确了农村信用合作社的合作属性。2003年国

中国农业发展银行建立县级支行

务院决定，确定浙江、山东等8个省（直辖市）为新一轮农村信用合作社改
革试点。2004年8月，农村信用合作社改革进一步在海南、西藏以外的其他
省（自治区、直辖市）全面推开。深化改革的重点是管理体制、产权制度和
法人治理。

随着城乡统筹步伐的加快，为适应农村经济发展的需要，提高农村金融
经营效率，2005年起农村金融改革进入进一步优化布局、强化金融服务功
能的微观改革阶段。2004—2008年的中央1号文件从推进农村金融机构多元
化，构建竞争性农村金融市场体系角度对农村金融改革进行了规划，构成了
农村金融发展的政策框架。

针对农户和中小企业的金融需求规模小、资金积累有限、缺少符合要求
的抵押品和财务记录，面临的自然风险和市场风险较大等问题，各地进行了

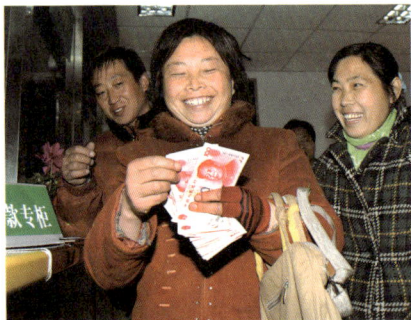

农民领取小额信贷

多方面探索。浙江、江苏等省通过建立
由政府支持、企业和银行多方参与的农
村信贷担保机制，增强农户和中小企业
的信贷融资能力。同时，不断创新信贷
业务，进一步拓宽农村小额信用贷款的
广度和深度，全面推广农村信用合作社
农户小额信用贷款和联保货款，并把相
关机制引入农村中小企业领域。农村信

用合作社在开展小额信贷工作中，结合贷款业务开展信用工程，建立农户经济档案，对农户、村、乡（镇）进行信用评级，初步构建三农基础数据库。

2007年全国农村金融工作会议后，中国农业银行确立了"面向三农、整体改制、商业运作、择机上市"的改革原则，选择了吉林、安徽等8个省（自治区、直辖市）开展面向三农金融服务试点，2008年进一步扩大试点范围。中国农业发展银行业务范围不断扩展，打破了过去单一的局面，在支持农业综合开发、农村基础设施建设等中长期项目及国家扶贫开发工作重点县方面的功能不断强化。

2007年，全国第一家村镇银行———四川仪陇惠民村镇银行挂牌开业。此后，作为农村地区新型金融机构建设的一项重要成果，村镇银行经历了2007年、2008年和2009年3年的缓慢发展。2010年中央1号文件明确要求"加快培育村镇银行、贷款公司、农村资金互助社，有序发展小额贷款组织，引导社会资金投资设立适应'三农'需要的各类新型金融组织"，从此，村镇银行开始了相对明显的扩张。贷款公司和农村资金互助合作社两种类型农村金融组织也蓬勃发展。

农业保险对解决农民贷款难问题也发挥着明显作用。农业保险自2004年试点以来，试点范围不断扩大，玉米、水稻、大豆、小麦、棉花、油料等一批种植业品种和能繁母猪、奶牛等养殖业品种获得中央财政提供保费补贴，初步扭转了农业保险萎缩的局面。农业保险正逐步改变农民"一年受灾，三年难以翻身"的局面，推进了农业生产集约化、商品化和产业化发展。

到2012年，我国农村已基本形成合作性金融、商业性金融和政策性金融相互竞争，共同支农的多层次农村金融体系，为全面提升三农金融服务水平提供了基础和前提。

第二十一章
从转型到跨越发展的农业机械化

　　新中国成立后的前30年，党和政府高度重视发展农业机械化事业，毛泽东提出了"农业的根本出路在于机械化"的论断，并领导制定了"1980年全国基本上实现农业机械化"战略目标。但由于目标超越了国情，缺乏相应的经济基础，农业机械化总体上进展缓慢，预期目标没有实现。党的十一届三中全会以后，国家放弃了"1980年基本上实现农业机械化"的激进目标，标志着中国农业机械化进入了改革、创新、发展新阶段。

棉花机械化采摘

　　农村改革初期，由于家庭联产承包责任制的实施，大中型拖拉机作业量显著减少，农机经济效益低下问题日益突出，集体农机站解散，出现了"包产到户，农机无路"的困境。1983年，中央1号文件提出，允许农民个人或联户购置农副产品加工机具、小型拖拉机和小型机动船，从事生产和运输。从此，千百万个体农民逐渐取代国家和集体成为农业机械化投资经营的主体。这一时期，适合农民自用的构造简单、价格便宜、功能单一的手扶拖拉机、小型拖拉机迅速发展。到1995年，小型拖拉机保有量比1978年增长了498%。但此时的大中型农机具发展停滞不前，甚至出现负增长。

　　20世纪90年代中期以后，随着我国国民经济持续快速发展，工业化、城市化、市场化进程日益加快，农村劳动力开始出现大量转移；同时，由于人口压力和消费结构升级，对粮食需求增大，农业劳动生产率亟须提高。而一家一户购买的小型农业机械能耗比高、利用率低，不能满足生产发展和技术进步的要求；并且伴随着机械化代耕、代种、代收的服务模式逐渐发展，农机专业户开始兴起，大马力、高效率、高性能的拖拉机、联合收割机等新型农业机械得到市场青睐。1996年，农业部等相关部委出台了鼓励农机跨区流动作业的政策措施，并首次在河南召开全国"三夏"跨区机收小麦现场会。此后，跨区机收作

山区小型农业机械收割

业在全国范围内展开，成为农机社会化服务的主要模式之一，由此，大中型拖拉机销售量从1996年开始止跌回升，2003年比1995年增长31万台，联合收割机比1995年增长500%，2003年达到36.5万台。

2004年11月《中华人民共和国农业机械化促进法》颁布实施

2004年11月，《中华人民共和国农业机械化促进法》颁布实施，首次明确了农业机械化在农业和农村经济发展中的法律地位，从科研开发、质量保障、推广使用、社会服务等方面规定了农业机械化发展的扶持措施。2004—2012年党中央、国务院连续颁布9个1号文件，涵盖了基础设施建设、财政投入、保险政策、税费减免、金融信贷、政府职责、农机安全监督管理、农机合作社、燃油供应等方面的扶持内容，为我国农业机械化发展提供了政策支持。2004年中央1号文件首次明确了农机具购置补贴政策，对农民和农业生产经营组织购买农业机械给予直接补贴。2004—2012年，中央财政农机具购置补贴资金从0.7亿元增长到215亿元。与此同时，保护性耕作等重大农机化技术推广、示范和工程建设项目开始实施，跨区作业免交过路过桥费等税费减免措施相继出台，极大调动了农民发展农业机械化的积极性。

在中央政策的推动下，农机事业呈现出蓬勃发展的态势，特别是农机大户、农机合作社、农机专业协会、股份（合作）制农机作业公司、农机经纪

人等新型农机社会化服务组织不断涌现与发展壮大。农机社会化服务领域也不断拓展，农机作业服务方式呈现出多样化，如订单服务、租赁服务、承包服务和跨区作业、集团承包等，使农机服务快速走向市场化。

农机服务市场化使农机装备总量持续增长，装备结构不断优化。从2002年到2011年，全国农用机械总动力增长了68.%，达到97 735万千瓦；全国大中型拖拉机增长了3.8倍，达到441万台；小型拖拉机增长了35%，达到1 811万台；联合收割机增长了2.6倍，达到111万台。农业机械化水平也在不断提高，到2012年，全国农作物耕种收综合机械化水平达到57%，其中，全国小麦基本实现全程机械化，水稻机械种植水平由2005年的7.1%提高到30%以上，玉米机收水平从4%提高到40%。

然而，此时我国农机化发展水平与发达国家相比仍有不小差距，特别是经济作物机收率仍然较低，花生不到20%，油菜、棉花不到10%。而且农作物全程机械化水平低、机械化服务面不宽。针对这些短板，2012年中央1号文件提出了明确的政策导向，要求充分发挥农业机械集成技术、节本增效、推动规模经营的重要作用，不断拓展农机作业领域，着力解决水稻机插和玉米、油菜、甘蔗、棉花机收等突出难题，大力发展设施农业、畜牧水产养殖等机械装备，探索农业全程机械化生产模式，积极推广精量播种、化肥深施、保护性耕作等技术。

农业机械化是农业生产现代化的重要标志，在我国仍处于由传统农业向现代农业的转变的关键时期，大力推进农业机械化，对于建设现代农业、确保粮食安全、提高农民收入具有重要意义。

第二十二章

从救济式扶贫转向开发式扶贫

　　农村改革初期，我国农村生产力低下，农民生活水平普遍很低，按照国家贫困标准，当时有2.5亿农村人口处于贫困线以下，占农村总人口的33%。随着农村土地家庭承包经营制度的建立、农产品价格的提高、乡镇企业的快速发展，农民人均纯收入大幅度提高，从1978到1985年，农民人均纯收入增长了1.69倍，按照当时制定的206元的绝对贫困标准，农村绝对贫困人口猛降到1.25亿人，下降了50%，平均每年减少1 786万人。同期的农村贫困发生率从30.7%下降到14.8%，农村贫困问题大面积缓解。

　　20世纪80年代中期，虽然全国大多数地区的农民基本解决了温饱问题，但仍然有一部分地区发展缓慢，相当落后，一部分农村居民依然过着食不果腹、衣不蔽体、房不安居的生活，处在绝对贫困之中。按当时的贫困标准，1986年全国贫困县为664个，其中430个分布在18个集中连片贫困地区。这些地区大多数位于中西部的山区、革命老区、少数民族地区和边远山区，习惯称之为"老、少、边、穷"地区。为帮助贫困地区尽快脱贫，中央政府开始了全国范围内的有计划、有组织、大规模的扶贫开发工作，标志着扶贫开发进入一个新的历史时期。

　　1984年，中共中央、国务院发布了《关于帮助贫困地区尽快改变面貌的通知》，并在此基础上制定了一系列扶贫开发政策，对只能短期缓解贫困农户的生产生活困难的救济式扶贫进行彻底改革，确定了开发扶贫的方针。1986年，六届全国人大四次会议将扶持老、少、边、穷地区摆脱经济文化落后状况，作为一项重要内

扶贫开发示范基地

容，列入国民经济第七个五年发展计划。同年，成立了扶贫的专门机构——国务院贫困地区开发领导小组，并确定了对贫困县的扶贫标准，安排专项资金，对集中贫困区域实施连片开发。到1993年，农村贫困人口从1986年的1.25亿减少到8 000万人，农村贫困发生率从14.8%下降到8.72%。

随着农村改革和扶贫工作的不断深入，贫困人口在逐步减少，并且逐渐集中到缺土的西南大石山区、严重缺水的西北黄土高原、交通恶劣耕地少的秦巴山区和积温严重不足的青藏高原等自然条件恶劣、基础设施薄弱的地区。对于这些地区，在没有解决区域性经济不发达之前，当务之急是缓解贫困人口的吃饭、穿衣等基本生存权问题。据此，1994年3月，中

1994年，中共中央决定开启"八七扶贫攻坚计划"

央政府制定了《国家八七扶贫攻坚计划》，计划1994—2000年，集中人力、物力、财力，动员社会各界力量，力争用7年的时间，基本解决全国农村8 000万贫困人口的温饱问题，这是中国历史上第一个有明确目标、明确对象、明确措施和明确期限的扶贫开发行动纲领。7年间，中国政府采取了一系列重大措施，大幅度增加了扶贫开发投入，积极动员全社会各界力量，广泛争取国际社会的支持，合力攻坚，扶贫开发取得了显著成效，贫困地区面貌发生了很大变化。

实施"八七扶贫攻坚计划"期间，贫困地区农民人均纯收入从648元增

一个自然村的扶贫项目推进计划

长到1 337元，年均增长12.8%，快于全国平均水平。全国592个国定贫困县累计修建基本农田6 012万亩，新增公路32万千米，架设输变电线路36万千米，解决了5 351万人和4 836万头牲畜的饮水问题，通电、通路、通邮、通电话的行政村分别达到95.5%、89.0%、69.0%和67.7%，其中部分指标已经接近或达到全国平

均水平。各项社会事业也获得明显进步。到2000年底，全国农村没有解决温饱的贫困人口减少到3 000万人，占农村人口的比重下降到3%左右，其中东、中、西部分别占5.43%、34.00%和60.57%。

进入21世纪，贫困人口面临的状况是：3 000万贫困人口主要集中在西部地区，分散在一些贫困村而非贫困县；初步解决温饱的6 000多万低收入人口抗灾能力弱，一遇天灾人祸，一部分又会返贫。

为此，2001年5月，中央政府召开了扶贫开发会议，制定并颁布了《中国农村扶贫开发纲要（2001—2010年）》，明确了2001—2010年扶贫开发总的奋斗目标，把贫困地区尚未解决温饱问题的贫困人口作为扶贫开发的首要对象；同时，继续帮助初步解决温饱问题的贫困人口增加收入，进一步改善生产生活条件，巩固扶贫成果。2001年以后，继续坚持"开发式扶贫"方针；把扶贫工作重点放在西部地区，以贫困村为基本对象，使扶贫资金覆盖到非贫困县的贫困村，以村为单位进行综合开发和整体推进，同时鼓励城乡人口流动，增加农民收入。在发展生产，增加收入的同时，还协助贫困地区发展科技、教育、卫生、文化事业，改善社区环境，提高生活质量，促进经济、社会的协调发展和全面进步，从根本上彻底消灭贫困。

随着农村绝对贫困人口的大幅下降，为提高扶贫成效，我国从2008年开始实行新的扶贫标准——人均1 196元，这是在2007年1 067元低收入标准的基础上根据2008年度物价指数作出的调整。把绝对贫困标准与低收入标准合二为一，取消将农村绝对贫困人口和低收入人口区别对待的政策。据国家统计局统计，2008年在这个标准以下的扶贫对象为4 007万人，到2010年，全国农村贫困人口从2000年底的9 422万减少到2 688万，贫困发生率从10.2%减少到2.8%。

为进一步加快贫困地区发展，促进共同富裕，实现到2020年全面建成小康社会奋斗目标，2011年12月中共中央、国务院印发了《中国农村扶贫开发纲要（2011—2020年）》，明确提出到2020年要稳定实现扶贫对象不愁吃，不愁穿，保障其义务教

地头水柜可增加土地灌溉面积，是广西重大扶贫建设项目

育、基本医疗和住房。

2011年11月召开的全国扶贫开发工作会议决定，将2 300元作为新的扶贫标准。这个标准比2008年1 196元的标准提高了92%。按照新的国家扶贫标准，2011年底对应的扶贫对象规模约为1.28亿人，占农村户籍人口比例为13.4%。到2012年底，农村贫困发生率下降到10.2%，贫困重点县农民人均纯收入达到4 602元，年增幅超过全国平均水平。贫困地区基础设施建设不断完善，经济实力呈现出明显增强态势。到2012年底，贫困重点县自然村通路、通电、通电话的比例分别达到92.8%、98.8%、93.2%。

按照新的国家扶贫标准，到2012年底，全国贫困人口仍然有近1亿人，其中贫困发生率超过20%的有西藏、甘肃、贵州、新疆、云南和青海6个少数民族人口比例较高的省（自治区），扶贫减贫工作仍然任重道远。

第二十三章
改革中的小城镇发展之路

　　中国的城镇化经历了一个漫长而曲折的过程。在计划经济时期，为了推行赶超战略，国家采取了抑制城镇化甚至逆城镇化的措施。1950—1978年，我国工业化水平从不足17%上升到44%，提高了27个百分点，而同期城镇化水平仅从11%上升到18%，只提高了7个百分点。改革开放以后，随着计划经济体制的逐步解体和发展战略调整，农村产业结构不断调整，农村人口逐步转移，城镇化有了较快发展。到2012年末，我国城镇化率达到52.57%，与世界平均水平大体相当。

广东省蔬菜专业镇肇庆市高要区蚬岗镇

　　20世纪80—90年代，城镇化政策思路是以发展小城镇和中小城市为主，但由于政府是推动城市发展的主体，并且当时还受计划经济体制约束，城市发展只有人口的自然增长过程，而没有机械增长。而小城镇的发展不过是城市发展的一种补充，主要是为了就地消化农村富余劳动力，或阻止农民向城市流动。1980年国务院下发的《批转全国城市规划工作会议纪要》指出："依托小城镇发展经济，有利于生产力的合理布局，有利于就地吸收农业剩余劳动力，有利于支援农业和促进当地经济文化的发展，有利于控制大城市的规模。"1984年中央1号文件提出，农村工业适当集中于集镇，允许农民"自理口粮到集镇落户"。1985年中央1号文件明确要求"加强对小城镇建设的指导"。在此背景下，我国小城镇的发展在20世纪八九十年代已经完成了一轮大规模的低水平的数量扩张，建制镇的数量从1982年的2 664个增加到1990年的9 322个、2000年的19 692个，农村集镇达到3万多个。

1992年以后，随着社会主义市场经济体制的确立，国家进行了一系列小城镇体制创新。1994年十一部委联合行动，小城镇开始综合改革试点，率先开始了城镇投资融资体制改革，鼓励农民、企业参与造城行动，实现多元投资造城。在户籍、土地、财政、社保及文教卫生方面也进行了改革探索。

20世纪末21世纪初，国家进一步确立了小城镇发展的地位和方向。1998年党的十五届三中全会确定"发展小城镇是带动农村经济和社会发展的一个大战略"；2000年中共中央、国务院下发了《关于促进小城镇健康发展的若干意见》，2001年开始实施"十五"计划后，国家明确提出了大中小城市和小城镇协调发展的多样化城镇化战略。从此，小城镇发展迎来了一个新的时期，经济、社会、环境和基础设施建设快速发展。

到2002年底，全国包含城关镇在内的建制镇已经达到20 601个，比1978年增长了7倍多。建制镇发展经历过两个高峰期：① 1984—1986年"撤社建乡"、修改建制镇标准时期，3年增加7 750个，这与乡镇企业高速成长期重合；② 1992—1994年乡镇"撤、扩、并"时期，3年增加4 247个，这与中国经济第一个高速增长期重合。很显然，经济增长的市场力量是小城镇发展的主要推动力量。

党的十六大以后，中央出台了一系列促进城乡统筹区域协调发展的重大战略举措，推动小城镇发展进入了新的阶段。2005年《中共中央 国务院关于推进社会主义新农村建设的若干意见》中明确要求："着力发展县城和在建制的重点镇，从财政、金融、税收和公共品投入等方面为小城镇发展创造条件。"2008年10月，党的十七届三中全会提出"依法赋予经济发展快，人口吸纳能力强的小城镇相应行政管理权限，促进大中城市和小城镇协调发展，形成城镇化和新农村建设互促共进机制"。随着小城镇的数量和规模持续扩大，小城镇在城镇化进程中转移农村富余劳动力的承载能力也明显提高，据2010年统计，小城镇（包含城关镇）吸纳流动人口的比例达到39%，帮助58%的农村劳动力在本镇域范围内实现了产业转移。到2011年，全国城镇人口达到6.91亿，城镇化率首次突破50%关口，达到了51.27%。

小城镇的发展地区差异性非常明显，东南沿海，尤其是长江三角洲、珠江三角洲地区的发展水平最高，出现了一批相当于中小城市乃至大城市规模的超级镇。2008年东南沿海地区人口超过10万的镇达400多个，其中人口20万以上的镇40多个，30万以上的镇10多个，50万以上的镇5个。在小城镇发展过程中，涌现出了一批经济强镇，其中全国千强镇主要分布在东南沿海地区，2008年财政收入超亿元的镇达500多个，其中5亿元以上的40多个。

小城镇的发展，对促进我国城镇化进程，发展农村工业化，增加农村非农就业，消除不利于城镇化的体制障碍等发挥着重要作用，但仍然面临着公共服务能力不足，基础设施投资欠缺，政府职能不健全，环境建设落后，地区差异大等问题，未来还有巨大的发展空间。

第二十四章
新型农村社会保障体系的建立

01   新型农村合作医疗

新型农村合作医疗制度是相对20世纪传统农村合作医疗模式而言，由政府组织、引导、支持，农民自愿参加，个人、集体和政府多方筹资，以大病统筹为主的农民医疗互助共济制度。

2002年10月，中共中央、国务院发布了《关于进一步加强农村卫生工作的决定》，明确指出：要"逐步建立以大病统筹为主的新型农村合作医疗制度""到2010年，新型农村合作医疗制度要基本覆盖农村居民"，新型农村合作医疗由此提出。2003年1月，国务院办公厅转发卫生部等部门《关于建立新型农村合作医疗制度的意见》，进一步明确了新型农村合作医疗的具体内容，并正式提出开展新型农村合作医疗工作。2009年，中央作出深化医药卫生体制改革的重要战略部署，确立新型农村合作医疗作为农村基本医疗保障制度的地位。

从2003年开始，本着多方筹资、农民自愿参加的原则先行试点，通过试点地区的经验总结，为将来新型农村合作医疗在全国的全面开展创造了坚实的理论与实践基础。中央规定，"从2003年起，中央财政对中西部地区除市区以外的参加新型合作医疗的农民每年按人均10元安排合作医疗补助资金，地方财政对参加新型合作医疗的农民补助每年不低于人均10元""农民为参加合作医疗、抵御疾病风险而履行缴费义务不能视为增加农民负担"。到2004年底，全国共有310个县参加了新型农村合作医疗，有1 945万户6 899万农民参合，参合率达到了72.6%。2007年以后，新型农村合作医疗从试点阶段转入全面推进阶段。按照"十一五"规划的要求，新型农村合作医疗到2010年的覆盖面达到农村人口的80%以上。2011年2月，国务院办公厅印发《医药卫生体制五项重点改革2011年度主要工作安排》，提出2011年政府对新型农村合作医疗和城镇居民医保补助标准均由上一年每人每年120元提高到200元；城镇居民医保、新型农村合作医疗政策范围内住院费用支付比例力争达到70%左右。此外，流动人口的参合工作，新型农村合作医疗与相关制度衔接等问题开始得到解决。

2012年5月，卫生部、财政部和民政部等3部门发出《关于做好2012年新型农村合作医疗工作的通知》，提出，各级财政对新型农村合作医疗的补助标准从每人每年200元提高到每人每年240元；将新型农村合作医疗政策范围内住院费用报销比例提高到75%左右；统筹基金最高支付限额提高到全国农村居民人均纯收入的8倍以上，且不低于6万元；建立稳定的重特大疾病保障机制，切实解决重特大疾病患者因病致贫问题；有条件的地区要积极开展省级新型农村合作医疗信息平台与国家级新型农村合作医疗信息平台互联互通的试点，探索方便参合农民跨省（自治区、直辖市）流动的就医管理、费用核查、审核结报、监督监管的机制。

随着新型农村合作医疗政策的不断完善，政策效果也逐渐显现。到2012年，新型农村合作医疗参合率达到98.26%，基本实现全覆盖，大大减轻了农民看病难、看病贵的隐忧，缓解了贫困农户因病致贫、因病返贫的状况。

02　农村最低生活保障制度

农村最低生活保障制度是以保障农村居民基本生活为目的，科学、合理地确定最低生活保障标准，由地方政府为农村家庭人均纯收入低于当地最低生活保障标准的农村贫困群众，按最低生活保障标准提供维持其基本生活的物质帮助。在社会保障体系中，这是在农村特困群众定期定量生活救济制度的基础上逐步发展和完善的一项规范化的社会救助制度。

20世纪90年代，我国开始探索建立农村最低生活保障制度。1996年，民政部印发了《关于加快农村社会保障体系建设的意见》，把建立农村最低生活保障制度作为农村社会保障体系建设的重点，在全国进行试点工作。2007年，国务院出台《国务院关于在全国建立农村最低生活保障制度的通知》，决定在全国建立农村最低生活保障制度，对符合最低生活保障标准的农村人口给予保障，将符合条件的贫困人口全部纳入保障范围。

根据国务院要求，建立农村最低生活保障制度实行地方人民政府负责制，按属地进行管理；农村最低生活保障标准由县级以上地方人民政府按照能够维持当地农村居民全年基本生活所必需的吃饭、穿衣、用水、用电等费用确定，并随着当地生活必需品价格变化和人民生活水平提高适时进行调整；农村最低生活保障资金的筹集以地方为主，农村税费改革之后，地方各级人民政府将原由村级承担的低保金纳入地方财政预算，省级人民政府加大投入，中央财政对财政困难地区给予适当补助；同时，鼓励和引导社会力量为农村最低生活保障提供捐赠和资助，实行专项管理，专款专用。农村最低生活保障对象是家庭年人均纯收入低于当地最低生活保障标准的农村居民，主要是因病残、年老体弱、丧失劳动能力以及生存条件恶劣等原因造成生活常年困难的农村居民。

自推行农村最低生活保障制度以来，全国农村低保对象覆盖面不断增加，人均保障水平不断提高。民政部数据显示，截至2012年底，全国有农村低保对象2 814.9万户5 344.5万人。全年各级财政共支出农村低保资金718.0亿元，其中中央补助资金431.4亿元，占总支出的60.1%。2012年全国农村低保平均标准2 067.8元/（人·年）；全国农村低保月人均补助水平104.0元。

最低生活保障制度有效地缩小了农村贫富差距，这对于促进农村社会公平正义，加快社会结构转型，推进农村现代化建设具有重大而深远的意义。

| 03   新型农村社会养老保险制度

新型农村社会养老保险是以保障农村居民年老时的基本生活为目的，由政府组织实施的一项社会养老保险制度，是国家社会保险体系的重要组成部分。

早在1986年，随着农村经济的发展，我国南方一些经济较发达的地区就自发地开始进行农村社会养老保险的探索。1991年6月，民政部制定了《县级农村社会养老保险基本方案（试行）》，并从1992年1月起在全国公布实施。从此，农村养老保险事业逐渐发展，农民参加养老保险的人数不断增加，到1997年底，8 000多万农民参加了养老保险。然而，由于当时我国农村尚不具备普遍实行社会养老保险的条件，所以随着推广范围的扩大，相当多地区农村社会养老保险工作出现了参保人数下降、基金运行难度加大等问题，一些地区的农村社会养老保险工作甚至陷入停顿状态。

发放养老金

2002年11月党的十六大报告提出，有条件的地方，要探索建立农村养老、医疗保险和最低生活保障制度。此后，各地开始了新型农村社会养老保险试点，许多地方通过加大政府引导和支持力度，扩大覆盖范围，创新制度模式，在探索新的农村社会养老保险模式方面取得了一定的突破和进展。到2007年底，全国已有31个省份的近2 000个县（市、区、旗）不同程度地开展了新型农村社会养老保险试点工作，有5 000多万农民参保，积累保险基金300多亿元，有300多万参保农民领取了养老金。

2009年9月，国务院出台了《新型农村社会养老保险试点的指导意见》，明确要求按照加快建立覆盖城乡居民的社会保障体系的要求，逐步解决农村居民老有所养的问题。提出2009年试点覆盖面为全国10%的县（市、区、旗），以后逐步扩大试点，在全国普遍实施，2020年之前基本实现对农村适龄居民的全覆盖。同年，新型农村社会养老保险制度试点正式启动。2010年10月28日，十一届全国人民代表大会常务委员会第十七次会议通过的《中华人民共和国社会保险法》规定"国家建立和完善新型农村社会养老保险制度"，确认了新型农村社会养老保险的法律地位。

农村敬老院

　　根据国家规定，新型农村社会养老保险实行个人缴费、集体补助、政府补贴相结合的筹资结构。个人缴费设置多个档次，地方政府可根据实际需要增设档次，由农民根据自身情况自主选择缴费。有条件的村集体对参保人缴费给予补助。鼓励其他经济组织、社会公益组织、个人为参保人缴费提供资助。新型农村社会养老保险借鉴城镇职工统账结合的模式，在支付结构上分为基础养老金和个人账户养老金两部分。基础养老金由国家财政保证支付。政府对符合领取条件的参保人全额支付新型农村社会养老保险基础养老金，其中中央财政对中西部地区按中央确定的基础养老金标准给予全额补助，对东部地区给予50%的补助。新型农村社会养老保险制度实施时，已年满60周岁、未享受城镇职工基本养老保险待遇的，不用缴费，可以按月领取基础养老金，但其符合参保条件的子女应当参保缴费。

　　新型农村社会养老保险实施以后，新型农村社会养老保险参保人数不断增加，从2008年的5 595万人增加到2011年的32 643万人，增加了4.8倍。参保率也由2006年的53.73%增长到2009年的72.77%。到2012年底，新型农村社会养老保险参保人数达到4.6亿人，中国农村基本实现新型养老保险全覆盖。

第二十五章
加入WTO与农业对外开放

01 农业国际交流与合作

农业国际合作与交流是农业对外开放的重要组成部分，对于推进农业和农村经济发展，巩固与扩大我国在国际农业事务中的地位和影响，促进世界粮食和农业发展与进步发挥了重要作用。

从1979年起，中国与一些发达国家签署了若干农业科技合作协议，并与法国、联邦德国、美国、日本等国分别成立了科技合作混合委员会或农业科技工作组。按照平等互利、友好合作的原则，中国还与英国、澳大利亚、丹麦等20多个国家开展了农业技术交流与合作活动。20世纪60年代中断的中苏农业技术交流也于1982年得到恢复。

中国与国际农业研究机构接触并建立联系的历史，可追溯到1974年的美中植物代表团访华。1979年，首先与国际水稻研究所签署了科技合作协议，此后，又与国际小麦玉米改良中心、国际马铃薯中心等9个国际农业科研机构签署了合作协议。双方根据平等互利、成果共享的原则，在种质资源的交换、合作研究、信息交流、人才培养等方面进行了广泛深入的交流与合作。1983年，中国农业代表团第一次出席了国际农业研究磋商小组年会，并从此成为该小组的成员。

1985年以后，随着中国不断深化改革和不断扩大对外开放，与中国建立交流与合作的国家和国际组织进一步增加。到1996年，通过官方、民间等各

1981年中国农业科学院金善宝院长与意大利国家农业研究委员会主席签署合作协议

种渠道，中国已与世界上140多个国家以及联合国粮农组织、联合国开发计划署、国际原子能机构、欧洲联盟、世界银行、国际农业研究组织等国际机构建立了农业科技交流合作关系，基本形成了多渠道、全方位的对外合作新局面，为中国农业全面深入地开展国际交往创造了有利条件。

陕西杨凌国际合作周暨现代农业高端论坛

2001年以后，随着中国加入WTO，中国农业与世界农业关联度越来越高，积极主动参与国际粮农领域的重大政策和各类涉农国际规则的制定已成为农业国际合作最重要的内容之一。除参与国际粮农领域的各项重大活动外，中国还参加了《国际植物遗传资源协定》《国际植物保护公约》《食品法典》《国际植物检疫统一标准》《农药预先通知准则》《负责任国际捕捞准则》《深海渔业挂旗协定》等协定、协议和标准的修改或制定。通过上述活动，有效地维护了中国的权益。区域性农业合作也呈现出良好态势。中国-东盟农业合作机制、中非合作论坛、大湄公河次区域经济合作、亚太经合组织等都把农业合作列为重要的合作领域。

在国际农业多边双边交流与合作框架内，国际农业科技交流与合作也不断扩展。20世纪70年代以后，中国与80多个国家和地区建立了品种资源交换关系。根据中国农业科学院作物品种资源研究所统计，1979—1985年共引进粮食、经济作物、油料、果树、蔬菜、牧草及绿肥等作物品种约6.5万份，向国外提供约1.5万份。20世纪80年代中期以后，通过各种渠道，又引进一大批农作物种质资源和畜禽品种，它们在中国农业科研和生产上发挥着重要作用。从1979年起，我国开始引进国外先进的科研仪器设备，以改善农业科研单位和

中津非政府组织农业合作项目启动仪式

大专院校的研究条件和研究手段；同时，选拔中青年科技人员到国际农业研究机构和农业先进国家进修深造，开展合作研究。一些外国著名学者和学科带头人被邀请来华讲学，办培训班，帮助指导工作。

20年代90年代以来，出现了一种新的对外合作与交流方式，即在中国建立国外示范农场，如1995年落成的中以示范农场、1995年与日本合建的天津奶牛改良育种中心、1997年建成的中荷农业部北京畜牧培训示范中心和中荷农业部上海园艺中心等，这使中国农业界人士不出国门就能了解到以色列、日本、荷兰三国先进的农业生产和管理技术，并进一步促进与有关国家在农业相关领域的合作和交流。

在"引进来"的同时，一大批优质农产品、优势农业技术和资金也在"走出去"。大豆品种"西贡"、水稻品种低脚乌尖和南京11号等品种被引入美国、日本及国际水稻研究所等国家和国际组织。杂交水稻被世界上30多个国家引种。1980年以后，我国先后为瑞典、瑞士等10多个国家的兽医专家和学者培训传授针灸、针麻技术，还为世界各地培训了大批淡水网箱养鱼、养蚕、沼气建设等方面技术人才。

随着国力的不断增强，中国对外农业投资力度也日益扩大。中国在俄罗斯以及中亚有关国家相继建立大豆、玉米等种植业基地，在东南亚和拉美等地区先后建设了粮食、橡胶、热带水果、剑麻等稀缺资源开发基地。自从1985年3月组成第一支远洋渔业船队横渡太平洋、印度洋从事渔业生产和经营以后，到2012年，中国有1 000

隆平科技国际交流中心带领葡语国家农业代表团参观浩博农庄

多艘远洋渔船在毛里塔尼亚、几内亚、摩洛哥等30多个国家的专属经济区以及太平洋、大西洋、印度洋等三大洋的公海进行远洋捕捞。从20世纪80年代中期起，中国在海外开办合资、合作经营的农业企业也有所发展。与此同时，民间投资海外的农业项目逐渐增加，成为展示我国先进实用技术的重要窗口。

02　农业利用外资

积极吸收和利用外资是农业对外开放的重大举措之一。农业利用外资从无到有、从小到大、从点到面逐步发展，成为筹措农业资金的一个重要来源。

江西省第一个世界银行贷款红壤一期开发项目

从20世纪70年代末到80年代初，中国主要接收世界银行、亚洲开发银行等国际组织提供的小型无偿援助项目，特点是资金无偿利用，援助规模较小，一般在100万元以下，但这些项目的启动，揭开了中国农业利用外资的序幕。

为了吸引外资，从1978年改革开放到2001年加入WTO，国家先后出台了一些与农业领域相关的税收、土地和农产品销售优惠政策。1991年4月七届全国人大第四次会议通过的《中华人民共和国外国投资企业和外国企业所得税法》规定，从事农业、林业的外商投资企业在5年期满后，可继续申请减税。对于外商利用荒山、荒地、荒滩投资开发各类项目，按规定地价给予更大优惠。

从外资来源看，20世纪90年代以前，外商农业直接投资是微不足道的，主要以政府间或者国际组织的贷款为主，其中世界银行、亚洲开发银行、联合国粮食及农业组织、联合国开发计划署等国际多边机构提供的贷款或赠款及双边政府之间的经济技术合作的贷款或赠款为农业利用外资的重要来源。双边渠道主要是国家与国家之间的政府贷款和赠款，这些国家主要有日本、

世界银行中低产田改造项目

加拿大、德国等国。这一时期，以合资、合作、独资企业为主要形式所吸收的农业外资也占一定比例。90年代以后，外商投资开始快速上升，大大超过了国外贷款和援助，1995年已占到外资总量的95.6%，成为农业利用外资的最主要形式。外商直接投资的农业领域绝大多数是农产品

加工项目。外商投资快速增长意味着来自世界各国和地区的投资者成了主要投资来源。

加入 WTO 后，中国吸收利用外资进入一个新阶段。为了适应 WTO 要求，中国对利用外资政策作了相应调整，把以税收激励机制为主的优惠政策转向以公

马来西亚水果公司在广东投资创建高效农业基地

平竞争机制为主的规则政策。随着中国对外资企业控股比例限制的逐步取消和投资领域的开放，并购正成为外资直接进入中国农业的重要手段。一些跨国公司将中国那些规模较大、有品牌和营销渠道等优势的龙头农业企业作为并购首选对象，以此来保持其在中国农业市场竞争中的优势。

2002 年以后，农业利用外资增长很快，年平均增长速度近 40%，但在全国利用外资的比重仍然徘徊在 2% 左右。外资投资方向也日益呈现多元化趋势，主要包括农产品深加工、农产品出口创汇、地方企业重组改造、农村清洁能源、生态农业、生态旅游、农业环境污染治理等。外商投资种植业、养殖业项目较少。到 2009 年，中国农业实际利用外商直接投资达 142 873 万美元。外资在增加农业投入资本、推动农业技术进步、改善农业生产条件等方面发挥了重要的作用。

03　农产品对外贸易

随着农村改革的起步，各项农产品贸易改革措施逐步推进。从 1979 年开始，外贸改革了单一的指令性计划管理体制，实行指令性计划、指导性计划和市场调节相结合，重新实行进出口许可制度，建立外贸经营权审批制度。由于 20 世纪 80 年代初中期农业的大幅度增产，1981—1984 年农产品进口额不断走低，农产品进出口总额呈下降趋势。1985 年国家开始逐步运用价格、汇率、利率、退税、出口信贷等经济手段调控对外贸易，外贸的宏观调控体系开始形成。其后，农产品对外贸易稳步增长，1988 年首次突破 150 亿美元。1991 年，国家取消了对外贸易出口的财政补贴，从建立自负盈亏机制入手，使外贸逐步走上统一政策、平等竞争、自主经营、自负盈亏的轨道。1992 年农产品进出口总值达到 220 亿美元，其中出口 123 亿美元。

首届中国国际农产品交易会签约仪式

　　1992年，邓小平视察南方发表重要谈话之后，外贸管理方式和手段逐渐与国际规则和惯例接轨。1992—1997年，农产品连续4次大幅度降低进口关税率，使平均关税率降到了21.2%。同时，逐步取消了一些非关税壁垒，部分农产品出口配额实行招标。1994年，中国农产品进、出口额都创历史新高，总额达到280.9亿美元。但1994年之后，农产品贸易额开始下滑，直到2000年才开始回升。

　　2001年中国正式加入WTO后，积极按照WTO规则要求开展农业法律法规清理和修订工作，修改了5部法律文件，废除了与WTO规则不一致的26项规章和规范性文件。根据加入WTO时在农业方面作出的减让承诺，取消了农产品出口补贴；对一些重要农产品实行关税配额管理；同时建立了农产品进口关税配额管理制度。农业国际贸易由此逐步实现了持续快速增长，农产品贸易总额由1978年的61亿美元增加到2010年的1 219.6亿美元，成为世界第三大农产品贸易国。到2012年，我国农产品进出口总额为1 757.7亿美元，其中出口632.9亿美元，进口1 124.8亿美元。

第二十六章
农业生态环境建设

改革开放特别是进入 21 世纪以后，人口、资源和环境的重负使我国农业面临着严峻形势，为此，加强农业生态建设和环境资源保护，保护好农业发展的条件，提高农业可持续发展能力成为当务之急。

从 1978 年开始，我国先后实施了"三北"防护林、长江中上游防护林、沿海防护林等一系列林业生态工程，开展了黄河、长江等七大流域水土流失综合治理，并加大荒漠化治理力度，推广旱作节水农业技术，加强草原和生态农业建设，取得了一定成效。

但是，我国生态环境不断退化的趋势并未得到遏制。长江、黄河等大江大河源头的生态环境恶化呈加速趋势，由于大面积的毁林开荒，陡坡耕种，长江、黄河上中游地区已成为水土流失最严重的地区之一；沿江沿河的湖泊、湿地日趋萎缩，特别是北方地区的江河断流、湖泊干涸、地下水位下降严重，加剧了洪涝灾害、植被退化和土地沙化。草原地区的过度放牧和过度开垦，林区的乱砍滥伐，致使林草植被遭到破坏，生态功能衰退，水土流失加剧。全国野生动植物物种丰富区的面积不断减少，珍稀野生动植物栖息地环境恶化，珍贵药用野生植物数量锐减，生物资源总量下降。生态环境的不断恶化，严重威胁着我国经济社会的可持续发展。

不合理开发利用是造成生态环境恶化的主要原因。为此，1998 年，国家在西部地区开始实施退耕还林还草试点，2002 年退耕还林项目正式实施，到 2007 年，完成退耕还林面积 1.83 亿亩。同时，国家加大了天然草原的保护力度，从 2003 年开始，国家启动实施了退牧还草工程，在内蒙古、新疆等 12 个省（自

退耕还林粮食供应证

治区）实行禁牧、休牧和划区轮牧，建设围栏，促进退化草原休养生息，恢复生态。到2007年底，全国人工种草和改良草原累计保留面积4.2亿亩，累计草原围栏面积8.2亿亩，全国禁牧休牧轮牧草原面积13.5亿亩，3 000多万头牲畜从依赖天然草原放牧转变为舍饲半舍饲圈养，传统的草原牧业方式开始逐步转变。在渔区，从1999年开始实施禁渔区、禁渔期制度，开展渔业资源增殖放流，实现渔业资源的恢复和增殖。

作为农业生产的传统耕作制度，年复一年的秋翻春耕造成农田裸露、尘土飞扬，并直接导致了生态环境恶化与农田质量退化。一种新型耕作技术——保护性耕作技术应运而生，它取消铧式犁翻耕，在保留地表覆盖物的前提下免耕播种，以保留土壤自我保护机能和营造

取消铧式犁翻耕的保护性耕作

机能。20世纪90年代以后，农业部将保护性耕作技术作为重点推广的农业技术之一，使保护性耕作呈现出规模化推进势头。2008年全国建立保护性耕作国家级示范县226个，省级示范县365个。保护性耕作实施总面积达近5 000万亩，免耕播种面积1.38亿亩，机械化秸秆还田面积达到3.27亿亩。

在治理生态环境的同时，以协调人与自然关系，促进农业和农村经济可持续发展为目标，以"整体、协调、循环、再生"为基本原则的新型综合农业体系——生态农业成为农业发展方向。"九五"期间，国家7部委联合开展了51个生态农业试点县建设，后来，生态农业试点、示范县扩大到400多个，遍布全国32个省、自治区、直辖市，建设面积667万公顷，并按照各地不同的自然生态条件和经济发展水平，形成了不同的生态农业发展模式。

开发和利用沼气、生物质能、太阳能和省柴节煤灶等农村能源，在农业生态与环境保护过程中发挥了重要作用。从2003年开始，国家安排专项资金进行农村沼气建设，经过多年的探索和完善，创造性地推出了"一池三改"（在建设沼气的同时因地制宜改圈改厕改厨）为基本建设单元，以沼气

为纽带，建设推广适应不同地区使用的各种生态模式：一是在南方地区与经济作物种植、畜牧业养殖和沼气池结合的"猪沼果"模式；二是在北方地区与日光温室大棚、圈舍、厕所和沼气池相结合的"四位一体"模式；三是在西北地区与种养业和节水相结合的"五配套"模式。到2007年底，全国沼气用户达到2 650万户，大中型养殖场工程发展到8 576处，比2000年增长了近10倍。以农作物秸秆为主要原料，进行厌氧发酵生产沼气和有机肥料的中温沼气发酵集中供气工程技术也有新突破，为农作物秸秆资源化利用开辟了新途径。

随着现代工业的发展和人民生活水平的提高，进入农业环境中的工业"三废"等有毒有害物质越来越多，造成了农业环境的严重污染。早在20世纪70年代，我国就开始了工业污染源的治理，20世纪90年代中期开始进行重点流域治理，关停污染严重又无法进行治理的"十五小"企业。2000年以来，国家加大投资，加强工业废水处理装置和城市污水处理厂建设，使淮河、太湖等"三河三湖"重点治理流域水质恶化趋势基本得到控制。由于对土壤污染的基本状况缺乏全面系统的掌握，土壤污染问题仍相当严重。据初步估计，2012年，我国遭镉、砷、铬、铅等重金属污染的耕地面积近2 000万公顷，约占耕地总面积的1/5，每年因土壤污染减少粮食产量1 000万吨，1 200万吨粮食受污染。

农业生态环境建设是一项长期的系统工程。到2012年，农业部进一步加大了对优势农产品区域环境的监测和治理力度，初步建立了农业、渔业和草原生态环境管理与监测网络，以形成高效、快速的农业资源与环境监测预警体系，增强政府在农业环境建设方面决策的科学性和前瞻性。

第四篇

新时代农业农村高质量发展与乡村振兴战略

第一章

农村承包地"三权分置"改革

　　以家庭承包经营为基础，统分结合的双层经营体制是我国农村的基本经营制度，其以土地的所有权和承包经营权相分离的方式使农民"耕在自家田"，最大限度地调动了农民的生产积极性，也使农村集体经济和农户个人经济得到有效整合，使农业获得了历史性的巨大增长。但是，随着农村市场经济的快速发展，这种"两权分置"的家庭承包经营的缺陷也逐渐凸显：一是由于农民家庭经营仍是小农经营，难以形成规模经济，市场竞争力弱，农业经济效益低；二是农业生产规模小，难以吸纳先进的农业技术，无法承担采用新技术的技术风险；三是不能满足现代农业对农业标准化生产的基本规模需求，在解决农产品质量安全问题上面临较大困难。事实上，为了解决土地经营规模小的问题，早在1994年12月，农业部在《关于稳定和完善土地承包关系的意见》中就已提出"建立土地承包经营权流转机制"，这也是"土地承包经营权流转"第一次正式出现在政府文件当中，此后，各地都开始实施土地流转，鼓励开展农业规模经营。但是，由于担心失去土地承包权，不少农民不愿流转自己承包的土地；另一部分农民以务工经商为主，对土地收入的依赖度不断降低，将农业变成了兼业或副业，宁愿粗放种植，甚至撂荒也不愿流转，土地流转进展缓慢。很显然，土地制度必须进一步改革，否则将严重制约农业农村现代化发展。如何改革呢？有人提出了土地"私有化"的方案，将土地私有，任由土地自由买卖。事实上，中外历史上已上演了无数次土地私有化的故事，结果都是农村凋敝，小农破产，无地则反或者失地农民大批涌进城市而难以就业——造就大量城市贫民窟化。

　　农村承包地"三权分置"改革在此背景下应运而生。"三权分置"改革是在原有承包地所有权和承包经营权"两权分置"的基础上，将承包经营权拆分为承包权和经营权。党的十八届三中全会最早提出，要在我国农业经营体制中建立"三权分置"的模式，党的十八届四中全会再次提出这一要求。2016年10月，中共中央办公厅、国务院办公厅印发《关于完善农村土地所有权承包权经营权分置办法的意见》，对农村集体土地"三权分置"模式作了更加明晰的规定，"始终坚持农村土地集体所有权的根本地位""严格保护农民承包权""加快放活土地经营

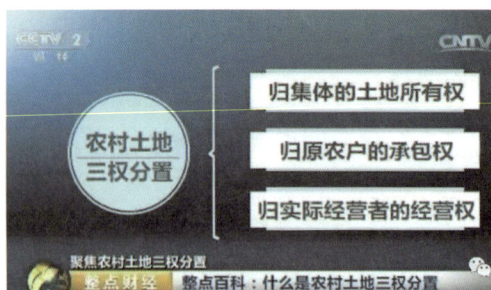

承包地"三权分置"含义

权"，强调指出"三权分置"改革"有利于促进土地资源合理利用，构建新型农业经营体系，发展多种形式适度规模经营，提高土地产出率、劳动生产率和资源利用率，推动现代农业发展"，并就改革提出实施意见。2017年，党的十九大报告提出第二轮土地承包期到期后再延长30年，并明确要求巩固和完善农村基本经营制度，深化农村土地制度改革，完善承包地"三权分置"制度。2018年12月29日，十三届全国人大常委会第七次会议通过了关于修改农村土地承包法的决定，将农村土地实行"三权分置"的制度法制化。"三权分置"改革一方面坚持了农村土地集体所有权，保障了农村集体经济组织的主体地位；另一方面，增强了农民承包地的流通能力，农民可通过流转土地经营权而获得收益，而不必担心失去土地承包权。

承包地"三权分置"改革以来，农村土地流转加快，流转规模逐年增加，流转形式既有转包、租赁等传统形式，也有股份合作、土地信托等新的形式，以家庭农场和农民专业合作社为代表的农业规模经济因此获得较快发展。"三权分置"还激发了农村经济发展活力，释放出了大量农村劳动力，他们要么无后顾之忧地进城务工经商，要么立足广大农村创新创业，同时与精准脱贫相结合，推进了农业农村的现代化发展。

"三权分置"促使土地经营方式从"集体所有，农户承包经营"的双层经营，演变为"集体所有，农户承包，多元主体经营"的立体复合型现代农业经营体系。

第二章
农村宅基地的"三权分置"改革

　　新中国成立之初，我国农村人口占总人口的80%，但由于人口总量不到现在的一半，所以农村宅基地的政策是免费分配，甚至没有文件禁止城镇居民获得农村的土地。1963年，中央出台政策规定，农村宅基地的所有权归农村集体（生产队或村），使用权归农户，实行"两权分置"。在这种政策下，如果农民要建房，使用宅基地，必须经过农村集体组织批准，才能获得宅基地使用权。在过去50多年里，尽管在1982年、1990年、1995年，分别就迁居社员宅基地、"农转非"人员宅基地、空闲或未使用宅基地等问题作过一些调整，但总体上"两权分置"政策一直未变。

　　农村改革以后，由于城镇化的不断发展，大量农民进城落户，留下了众多的"空心房""空心村"，造成宅基地低效、粗放利用现象普遍，并且超标、超占以及一户多宅等情况严重。这些现象的普遍存在已成为阻碍美丽乡村建设和乡村振兴的重要因素，必须加以改革。2010年，中央要求加快宅基地使用权的确权登记工作，这为以后的农村宅基地使用权的转让、抵押奠定了基础。党的十八届三中全会通过的《中共中央关于全面深化改革若干重大问题的决定》中要求"赋予农民更多的财产权利""保障农户宅基地用益物权，改革农村宅基地制度，选择若干试点，慎重稳妥推进农民住房财产抵押、担保、转让，探索农民增加财产性收入渠道"。此后，中央又在相继出台的多个改革文件中提出有关政策，推动探索宅基地有偿使用和自愿退出机制，探索农民财产权抵押、担保、转让的有效途径。显然，宅基地的使用功能被扩大，不仅具有居住功能，还被赋予了经营功能，"两权分置"已不利于

宅基地"三权"证书

放活宅基地的使用权，于是，宅基地
"三权分置"应运而生。2018年中央1
号文件明确提出："完善农民闲置宅基
地和闲置农房政策，探索宅基地所有
权、资格权、使用权'三权分置'"，
要求"落实宅基地集体所有权、保障
宅基地农户资格权和农民房屋财产权，
适度放活宅基地和农民房屋使用权"。

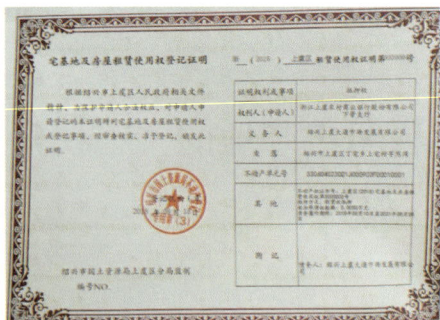

宅基地及房屋租赁使用权登记证明

此后，宅基地"三权分置"改革在全国展开。

　　落实宅基地的集体所有权主要体现在以下几个方面：一是拥有对农民申请宅基地的批准权利和集体排他性的收回宅基地的权利；二是在需要时可对村庄进行合理规划，为村民统一建设住宅；三是与农民分享被依法征收的村民宅基地获得的补偿等。保障农户宅基地资格权和农民房屋财产权实质上是基于集体成员身份而免费获得宅基地的权利，主要体现在农户对所获得的宅基地，可以长期占用，同时在宅基地上修建的建筑物、种的树等都归农户家庭所有；农民可以在申请的面积内，自由合理地规划宅基地，自主地选择建造房屋的户型，建筑材料，是否在宅基地上种树、种花、种菜，种多少等问题，第三方不得干涉；宅基地上修建的建筑的出租、宅基地上种植树木等的销售收益都归农民家庭所有，若国家合法征收农户家庭的宅基地，农户有权利获得合理补偿；农民有权利将宅基地转让给集体内部的成员，获得相应的收益。同时，农户宅基地资格权可以继承和赠与。适度放活宅基地和农民房屋使用权，主要体现在可通过流转取得宅基地使用经营权，按照合同有关规定新建改建或重建，并可享有获得经营利润的权利，但只有在征得资格人同意的情况下才能"处分"宅基地。

　　宅基地"三权分置"带来了什么变化呢？我国闲置的宅基地数量巨大、浪费严重，有足够的改造利用空间。在耕地红线限制、建设用地总量严格控制的背景下，盘活大量低效闲置宅基地，能极大地促进农村产业繁荣，提高农民收入。同时，宅基地"三权分置"改革有利于对村庄进行科学规划，并通过拆违、退出、整治、重建以及道路等基础设施建设，从根本上改善农村的居住环境，实现生态宜居目标。

第三章

稳步推进的农村集体产权制度改革

经过30多年的改革，我国农村集体资产总量获得了显著增长，为农村发展和农民共同富裕奠定了丰厚的物质基础。然而，随着工业化、城镇化的加快推进，农村经济结构发生了深刻变化，农村集体资产产权归属不清、权责不明确等问题日益突出，阻碍了农村集体经济的发展，损害了农民利益，影响了农村社会的稳定，因此，改革农村集体产权制度势在必行。

陕西省榆林市榆阳区开启西部地区集体产权制度改革试点

针对农村集体产权制度存在的问题，2013年11月，党的十八届三中全会提出了保障农民集体经济组织成员权利，积极发展农民股份合作，赋予农民对集体资产股份占有、收益、有偿退出及抵押、担保、继承权的改革任务。2014年，经党中央、国务院审议通过，农业部出台了《积极发展农民股份合作赋予农民对集体资产股份权能改革试点方案》，在29个县（市、区）先行开展试点工作。改革试点兼顾东中西不同区域，各项工作严格限制在集体经济组织内部。2016年，《中共中央、国务院关于稳步推进农村集体产权制度改革的意见》（以下简称《意见》）正式发布，对农村集体产权制度改革进行了顶层设计、全面部署。

农村集体资产分为三大类：一是农民集体所有的土地、森林、山岭、草原、荒地、滩涂等资源性资产；二是用于经营的房屋、建筑物、机器设备、工具器具、农业基础设施、集体投资兴办的企业及其所持有的其他经济组织的资产份额、无形资产等经营性资产；三是用于公共服务的教育、科技、文化、卫生、体育等方面的非经营性资产。这三类资产是农村集体经济组织成员的主要财产，是农业农村发展的重要物质基础，其产权制度改革根据中央部署进行分类施策。对于资源性资产，落实法律法规政策，健全完善登记制度，巩固已有确权成果；对于未承包到户的集体资源性资产，要摸清底数，明确权属，开展相关确权登记颁证工作；对于经营性资产，通过股份或份额的形式量化到本集体经济组织成员、确权到户，并积极发展多种形式的股份合作，明确集体经济组织的市场地位，加强集体资产运行管理监督，落实集体收益分配机制。对于非经营性资产，在清产核资基础上，建立健全台账管理制度，探索实行集体统一运行的管护机制，确保其更好地为集体经济组织成员提供公益性服务。在三类集体资产中，经营性资产是农村集体产权制度改革的重点。

农村集体产权制度改革的主要目标和任务是，搞清楚集体资产"家底"，归谁所有；确保农民集体所有资产的占用权、使用权、收益权、处置权等权能完整、实在，并能便于进入市场交易；确保农民集体所有的财产不能被随意剥夺，保护农民作为集体经济组织成员的合法权益；从而逐步

农村集体经济组织登记证

构建归属清晰、权能完整、流转顺畅、保护严格的中国特色社会主义农村集体产权制度。

农村集体产权制度改革，首先是全面开展资产清产核资。根据中央安排，从2017年开始，用3年左右时间基本完成集体资产清产核资。截至2019年底，全国共清查核实集体账面资产6.5万亿元，其中经营性资产3.1万亿

元；资源性资产总面积65.5亿亩，其中宅基地面积1.7亿亩。其次是全面确认集体成员身份。农村集体经济组织在法治前提下，通过民主协商方式制定本集体成员身份确认的具体标准，特别是对外嫁女、新生儿、回乡退养人员、"农转非"人员等特殊群体的成员身份确认办法作出原则性规定。

农村集体产权制度改革股权证

到2020年底，全国共确认集体成员9亿多人。最后，各地在清查完集体资产和明确集体成员的基础上，开展经营性资产股份合作制改革，逐步建立新型集体经济组织。截至2020年底，全国共有53万个村完成集体经营性资产股份合作制改革，建立起了符合市场经济要求的集体经济运行新机制。

农村产权制度改革推动了集体经济发展壮大，各地探索出了多样化的新型集体经济发展模式，使农民群众共享改革红利。2019年，全国村集体经营收益超过5万元的村占到48.2%，集体成员累计分红超过3 800亿元。到2021年底，全国基本完成农村集体产权制度改革工作。

第四章

实施"藏粮于地、藏粮于技"战略

　　我国是一个14亿多人口的大国，解决好吃饭问题始终是头等大事。坚持把保障粮食安全作为首要任务，任何时候都不放松粮食生产，才能确保饭碗永远端在自己手上。2004—2015年，我国粮食总产量实现了十二连增，2015年全国粮食总产量达到6.6亿吨。虽然粮食生产连年丰收，但仍然是一个紧平衡，而未来粮食产量在现有农业生产条件下进一步增长面临挑战。

　　为此，2014年中央1号文件提出抓紧构建新形势下以我为主、立足国内、确保产能、适度进口、科技支撑的国家粮食安全战略。同年，国务院出台了《关于建立健全粮食安全省长责任制的若干意见》，明确各省市区人民政府在维护国家粮食安全方面的事权与责任。

　　2015年，党的十八届五中全会关于"十三五"规划建议首次提出了"藏粮于地、藏粮于技"国家粮食安全新战略，指出"坚持最严格的耕地保护制度，坚守耕地红线，实施藏粮于地、藏粮于技战略，提高粮食产能，确保谷物基本自给、口粮绝对安全"。新战略的核心是巩固提升粮食综合生产能力，由传统的注重年度产量向巩固提升粮食产能转变，更好地保障国家粮食安全。在2016—2019年历年的中央1号文件中，针对粮食安全新战略都提出了明确的目标任务。从2016年开始，国务院对各省市区粮食安全责任制进行全面考核，推动落实"藏粮于地、藏粮于技"战略。

四川省广汉市永久基本农田保护区

　　藏粮于地，就是要保护好耕地，提升耕地质量，建设稳产高产农田。目前，我国的耕地资源问题不仅出在数量上，也出在质量上。耕地质量下降给粮食稳定生产造成了威胁。

从数量上看，我国土地面积难以增加，可供继续开发利用的土地少，人多地少的矛盾难以克服，目前我国耕地面积18.26亿亩，人均不足1.4亩。针对耕地资源的严峻形势，中央要求继续坚持最严格的耕地保护制度，加强耕地占用的土地用途管制，全面开展永久基本农田划定工作，确保永久基本农田保持在15.46亿亩以上，牢牢守住18亿亩耕地红线。

从质量上看，中低产田占70%以上，西北耕地盐渍化、南方土壤酸化、华北耕层浅化等问题突出，同时，耕地负载逐年加大，区域性退化问题日趋严重。全国耕地质量监测结果显示，在东北黑土区，耕地土壤有机质含量大幅下降，每千克平均含量26.7克，与30年前相比降幅达31%。另一方面，我国耕地受化肥等污染严重，土壤结构板结，肥力下降，造成基础地力后劲不足。一般而言，粮食产量70%~80%应靠基础地力，而我国耕地基础地力对粮食产量的贡献率仅为50%。长期不合理施用化肥，导致土壤养分失衡，也直接影响耕地质量。

所以，提高粮食产量除了保耕地数量外，还要治理盐渍化、酸化、沙化、各种污染等，以提高耕地质量。近年来，农业农村部组织开展了耕地轮作休耕试点、化肥农药零增长等行动；统筹实施东北黑土地保护利用试点和保护性耕作计划，实施退化耕地治理工程，推广秸秆还田、土壤改良、土壤污染治理等综合配套技术，以促进耕地质量的稳步提升。

建设稳产高产农田是提高粮食生产能力关键因素之一。2001—2010年，我国已建成高产稳产基本农田近2.5亿亩，为粮食产量连续6年稳定在1万亿斤以上提供了有力支撑。为了进一步加快推进高标准农田建设，提高农业综合生产能力，2013年国家发展改革委、农业部等8部委发布了《全国高标准农田建设总体规划》，总体目标是，到2020年，建成集中连片、旱涝保收的高标准农田8亿亩，亩均粮食综合生产能力提高100千克以上。2016年中央1号文件要求："加大投入力度，整合建设资金，创新投融资机制，加快建设步伐，到2020年确保建成8亿亩、力争建成10亿亩集中连片、旱涝保收、稳产高产、生态友好的高标准农田。"2019年11月，国务院办公厅印发《关于切实加强高标准农田建设提升国家粮食安全保障能力的意见》，要求确保2022年建成10亿亩标准农田，稳定保障1万亿斤以上的产能。从各地实践看，高标准农田建设取得了明显成效，到2020年底，建成8亿亩高标准农田的目标已经实现，地力（耕地质量）提升1～2个等级，农业生产能力显著提高。

科技是农业现代化的重要支撑，粮食生产的根本出路在于科技进步。"藏粮于技"主要是通过推进种业科技创新，选育一些高产、优质、多抗的新品种，配套绿色高效栽培技术，同时利用现代农业机械和农业信息技术，推进农机农艺的结合，以促进粮食的稳产高产。

2012年5月，中共中央、国务院发布的《关于加快推进农业科技创新持续增强农产品供给保障能力的若干意见》，要求依靠科技创新驱动，引领支撑现代农业建设。2012年11月，党的十八大作出了实施创新驱动发展战略的重大决策。2013—2020年的中央1号文件对农业科技创新工作进行了部署，提出目标任务。

根据中央部署，第一，深入进行农业科技体制改革，健全农业科技创新激励机制，激发科技人员创新创业的积极性；第二，确立农业科技创新目标，重点突破生物育种、农机装备、智能农业、生态环保等领域关键技术，组织实施水稻、小麦、玉米、大豆和畜禽良种联合攻关；第三，确立农业科技创新组织形式，建设农业领域国家重点实验室等科技创新平台基地、建立农业科技创新联盟、建设现代农业产业科技创新中心，加强国家农业高新技术产业示范区、国家农业科技园区等创新平台基地建设；第四，明确强化企业技术创新主体地位，培育农业科技创新型企业，支持符合条件的企业牵头实施技术创新项目；第五，创新农业技术推广方式，支持各类社会力量广泛参与农业科技推广，鼓励建立农科教产学研一体化农业技术推广联盟，支持农技推广人员与家庭农场、农民合作社、龙头企业开展技术合作；第六，培养高素质农民，优化农业从业者结构，深入推进现代青年农场主、林场主培养计

2020年，袁隆平团队杂交水稻项目双季测产达到亩产1 530.76公斤

划和新型农业经营主体带头人轮训计划，培养适应现代农业发展需要的新农民。

为落实创新驱动发展战略和"藏粮于技"战略，农业农村部制定了一系列相关措施和计划并组织实施，例如2012年农业部启动实施超级稻"双增一百计划"，计划"十二五"内在全国示范推广超级稻1.2亿亩，实现亩增产100斤、节本增效100元的目标，达到增产、增效、增收的协调统一；启动实施玉米"双增二百科技行动"，以黑龙江、吉林、辽宁和内蒙古等4省区为重点区域，争取在"十二五"内，在东北地区近2亿亩玉米种植面积中，实现1亿亩玉米平均亩增产200斤以上，亩节本增效200元以上的目标。各地也陆续启动了"藏粮于技"科研和推广计划，着力从根本解决引领转型的重大技术少、科技成果转化应用慢、农技推广服务力量散等突出问题。截至2019年底，我国主要粮食品种良种覆盖率达到96%以上，全国农业科技贡献率达59.2%，全国农作物耕种收综合机械化率达到70%，畜牧养殖和水产养殖机械化率分别达到34%和30%，科技创新已成为提高粮食产量和农业综合生产能力的关键要素。

"藏粮于技"战略更加着眼于未来。目前，从总体上看，我国农业生产的低效问题依旧存在，如化肥农药的利用率不到40%，缺水却低效率灌溉，农业科技成果转化率不足50%，农业科技水平与发达国家相比还有一定的差距，这也意味着我国粮食及主要农产品产量和品质依靠科技还有较大的提升空间；另一方面，由于我国人均耕地偏少，山区山地多，地形复杂，规模经营程度不高，特别是在丘陵山区和西部偏远落后地区，农业机械化仍存在着的巨大需求和发展空间。同时，随着5G技术、物联网和人工智能的发展，智能化农业将在未来给农业行业带来革命性的变化，显著提升现代农业的自动化、信息化、智能化水平，达到精准种植、精准养殖，从而实现提高产量、降低成本和保护环境的目的。显而易见，未来的农业科技发展和"藏粮于技"战略的实施仍将是显著提升我国的粮食生产能力的重要举措。

2021年中央1号文件提出，要"打好种业翻身仗"，提出"加快实施农业生物育种重大科技项目。深入实施农作物和畜禽良种联合攻关。实施新一轮畜禽遗传改良计划和现代种业提升工程""有序推进生物育种产业化应用""提高农机装备自主研制能力，支持高端智能、丘陵山区农机装备研发制造"。中国农业科学院2019年5月启动了"藏粮于技"科研计划，重点开展育种技术提升、重大自主品种培育、高效精准栽培、绿色丰产关键技术集成四大科技行动，目标是到2025年实现四大作物平均单产比2018年提高10%；到2030年，实现四大作物平均单产比2018年提高20%，并将培育优质绿色超级稻、优质功能稻、优质小麦、抗旱节水小麦、机收玉米、抗旱玉米、高蛋白玉米、高产高蛋白大豆新品种200个以上。不难看出，农业科技创新成果将成为我国未来粮食安全的可靠保障。

第五章

推进农业发展由数量型向质量效益型转变

从2004年到2015年，我国粮食产量实现了十二连增，2015年全国粮食总产量达到62 143.5万吨，肉蛋奶产量多年稳定在1.4亿吨以上，其他农产品产量也是稳中有升。经过几十年的快速发展，从数量上看，"过去8亿人搞饭吃还吃不饱，现在14亿人还吃不完"，可谓农丰粮茂仓廪实。

然而，随着数量增长型农业的不断发展，新问题、新矛盾不断涌现。长期以来，我国的农业增长严重依赖农药化肥的大量使用，特别高产品种更需要高肥催产。这种生产方式不仅损害了耕地质量，造成农业环境污染，使农产品中残留的有害物质增加，严重影响着农产品的质量和效益的提高。同时，随着人们生活水平的提高，人们对农产品质量要求也越来越高，更多地抵制非安全食品进入市场，从而出现了优质安全的农产品供给不足、部分低端农产品供过于求的现象。另一方面，生产的农产品由于质量和食品安全原因而卖不出去，农业增产了，农民却不一定增收。农村改革以来，国家曾依靠提高农产品价格、调整农村产业结构、发展多种经营、发展乡镇企业、增加农业投入等措施来增加农民收入。而现在，主要农产品的价格与国际农产品的市场价格相比，已明显偏高，大幅度提高农产品价格已不现实，这不仅影响着以农业为主要收入来源的农民的生活改善和农业的再投入，更重要的是影响着广大农民的农业生产积极性，最终影响农产品供给，从而冲击农业对整个国民经济发展稳定器作用。从加大农业对外开放看，现代国际市场竞争对质量要求不断提高，质量差价日益扩大，质量竞争愈演愈烈，依靠价格优势参与竞争将受到越来越大的限制。为此，我国这种以数量型农业增长为基础的低附加值的出口贸易，虽然数量也会不断增大，但创汇能力和创汇效益将不会增大甚至会下降，竞争范围难以扩大，竞争水平难以提高。与此同时，在农产品市场国际化的背景下，随着我国居民对高质量农产品需求的增长，国外高质量的农产品将会大量涌入国内，对国内农产品市场造成很大冲击，对我国农业发展形成严重的威胁。

很显然，现有的数量型农业增长模式已不能满足日益增长的社会需求，必须向质量效益型转变。在2013年中央农村工作会议上，习近平总书记明确提出，要大力推进质量兴农、绿色兴农。2015年12月中央农村工作会议首次提出"要着力加强农业

四川省江油市贯福国家级稻渔综合种养示范区

供给侧结构性改革"，强调提高农业供给体系质量和效率，使农产品供给数量充足、品种和质量契合消费者需要，真正形成结构合理、保障有力的农产品有效供给。2016年底，财政部、农业部联合印发了《建立以绿色生态为导向的农业补贴制度改革方案》，突出绿色生态导向，将政策目标由数量增长为主转到数量质量效益并重上来，逐渐建立起绿色发展导向型的农业财政补助政策。2017年中央1号文件提出，促进农业农村发展由过度依赖资源消耗、主要满足量的需求，向追求绿色生态可持续、更加注重满足质的需求转变。

河南省渑池县全力打造"双椒一药"特色绿色农业品牌

为实现数量增长型农业向质量效益型农业转变，近年来，农业政策重点着力以下几个方面：一是提高农业增长质量。农业增长质量取决于农业增长效率、国际市场竞争能力和食品安全率等因素，必须提高农业生产要素的综合生产能力，特别是提高农业劳动者的素质；进一步调整农业结构，优化农业的品种和品质结构，提高农产品质量；同时，减少食品中的有害化学物质的含量，提高食品安全率。二是提高农业增长效益。农业增长效益不仅取决于经济增长效率即投入产出率，而且取决于农产品是否符合社会需要。通过提高农业投入质量，增加农业科技投入，提高改善农业管理水

平，不断提高农业产出质量，以使农产品更好地满足社会需求，提高产销率和利润率，提高农民收入水平。三是维护农业生态平衡。数量型农业以资源可以无限供给为假设条件，掠夺性使用资源，无节制地使用化肥、农药、除草剂、添加剂、农用薄膜，使农业生态环境受到较大的损害，农业生态平衡被破坏，这意味着农业生产状况的恶化，不可持续。因此，维护农业生态平衡，是发展质量效益型农业的重要途径。

总的来看，推进农业高质量发展，不仅要求农产品质量好、农业产业素质高、国际竞争力强，还要求农业经营效益高、农民收入多、农村生态环境美。

第六章
生态文明建设背景下的农业绿色发展

　　进入新世纪以后，我国经济高速发展，但由于长期采用粗放型的经济增长方式，资源环境遭到了严重破坏，能源紧张、污染严重、生态退化等问题日益突出，成为进一步发展的瓶颈制约。2012年11月，党的十八大从新的历史起点出发，作出"大力推进生态文明建设"的战略决策，强调指出："必须树立尊重自然、顺应自然、保护自然的生态文明理念""我们要努力形成人与自然和谐相处的思想观念"。2015年5月，中共中央、国务院发布《关于加快推进生态文明建设的意见》。同年10月，随着党的十八届五中全会的召开，增强生态文明建设首度被写入国家五年规划建议。2017年7月，习近平总书记主持中央深化改革领导小组会议，审议通过《关于创新体制机制推进农业绿色发展的意见》，指出推进农业绿色发展是农业发展观的一场深刻革命。2017年10月，党的十九大报告，把"生态文明建设"的目标提到一个新的高度——"走向生态文明新时代，建设美丽中国，是实现中华民族伟大复兴的中国梦的重要内容"，提出"坚持人与自然和谐共生，必须树立和践行绿水青山就是金山银山的理念，实行最严格的生态环境保护制度，形成绿色发展方式和生活方式"。

　　农业绿色发展是生态文明建设的重要基础，不仅关系到国家食物安全、资源安全和生态安全，更关系到子孙后代永续发展。2015年，农业部印发了《关于打好农业面源污染防治攻坚战的实施意见》，提出了到2020年实现农业用水总量控制，化肥、农药使用量减少，畜禽粪便、农作物

内蒙古自治区扎兰屯市绿色高质高效大豆示范区全面推行节肥、节药、节水技术

秸秆、农膜基本资源化利用的"一控两减三基本"目标任务，正式打响了农业面源污染治理攻坚战。同年，农业部联合国家发展改革委等8部委局发布《全国农业可持续发展规划（2015—2030年）》，就优化发展布局，保护耕地资源、节约高效用水、治理环境污染、修复农业生态等提出目标要求，推动农业可持续发展。

2016年中央1号文件明确提出"确立发展绿色农业就是保护生态的观念""加强资源保护和生态修复，推动农业绿色发展""加快形成资源利用高效、生态系统稳定、产地环境良好、产品质量安全的农业发展新格局"，并提出了具体路径和措施。2017年5月，农业部启动实施了"农业绿色发展五大行动"，将畜禽粪污资源化利用行动、果菜茶有机肥替代化肥行动、东北地区秸秆处理行动、农膜回收行动和以长江为重点的水生生物保护行动作为重点进行突破。2018年中央1号文件提出了"推进乡村绿色发展，打造人与自然和谐共生发展新格局"，要求统筹山水林田湖草系统治理，建立市场化多元化生态补偿机制，增加农业生态产品和服务供给。2019年、2020年中央1号文件把"农村人居环境整治"作为重点任务加以推进，要求用3年的时间，通过农村垃圾污水治理、厕所革命和村容村貌提升，推进建设"美丽家园"。2021年的中央1号文件要求继续"推进农业绿色发展"，并"实施农村人居环境整治提升五年行动"。

经过多年的持续推进，农业绿色发展取得重大进展。根据《中国农业绿色发展报告2019》，第一是农业生产方式持续向绿色化转型，2018年，全国共建设全程绿色标准化生产示范基地100个，绿色食品产地环境监测面积达到1.57亿亩，"两品一标"获证产品37 765个。第二是农业资源节约与保育不断加强，2019年全国耕地质量平均等级为4.76，较2014年提升了0.35个等级。2018年全国农田灌溉水有效利用系数达到0.554，比2012年增加了0.038。第三是农业产地环境治理成效显著，2013—2019年，全国三大粮食作物化肥利用率提高了6.2个百分点，农药利用率提高了4.8个百分点，2018年全国秸秆综合利用率达到85.45%。第四是农业生态系统逐渐得到恢复，各地农田生态环境明显改善，水生生物资源快速下降趋势得到初步遏制，草原生态功能和载畜能力持续提升，2018年全国草原综合植被覆盖度达到55.7%。第五是农村人居环境明显改善，各地以农村生活治理、农村生活污水治理、农村厕所革命、村容村貌整治提升等为重点，不

有机食品标志　　　　　　　　　绿色食品标志

断推进农村人居环境整治，截至2019年底，全国90%以上的村庄开展了清洁行动，农村卫生厕所普及率超过60%，农村生活垃圾收运处置体系覆盖全国84%，近30%的农户生活污水得到管控，绝大部分村庄人居环境有明显改观。

目前，我国正在建立健全以绿色为导向的支撑保障体系，特别是已基本建成以绿色生态为导向的农业补贴政策体系和激励机制，确立以市场为导向的农产品价格形成机制，完善耕地、草原、森林等生态补偿政策，创新绿色生态农业金融保险制度。同时，处理好农业绿色发展与国家粮食安全的关系，坚持粮食安全是农业绿色发展的底线，立足粮食安全和农业可持续发展，开创以生态环保为鲜明标志的新时代现代农业新局面。

第七章

建立以绿色生态为导向的农业补贴制度

农业补贴是国家财政支农的重要手段。20 世纪 90 年代末，特别是进入 21 世纪以来，为提高粮食产量，国家在不断调整完善价格支持和粮食收储制度的同时，还出台一系列补贴政策，极大地促进了我国粮食产量的提高。但是，随着农业产量的提高，农业资源短缺与环境污染问题日趋严重，农产品安全问题日益严峻。党的十八大以后，中央意识到对农业补贴政策进行重大改革，建立以绿色生态为导向的农业补贴制度已是刻不容缓，这是推进农业供给侧结构性改革，强化对农业绿色发展，推动农业高质量发展的必要措施。

2002 年以来，良种补贴、种粮农民直接补贴和农资综合补贴为提高我国的粮食产量和农民收入发挥了重要作用。为配合实施农业发展由数量型向质量型转变，2016 年，农业部和财政部在全国范围内将农业"三项补贴"合并为农业支持保护补贴，政策目标调整为支持耕地地力保护和粮食

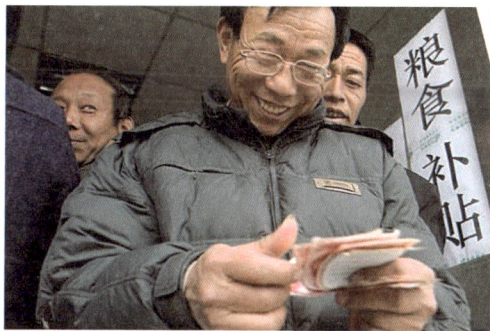

农民领到种粮补贴

适度规模经营。"三补合一"改革后，其补贴资金不再与农民实际种植面积挂钩。同时，中央财政支持的农机购置补贴对用于绿色发展的农机具也全面实行敞开补贴，鼓励农民开展深松整地、节水灌溉、秸秆还田等生态环保型耕作活动，促进耕地保护。

为了对棉花、玉米、大豆主产区进行种植结构调整，国家对棉花、玉米和大豆等收储制度进行改革。2014 年，国家取消了新疆棉花、东北大豆临时收储后，为避免市场价格下行对农民收入带来冲击，同步实行了目标价格

补贴，当市场价格低于预先确定的目标价格水平时，由中央财政向试点地区生产者提供差价补贴。经过一段时间的试点，新疆棉花继续实行目标价格制度，而东北和内蒙古大豆的目标价格政策改为生产者补贴。2016年，国家在取消玉米临时收储的同时，建立了玉米生产者补贴制度，对东北三省和内蒙古东部的玉米种植给予一定的财政补贴。通过改革，在建立农产品市场形成机制的同时，也调整优化了农业种植结构，水土资源得到合理配置。

2015年起，国家开展了"粮改饲"试点工作，中央财政开启了对养殖主体和收储主体收储青贮玉米的补助。2017年，"粮改饲"试点面积扩大到1 100多万亩，2019年继续扩大"粮改饲"范围，实施面积1 200万亩以上。粮豆轮作补贴面积扩大到1 000万亩，有力促进了农牧结合，种养循环农业的发展。

汤池镇2020年玉米、大豆和稻谷生产者补贴金额公示表

单位名称：汤池镇　　　　　　　　　　　公示日期 2020.9.22　　　　　　　　单位：元、亩，保留两位小数

编号	享受补贴	玉米			大豆			稻谷						
		补贴面积	补贴标准	补贴金额	补贴面积	补贴标准	补贴金额	稻谷补贴	地表水			地下水		
									补贴面积	补贴标准	补贴金额	补贴面积	补贴标准	补贴金额
		75267.52	38	2860166	18636.97	238	4435599	17310347	56134.4	136	7634278	112512.4	86	9676068
1		39.37	38	1496.06	9	238	2142	4731.72		136	0	55.02	86	4731.72
2		145.85	38	5542.3	30.19	238	7185.22	7740		136	0	90	86	7740
3			38	0		238		5676		136	0	66	86	5676
4		22.25	38	845.5		238		474.72		136	0	5.52	86	474.72
5		63.65	38	2418.7	15.82	238	3765.16	1305.48		136	0	15.18	86	1305.48
6		18	38	684	19.3	238	4593.4	0		136	0		86	0
7		43.6	38	1656.8	38.58	238	9182.04	2141.4		136	0	24.9	86	2141.4
8		29.38	38	1116.44		238		0		136	0		86	0
9		60.44	38	2296.72	71.1	238	16921.8	705.2		136	0	8.2	86	705.2
10		88.1	38	3347.8		238		0		136	0		86	0
11		68.36	38	2597.68		238		0		136	0		86	0
12			38	0		238		946		136	0	11	86	946
13		24.29	38	923.02		238		3376.36		136	0		86	3376.36
14		15	38	570		238		5891		136	0	68.5	86	5891
15		13.85	38	526.3	11.55	238	2748.9	6699.4		136	0	77.9	86	6699.4

黑龙江齐齐哈尔市泰来县发布《2020年玉米、大豆和稻谷生产者补贴资金发放情况的公示公告》

强化对农业资源保护的政策扶持，是近年来农业补贴政策的重要目标。对于耕地资源，中央财政通过支持测土配方施肥、农机深松整地等，稳步提升地力。在东北，中央财政不断加大对黑土地保护投入力度。自从2016年起，中央财政有序推进耕地轮作轮休试点，试点面积由2016年的616万亩增加到2019年的3 000万亩。在东北地区、黄淮海地区和长江流域支持开展玉米大豆、水稻油菜等轮作试点。在河北地下水漏斗区、湖南重金属污染区、西南西北生态严重退化区实施休耕试点，促进耕地休养生息。2019年，国家鼓励各地探索将耕地地力保护补贴发放与耕地保护责任落实挂钩的机制。对于草原资源，启动实施了新一轮草原生态保护补助奖励政策，在内蒙古、四川、云南、西藏、甘肃、宁夏、青海、新疆等8省、自治区实施禁牧补助、

草畜平衡奖励和绩效评价奖励；中央财政对履行草原禁牧和草畜平衡义务的牧民分别按照每亩 7.5 元、2.5 元的测算标准给予补助。对于渔业资源，中央财政支持在流域性大江大湖、界江界河、资源退化严重海域等重点水域开展渔业增殖放流，促进恢复或增加渔业种群的数量。2018 年起，中央财政又采取一次性补助与过渡期补助相结合的方式，对长江流域重点水域禁捕工作给予支持，促进水生生物资源恢复和水域生态环境恢复。2019 年初，农业农村部等 3 部委联合发布了《长江流域重点水域禁捕和建立补偿制度实施方案》，明确规定，从 2020 年元旦开始，分步骤推开，禁渔 10 年。按照中央奖补、地方为主的原则对退捕渔民进行补偿安置。

为推进农业发展由数量型向质量效益型转变，国家以农业绿色发展为目标，不断加大对农业环境的治理力度，相关补贴政策也密集出台。中央财政连续支持河北省开展地下水超采综合治理，截至 2019 年底，河北省已累计压减地下水超采量 36.9 亿米³，地下水位下降趋势得到有力控制；支持开展重金属污染耕地修复综合治理工作，如先期支持在湖南省长株潭地区开展试点；支持以生猪、奶牛、肉牛养殖大县为重点，全面启动 51 个县畜禽粪污资源化利用整县试点，2017—2019 年，国家累计支持 585 个畜牧大县整县推进畜禽粪污资源化处理，实现了畜牧大县粪污治理覆盖；以东北地区和京津冀等 9 个省为重点，集中开展农作物秸秆综合利用试点，整县推动农作物秸秆以农用为主的综合利用；在内蒙古、甘肃、新疆选择 100 个重点县推行地膜清洁生产，探索建立多种方式的残膜回收利用机制；支持 100 个县实施果菜茶有机肥替代化肥行动，集中推广堆肥还田、商品有机肥施用、沼渣沼液还田等技术；支持农作物病虫害防治社会化服务，推动减少化肥农药使用。

自补贴制度改革以来，不断探索实现农业绿色发展的有效补贴模式，至 2020 年，已基本建成以绿色生态为导向、促进农业资源合理利用与生态环境保护的农业补贴政策体系和激励约束机制。

第八章

新型农业经营主体的新发展

　　随着农村经济的发展，小规模种植业的弱质化越来越明显，农民老龄化、农业副业化问题突出；农民不愿种、不会种、种不好等问题凸显，"谁来种地""如何种地"等问题成为亟须破解的农业经营难点。2008年党的十七届三中全会提出，在不得改变土地集体所有性质、不得改变土地用途、不得损害农民土地承包权益的前提下，按照依法自愿有偿原则，允许农民以转包、出租、互换、转让、股份合作等形式流转土地承包经营权，发展专业大户、家庭农场、农民专业合作社等规模经营主体。此后，农民承包地流转比例不断增加，据统计，至2011年上半年，土地流转面积占家庭承包地经营总面积的比例为16.2%，催生了一批专业大户、家庭农场，农民专业合作社和农业企业等农业经营主体。然而，这与中国农业现代化发展的要求相差还很大，为此，2012年，党的十八大报告提出"培育新型经营主体，发展多种形式规模经营，构建集约化、专业化、组织化、社会化相结合的新型经营体系"。2013年，党的十八届三中全会进一步要求"坚持家庭经营在农业中的基础地位，推进家庭经营、集体经营、合作经营、企业经营等共同发展的农业经营方式创新"。2017年5月，中共中央办公厅、国务院办公厅发布了《关于加快构建政策体系培育新型农业经营主体的意见》，要求"不断提升新型农业经营主体适应市场能力和带动农民增收致富能力，进一步提高农业质量效益，促进现代农业发展"。

　　在政策层面上，国家鼓励支持各地在坚持家庭承包经营基础上，以新型经营主体为基础，以土地流转为手段，以社会化服务为保障，探索新的经营方式，突出抓好家庭农场和农民合作社两类经营主体，鼓励发展多种形式适度规模经营。

　　家庭农场是党的十八大以后重点发展的新型农业经营主体。家庭农场具有家庭经营、适度规模、市场化经营、企业化管理等显著特征，在应用农业科技和机械化方面也具有显著优势，比小农户家庭经营模式有更大的抗风险能力和更好的经济效益。2017年中央财政首次安排专项资金支持家庭农场的发展，农业部启动了家庭农场培育计划，开发了家庭农场名录系统，指导各省份开展省、市、县三级示范家庭农场的创建。2019年经国务院同意，中央农办、农业农村部、国家发展改革委等11部门联合印发《关于实施家庭农场培育计划的指导意见》，要求加快培育出一大批规模适度、生产集约、管理先进、效益明显的家庭农场。截至2020年底，全国纳入名录系统的家庭农场超过300万家。这些家庭农场在提升农产品数量和质量、农业结构调整以及提高农民收入方面成效效显著。

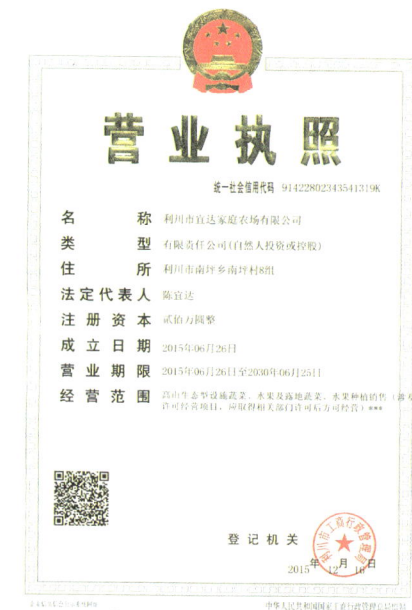

家庭农场营业执照

　　农民合作社是家庭承包责任制实行后不久就开始发展的农业经营主体，它将企业、市场和千家万户的农民联结起来，实现生产、加工、市场、销售产业链整合，解决常见的农产品滞销问题，发挥桥梁和纽带作用。以前主要发展的是农民专业合作社，这是农民合作社中的一种，2013年中央1号文件首次强调发展"农民合作社"。农民合作社的内涵更宽泛，包括社区的合作社如集体经济组织的合作社、农民专业合作社和联合的合作社如股份合作社。2018年9月，农业农村部批复在河北、湖北、陕西等8省30县（市、区）开展首批农民合作社质量提升整县推进试点，国家对农民合作社质量提升行动在财政项目、金融保险、用地用电、人才支撑等方面加大政策支持力度。2019年，经国务院同意，中央农办、农业农村部等11个部门

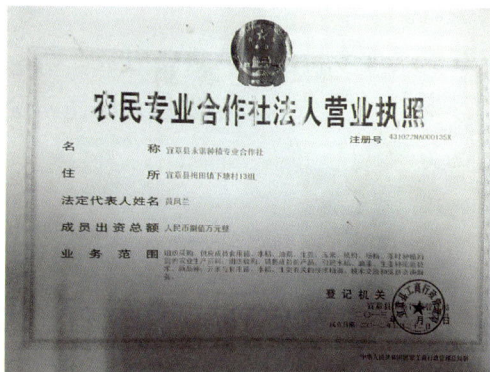

农民专业合作社法人营业执照

联合印发了《关于开展农民合作社规范提升行动的若干意见》，指导各地对合作社进行重大改革，开展农民合作社规范提升行动，清除那些挂牌、空壳、没有业务发展、运营能力差的合作社；同时，推荐一批国家农民合作社示范社，推进农民合作社的农业产业链建设。截至2019年10月底，全国注册登记的农民合作社达到220.3万家，辐射带动了全国近一半农户。农民合作社中的普通农户占成员总数的80.7%，成为推进乡村振兴的骨干力量。农民合作社开展仓储、加工、物流等增值服务、提供产加销一体化服务的占比达53%。加工服务型合作社增速较快，有3.5万家合作社创办加工企业等经济实体，8.7万家拥有注册商标，4.6万家通过农产品质量认证。目前，伴随着规模的扩大，农民合作社逐步向一二三产业融合拓展，向生产、供销、信用业务综合合作转变，向社际联合迈进。

农业企业是较早出现的农业经营主体，党的十八大以后又获得了新的发展，特别是农业产业化龙头企业，带动着农业产业化高速前行。2015年中央1号文件明确将农业产业化龙头企业作为新型农业经营主体的重要组成部分，并强调发挥龙头企业在构建新型农业经营体系、推进中国农业现代化进程中的引领作用。近年来，全国农业产业化龙头企业规模显著扩大，据农业农村部统计，2019年，全国农业产业化龙头企业共9.3万家，包括国家重点龙头企业1 542家，年销售收入超过1亿元的企业达到8 000家，突破100亿元的超大型企业达到70家。在精准扶贫事业中，农业产业化龙头企业为促进产业扶贫发挥着重要作用，2019年，国家扶贫工作重点县培育发展市级以上龙头企业超过1.4万家，全国新认定的299家国家重点龙头企业中，扎根贫困地区的企业占23%，平均每家企业带动了2万户农户脱贫致富，已成为发展农业农村经济的重要力量。

作为推动农业农村现代化的主力军，实现乡村振兴的重要力量，新型农业经营主体在政府扶持和社会推动下，随着农业农村经济发展正在蓬勃发展中。

第九章

新型农业社会化服务日益完善

在各类新型农业经营主体加快发展的同时，以普通农户为主的家庭经营仍是农业的基本经营方式。因此，加快培育各类农业服务组织，发挥其专业化、规模化优势，推行标准化、绿色化生产，提高先进科技和物质装备运用水平，帮助农户等生产主体减轻劳动投入、降低成本、提升效率，是新时代推进农业农村现代化建设的历史任务。

事实上，以公益性组织为基础，以经营性组织为主要力量，服务主体和模式多元化、社会化农业服务体系在各地早已形成，但服务体系不够完善，服务内容不够丰富，对农业产业链延伸、价值链拓展、功能性开发助益不多，特别是与农业绿色发展、农业环境保护、食品安全、标准化推行等相衔接的高质量服务主体更是稀少，不能满足乡村振兴和农业农村现代化发展需要。党的十八大以后，随着农业供给侧结构性改革的推进，国家进一步推进农业服务业高质量发展。生产性服务业是现代农业的主力军，2017年9月，农业部、国家发展改革委、财政部联合出台了《关于加快发展农业生产性服务业的指导意见》，加快发展农业生产性服务业，鼓励服务组织开展绿色高效技术服务和农业废弃物资源化利用服务，为培育农业农村经济新业态，构建现代农业产业体系、生产体系、经营体系发挥作用。

基层农业技术推广体系是设立在县乡两级为农民提供种植业、畜牧业、渔业、林业、农业机械、水利等科研成果和实用技术服务的组织，是我国农业服务的公益性基础队伍。近年来，在农业新发展理念指导下，在农业绿色发展和多功能视角下，推广人员重视学习和发展多种农业的知识，探索丰富农业推广新项目，重点探索农技推广新模式、新机制，发挥示范引领和辐射带动作用。

供销合作社改革是推进农业服务高质量发展的重要举措。2015年4月，中共中央、国务院发布了《关于深化供销合作社综合改革的决定》，要求拓展供销合作社经营服务领域，更好履行为农服务职责。通过改革，供销合作社由流通服务向全程农业社会化服务延伸、向全方位城乡社区服务拓展，在农资供应、农产品流通、农村服务等重点领域和环节为农

全程托管示范田

民提供便利实惠、安全优质的服务。在生产领域，供销社不断创新服务手段，围绕破解"谁来种地""地怎么种"等问题，采取大田托管、代耕代种、股份合作、以销定产等多种方式，为农民和各类新型农业经营主体提供农资供应、配方施肥、农机作业、统防统治、收储加工等系列化服务，促进和推动了农业适度规模经营发展。供销合作社还发挥优势，打造城乡服务平台，大力发展生态养生、休闲观光、乡村旅游等新兴服务业，同时，积极参与美丽乡村建设，规范建设再生资源回收网点，促进资源循环和高效利用，改善城乡生态环境。目前，供销合作社系统已与农民联结更加紧密、为农服务功能更加完备，成为服务农民生产生活的生力军和综合平台。

农业企业主导的经营性服务快速发展，成为农业社会化服务体系中的生力军。农业企业围绕农业产前、产中、产后各环节，为农户提供农资供应、农机作业、疫病防治、产品收购、仓储运输、贷款担保等多种服务，与农户的利益联结机制不断强化。特别是农业产业化龙头企业，据农业农村部统计，省级以上龙头企业中，来自订单和自建基地的采购额占农产品原料采购总额的三分之二。农业企业的服务模式以"公司＋农户""公司＋合作社＋农户""公司＋村集体＋农户"等为主要形式，较好地解决了小农户和大市场的矛盾，也提升了农业经营的组织化、规模化程度。

以农民合作社为主导的合作性农业服务也蓬勃发展。合作社立足农业、根植农村，是农民自愿合作成立的组织。近年来，各地的农民合作社不仅活跃在技术服务、农资供应、仓储保鲜和冷链物流、产地初加工、产品销售等农业领域，也为在延伸农业产业链条、拓展服务领域、培育农业品牌、实行农业生产标准化和农产品质量安全水平而努力。

　　此外，还有数量庞大的个体农业服务主体，他们的服务内容丰富，如农村经纪人、农资供应等，服务形式灵活，深受农户的欢迎。

　　截至2020年底，全国社会化服务组织超过90万个，服务面积超过16亿亩次，其中服务粮食作物面积超过9亿亩次，服务小农户超过7 000万户。

　　总之，为推进农业供给侧结构性改革顺利进行，国家对农业服务业的高质量发展进行了引导和促进，使服务主体日益多元，服务内容不断丰富，农业服务形式不断创新，一个更加完善、更加高效的农业服务体系正在形成。

第十章

推进现代农业的"三区三园一体"建设

01 "三区"建设

为加快推动现代农业的发展，优化农村产业结构，促进三次产业深度融合，2017年中央1号文件提出建设"三区""三园"加"一体"，把它们作为推进农业供给侧结构性改革的抓手、平台和载体，使农村各种资金、科技、人才、项目等要素聚集在一起，带动农业农村进入高质量发展新阶段。

"三区"是指粮食生产功能区、重要农产品生产保护区和特色农产品优势区。这是为了保障国家的粮食安全，并使大豆、棉花、油菜籽、糖料蔗、天然橡胶等重要农产品能够保持基本自给，同时满足市场的多样化需求，提高我国农业综合效益和竞争力。

"洪范八政，食为政首"。近年来，中央出台了一系列强农惠农富农政策，促进了粮食生产连年丰收，重要农产品生产能力也显著增强。然而，由于工业化、城镇化发展迅速，其建设不断侵蚀农业生产用地，用地矛盾日益凸显，保障粮食和重要农产品供给任务仍然艰巨。因此，中央对农业生产的大局进行了谋划，决定优化农业生产布局，聚焦主要品种和优势产区，实行精准化管理。2017年4月，国务院发布了《关于建立粮食生产功能区和重要农产品生产保护区的指导意见》，就如何科学划定"两区"、如何推进"两区"建设、如何进行"两区"监管，以及政策支持和组织领导提出了具体意见。特别是在政策支持方面，强调要增加基础设施建设投入，把"两区"高标准农田、大中型灌区续建配套及节水改造等农业基础设施建设作为农业固定资产投资安排的重点领域，并创新"两区"建设投融资机制，吸引社会资本投入，加快建设步伐；完善财政支持政策，健全粮食主产区利益补偿机制，逐步提高产粮大县人均财力保障水平，率先在"两区"范围内建立以绿色生态为导向的农业补贴制度；创新金融支持政策，在符合条件的"两区"范围内探索开展粮食生产规模经营主体营销贷款试点，优先在"两区"范围内探索农产品价格和收入保险试点，推动"两区"农业保险全覆盖，健全大灾风险分散机制。

特色农产品优势区，是指具有资源禀赋和比较优势，产出品质优良、特色鲜明的农产品，拥有较好产业基础和相对完善的产业链条，带动农民增收能力强的特色农产品产业聚集区。国家鼓励地方把土特产和小品种做成带动农民增收的大产业，做大做强优势特色产业，培育塑强特色农业品牌，带动传统农业区和贫困地区脱贫致富，提高农产品质量效益和竞争力。2017年12月，国家发展改革委、农业部、国家林业局联合出台了的《特色农产品优势区建设规划纲要》，提出到2020年，围绕特色粮经作物、特色园艺产品、特色畜产品、特色水产品、林特产品五大类，创建并认定300个左右国家级特色农产品优势区；与此同时，还将推动形成国家级、省级两级特色农产品优势区体系，基本覆盖全国特色农产品主产区，以此为核心引领带动全国整个特色优势产业做大做强，逐步打造世界闻名的特色农业产业带，推动农业供给侧结构性改革和农民增收。

02　"三园"建设

"三园"是指现代农业产业园、科技园、创业园，将形成现代农业产业集群，打造现代农业的创新高地，为回乡、下乡、返乡创业的人才提供创业创新的平台。

农村产业的发展是新时代乡村振兴战略实施的关键内容，它关系到乡村振兴战略的成效。然而，当前我国农村产业发展面临诸多困境，同质化竞争严重，特色不鲜明，发展动力不足。如何解决这些问题？中央把建设现代农业产业园作为重要措施之一，提出现代农业产业园是优化农业产业结构、促进三次产业深度融合的重要载体，要建设生产加工加科技的现代农业产业园。

为促进农业产业园建设，2017—2020年，农业农村部、财政部每年联合下发关于开展国家现代农业产业园创建工作的通知，提出申报创建国家现代农业产业园的条件，建设任务和建设要求，明确中央财政支持政策。根据产业园相关因素，中央财政通过以奖代补方式对批准创建和评价认定的国家现代农业产业园给予适当支持。2020年，中央财政奖补资金按照突出重点、集中使用、创新方式的原则，重点用于产业园联农带农增收、提升产业服务能力、延伸产业链、促进主导产业升级。鼓励产业园

现代农业产业园

统筹整合相关资金渠道，通过政府与社会资本合作、政府购买服务、贷款贴息等方式，撬动更多金融和社会资本建设产业园。2017—2019年，农业农村部、财政部批准创建62个、认定20个国家级产业园，各地共创建1 000多个省级产业园和一大批市县级产业园。国家级产业园园区农民人均可支配收入达到2.2万元，比所在县平均水平高34%。

农业科技园区早在20世纪90年代就已起步，是农村改革新时期我国农业现代化建设中涌现出的一种新型农业发展模式。经过20多年的发展，农业科技园区已成为科技成果转化、企业孵化、产业催化、现代农业示范和培训的重要基地，有力地促进了农业科学技术成果的示范和推广，推动了我国农业生产结构的调整，加快了农业产业化的发展进程。2018年，为进一步加快国家农业科技园区创新发展，科技部、农业部等部门共同制定了《国家农业科技园区发展规划（2018—2025年）》，提出到2020年，构建以国家农业科技园区为引领，以省级农业科技园区为基础的层次分明、功能互补、特色鲜明、创新发展的农业科技园区体系。到2025年，把园区建设成为农业科技成果培育与转移转化的创新高地，农业高新技术产业及其服务业集聚的核心载体，农村大众创业、万众创新的重要阵地，城镇村融合发展与农村综合改革的示范典型。

到2020年，我国已累计公布了10批国家级农业科技园区名单，园区累计达到300多个，带动省级园区发展到3 000个，基本覆盖我国主要农业功能类型区和优势农产品产业带。这些科技园区成为农业技术成果推广示范基

地，创新创业活动园地，同时也是科技扶贫、精准脱贫的重要载体。

鼓励各地建立返乡创业园、创业孵化基地、创客服务平台是新时代国家支持返乡下乡人员创业创新，促进农村一二三产业融合发展的重要部署。农村创业创新园区（基地）是返乡下乡本乡人员创业创新的重要载体和平台，中央要求各级农业部门会同有关部门积极推动农村创业创新园区（基地）建设，努力营造浓厚的农村创业创新良好氛围。自2017年以来，农业农村部在各地上报名单基础上，汇集形成依法合规、功能完备、辐射带动能力较强、产业融合发展趋势明显的全国农村创业创新园区（基地）目录，并每年依据园区（基地）实际运行变化情况，适时更新目录，向社会公布，让广大返乡下乡本乡创业创新人员知晓，为他们提供可选择的场所和高效便捷的服务。在国家政策的支持下，近年来，农村创业创新环境持续改善，返乡入乡创业人员不断增多，形成新的农村创业创新热潮。

为进一步推进农村创业创新，为乡村振兴和农业农村现代化提供有力支撑，2020年11月，农业农村部联合科技部、财政部、人力资源和社会保障部等7部门发布了《关于推进返乡入乡创业园建设提升农村创业创新水平的意见》，提出到2025年，在全国县域建设1 500个功能全、服务优、覆盖面广、承载力强、孵化率高的返乡入乡创业园，吸引300万返乡入乡人员创业创新，带动2 000万农民工就地就近就业。

03 "一体"建设

"一体"是指田园综合体。2017年中央1号文件提出："支持有条件的乡村建设以农民合作社为主要载体、让农民充分参与和受益，集循环农业、创意农业、农事体验于一体的田园综合体，通过农业综合开发、农村综合改革转移支付等渠道开展试点示范。""田园综合体"这个概念首次出现在中央1号文件中，并被作为农村新产业新业态发展的新模式，要求进行试点，这是尝试解决三农问题的一种新手段。

田园综合体源于江苏无锡阳山，是当地农民的一种新创造，显著提高了农业综合效益和竞争力，培育了农业发展新动能。2017年5月，财政部发出《关于开展田园综合体建设试点工作的通知》，确定河北、浙江等18个省份开展田园综合体建设试点，每个试点省份安排试点项目1～2个。中央财政从农村综合改革转移支付资金、现代农业生产发展资金、农业综合开发补助资金中统筹安排和支持试点工作。同年，财政部还发布《关于深入推进农业领域政府和社会资本合作的实施意见》，明确田园综合体列入引导和鼓励社会资本参与的重点领域，积极扶持田园综合体发展。

现代农业的"三区三园一体"建设，是党中央、国务院在新时代推进供给侧结构性改革、促进农业农村高质量发展的重要举措，对于实现乡村的全面振兴，加快推进农业农村现代化具有重要意义。

第十一章

培育发展农村新产业新业态

　　从1978年农村改革开始，中国农业经历过多次产业结构调整，农村经济获得了快速发展，但总体上，乡村的各种资源要素如资金、人力在不断向城市流动、集聚。近年来，随着以工促农、以城带乡，城乡一体化的深入发展，农村基础设施条件大幅度改善，各种资源开始向农村流动，农村新产业新业态逐渐在全国各地兴起。

　　中央高度重视农村产业所出现的新变化。随着城乡居民收入的增长和需求结构的升级，我国农业农村经济已进入高质量发展的新时代，需要有新的动能来推动。2016年1月国务院办公厅下发《关于推进农村一二三产业融合发展的指导意见》，要求"通过上下联动，大力培育农村新产业新业态新模式"。2016年中央1号文件提出，要厚植农业农村发展优势，强调必须充分发挥农村的独特优势，深度挖掘农业的多种功能，培育壮大农村的新产业新业态，推动产业融合发展成为农民增收的重要支撑，让农村成为可以大有作为的广阔天地。2017年中央1号文件提出，要壮大农村新产业新业态，拓展农业产业链和价值链，支持农民工返乡创业，带动现代农业和农村新产业新业态的发展。鼓励各类人才回乡下乡创业创新，把现代的科技生产方式和经营模式引入农村。2018年农业农村部、财政部根据中央1号文件提出"实施产业兴村强县行动"，启动实施了农业产业强镇建设。2019年6月，国务院印发《关于促进乡村产业振兴的指导意见》，提出"培育现代种养业、乡土特色产业、农产品加工流通业、乡村休闲旅游业、乡村新型服务业、乡村信息产业等六大产业""实施乡村就业创业促进行动，引导农民工、大中专毕业生、退役军人、科技人员等返乡入乡和'土专家'、'田秀才'、'乡创客'创新创业，创建农村创新创业和孵化实训基地"。2020年，中央1号文件提出"形成有竞争力的产业集群，推动一二三产业融合发展"的部署要求，农业农村部会同财政部于2020年启动实施了优势特色产业群建设。

发展农村新产业新业态、推进农村一二三产融合发展，是农业供给侧结构性改革的重要内容，是培育农业农村发展新动能的关键举措。中央出台的系列配套政策突出有效性和针对性。在用地上，加大用地保障力度，盘活建设用地重点用于支持乡村新产业新业态和返乡下乡创业，并给予新增建设用地指标奖励。采取差别化用地支持健康养老、乡村旅游、农村电商等新产业政策。深化宅基地"三权分置"改革，鼓励利用闲置宅基地和民房发展新产业新业态。在项目资金、产业发展、模式创新、技术培训、品牌推广等方面优先支持新产业新业态发展。同时，建立城市人才下乡就业创业激励机制。

从2016年到2020年，农村新产业、新业态发展迅速，打破了传统的农业农村发展模式，极大地开拓了农村发展空间，使城乡之间、一二三产业之间的隔阂和界线逐渐消除，彻底改变了农村资源要素的配置方式和配置效率，给农业农村注入了新的发展动能。

近几年来，农产品加工业通过延长农业产业链条、提升价值链、重组供应链，推动着农村一二三产业融合，依靠居民消费结构的升级、科技创新发展的带动得到了长足发展，不仅提升了农业专业化、标准化、规模化、集约化经营水平，促进了农业高质量发展，也提高了农产品附加值，解决了农产品"卖难买贵"问题，成为带动农民增收的一个重要途径。2018年，全国规模以上农产品加工企业达79 399家，从业人员达1 287万人；实现主营业务收入达到14.9万亿元，同比增长4.0%；实现利润总额10 090多亿元，同比增长5.3%。目前，各地已创响了一批"乡字号""土字号"产品品牌，壮大了一批联农带农经营主体，形成了资源集群的有效模式。

乡村旅游和休闲农业，近年来呈井喷式增长态势，成为农

农业休闲旅游业

海南省琼海市龙寿洋万亩田野公园内的"乡村振兴"号小火车

村发展中的一个新兴产业，其主要类型包括：以提供食宿、游乐、采摘、购物为主的"农家乐"和聚集村休闲旅游；以自然景观、特色风貌和人文环境为主的生态旅游；依托田园景观，以健康养生为主的休闲旅游；以富有特色的历史文化名村、特色小镇、乡村民俗等为主的乡村文化游等。2018年，全国休闲农业和乡村旅游接待人数达到30亿人，较2008年增长约5倍；营业收入超过了8 000亿元，较2008年增长约13倍。截至2018年，全国休闲农业和乡村旅游示范县(市)共388个，中国美丽休闲乡村710个。

随着农村电子商务的普及，互联网正逐步渗透到我国乡村的各个角

陕西省洛南县生态养殖电商

落，让更多农产品通过互联网走出农村已逐步成为现实，为广大农民创新创业提供了有效平台。据统计，农村网络零售额近5年年均增速超过60%，约是全国网络零售额增速的2倍。2018年农产品网络零

售额2 305亿元，增速高于农村网络零售额3.4个百分点；农村网络零售额13 679.4亿元，增速高于全国网络零售额6.5个百分点。农村电商在助力扶贫攻坚、引导外出务工青年返乡创业创新等方面发挥了重要作用，已经成为引领农村经济发展的重要新动能。

目前，各类产业、业态、模式加速融合，催生了全新的农业产业领域和产业形态，如定制农业、会展农业、农业众筹、共享农庄等各种创意农业；正在蓬勃兴起的"三园一体"即产业园、科技园、创业园和田园综合体，也加强了各自内部的产业融合互动，成为集农业生产、文化传承、休闲观光、健康养生于一体，生产生活生态有机结合的乡村振兴载体。这些新产业新业态的快速发展已成为农业农村经济发展进入新时代的重要特征。

第十二章
"一带一路"倡议与农业对外开放新格局

国际金融危机后，我国经济发展环境发生了深刻变化，就内在条件来说，2010 年我国已成为仅次于美国的第二大经济体；就外部环境来说，国际上单边主义和保护主义抬头，逆全球化思潮泛起。面对这样的形势，2013 年中国国家主席习近平提出了建设"新丝绸之路经济带"和"21 世纪海上丝绸之路"的合作倡议。这一倡议借用古代丝绸之路的历史符号，依靠中国与有关国家既有的行之有效的区域合作平台，积极发展与沿线国家的经济合作伙伴关系，推动相关国家共同发展，开创我国对外开放新格局。

"一带一路"倡议为我国农业对外开放开辟了新天地。自古以来，农业交流和农产品贸易就是丝绸之路的主要合作内容。早在西汉时期，中国就借古丝绸之路从西方引入了胡麻、葡萄、苜蓿等农作物，并把掘井、丝绸、茶等产品生产和技术传到了中亚，使亚欧非的农业文明沿着古丝绸之路交流互通、互鉴互学，提高了沿线国家人民的福祉。进入 21 世纪的今天，我国的农业发展在加入 WTO 10 多年之后，在新的复杂国际形势下如何扩大对外开放？我们从全球经济联系中找到了着力点和战略重点——这就是古老的海上和陆上丝绸之路。从 2016 年以后，中央 1 号文件在涉及"一带一路"建设部分连续 4 年鼓励农业对外合作，推动农业走出去。要求"加强农业投资、贸易、科技、动植物检疫合作""支持农业企业开展跨国经营，建立境外生产基地和加工、仓储物流设施""培育一批跨国农业企业集团""深化与'一带一路'沿线国家和地区农产品贸易关系"。2017 年 5 月，农业部、国家发展改革委、商务部、外交部等 4 部委联合发布了《共同推进"一带一路"建设农业合作的愿景与行动》，提出"一带一路"沿线国家要构建农业政策对话平台、强化农业科技交流合作、优化农产品贸易合作、拓展农业投资合作、加强能力建设与民间交流。

"一带一路"倡议提出以来，"一带一路"的农业合作取得明显成效。

农业多双边合作机制不断健全，合作领域不断拓宽，合作规模持续加大，为提高全球粮食安全与营养水平，促进合作共赢的经济全球化提供了有力支撑。

至2019年5月，我国已经与80多个国家签署了农渔业合作文件，在参与国认定建设了10个农业合作示范区。通过强化多边合作机制作用，深化了与世界贸易组织、联合国粮食及农业组织、国际植物保护

2020中国-中东欧农业国际合作论坛在成都青白江举行

组织、世界动物卫生组织、国际农业发展基金、联合国世界粮食计划署、国际农业研究磋商组织等交流合作。充分利用中非合作论坛、博鳌亚洲论坛、"10+3"粮食安全圆桌会议、中国-东盟博览会、中国-南亚博览会、中国-亚欧博览会、中国-中东欧进出境动植物检疫暨农产品质量安全合作论坛、中国-阿拉伯博览会等重大会议论坛平台，逐步建立"一带一路"农业合作对话机制、农业规划研究交流平台。依托"一带一路"网站建立农业资源、产业、技术、政策等信息共享平台。同时，我国在"一带一路"沿线国家还推动了企业合作共建农业产业园区，形成产业集群和平台带动效应，降低农业合作成本，增强风险防范能力。

在农产品贸易方面，据《2019中国农业经济发展报告及展望》，2019年我国与"一带一路"沿线国家农产品贸易总额达到608.9亿美元，同比增长16.5%，高出我国农产品总体贸易增速10.3个百分点。农业对外投资也不断增长，我国在"一带一路"参与国开展农业投资合作的项目已经超过了650个，投资存量达到94.4亿美元，较5年前增长了70%。

与"一带一路"沿线国家在农业技术上的合作领域和范围也在逐渐扩大。先后派遣了30多批农业专家组前往非洲，建立中非农业科研机构"10+10"合作机制，借助大数据、土壤分析等技术，让非洲很多贫瘠的地方变成了富庶的粮食基地。新疆、陕西等西部省份加强与中亚国家在旱作农业方面的合作，提升粮食、畜牧、棉花等重要农产品生产能力；黑龙江、内蒙

古等北部省份与俄罗斯远东地区的农业技术合作领域进一步拓宽，形成了以大豆、玉米等粮食和蔬菜种植为主，逐步向大豆、玉米、水稻、小麦等粮食加工、仓储、烘干、物流，生猪、牛、禽类等畜牧养殖等多个领域延伸。南部省份与东南亚、南亚国家开展热带农业合作。另外，我国还通过派遣

国际合作培训班学员在田间学习

农业技术专家、建立现代农业示范基地、培训农业技术和管理人员等方式，积极帮助"一带一路"沿线发展中国家提高农业生产和安全卫生保障能力。

　　总之，在"一带一路"建设中，我国农业"引进来""走出去"齐头并进，对外开放水平全面提升，形成了"陆海内外联动，东西双向互济"的农业对外开放新格局。

第十三章
重塑城乡关系实现融合协调发展

改革开放以后，党的十六大首次提出统筹城乡经济社会发展；党的十七大提出，建立以工促农，以城带乡长效机制，建立城乡经济社会发展一体化新格局；党的十八大提出，推动城乡发展一体化，形成以工促农、以城带乡、工农互惠、城乡一体的新型工农、城乡关系；党的十九大提出，进一步健全城乡融合发展的体制机制和政策体系。我国城乡关系发展经历了从"城乡二元"到"城乡统筹"，再到"城乡一体化"，最后到"城乡融合"的发展历程，这是我国根据社会经济发展动态情势而选择的一条循序渐进、与时俱进之路，体现了党和政府为实现农业农村现代化和国家现代化而形成的城乡发展一盘棋思想，以及为此调整城乡关系、农工关系的路线、方针、政策的延续性。在"城乡二元"时期，农业农村为城市和工业化发展输血，发展要素向城市和工业流动；在"城乡统筹、城乡一体"时期，通过"以工补农，以城带乡"，弥补农村基础设施建设、农村公共服务的不足，改变了农业农村落后面貌。进入"城乡融合"发展阶段，通过发展要素的双向流动、社会服务的均等化，产业发展的融合逐渐补齐农村发展短板，实现了从工业和城市优先、工农城乡一体到农业农村优先的转变。

经过多年的发展，我国已基本建立了统一的城乡居民基本医疗保险制度、城乡居民基本养老保险制度和覆盖城乡居民的最低生活保障制度，基本形成了城乡义务教育资源均衡配置机制、城乡统筹的公共文化服务体系建设协调机制、城乡基本公共服务均等化等发展机制，然而，我国虽然在统筹城乡发展、推进新型城镇化方面取得了显著进展，但城乡要素流通不顺畅、城乡产业发展不均衡、公共资源配置不合理等城乡发展短板依然突出，阻碍和影响城乡融合发展的体制机制依然没有完全消除。为此，党的十九大提出了"建立健全城乡融合发展体制机制和政策体系"的重大决策部署，同时，党中央、国务院还印发了《关于建立健全城乡融合发展体制机制和政策体系的意见》，对未来我国城乡融合发展作出了规划安排。根据规划，到2022年，城乡融合发展的体制机制初步建立，到2035年，城乡融合发展的体制机制更加完善，到本世纪中叶，城乡融合发展的体制机制成熟定型。

中国政府网发布《中共中央　国务院关于建立健全城乡融合发展体制机制和政策体系的意见》

　　根据中央的政策要求，未来将坚决破除妨碍城乡要素自由流动和平等交换的体制机制壁垒，通过健全农业转移人口市民化机制，建立工商资本入乡促进机制，建立城市人才入乡激励机制，健全财政投入保障机制等措施，促进各类要素更多向乡村流动，在乡村形成人才、土地、资金、产业、信息汇聚的良性循环，为乡村振兴注入新动能。同时，将推动公共服务向农村延伸、社会事业向农村覆盖，健全全民覆盖、普惠共享、城乡一体的基本公共服务体系，推进城乡教育资源配置、城乡医疗卫生服务、城乡公共文化服务、城乡社会保险、城乡社会救助体系等城乡基本公共服务标准的统一和制度的并轨。在公共基础设施建设方面，将加快推动乡村基础设施提挡升级，实现城乡基础设施统一规划、统一建设、统一管护。

　　针对我国仍存在着的一些亟待解决的城乡发展问题，2021年中央1号文件提出"加快县域内城乡融合发展",要求"强化统筹谋划和顶层设计,破除城乡分割的体制弊端,加快打通城乡要素平等交换、双向流动的制度性通道",强调"把县域作为城乡融合发展的重要切入点",明确了城乡融合发展的空间载体。根据中央要求,统筹县域产业、基础设施、公共服务、基本农田、生态保护、城镇开发、村落分布等空间布局。规划建设一批重点镇。推进以县城为重要载体的城镇化建设,推动在县域就业的农民工就地市民化。同时,中央重申了城乡一体化发展要求,提出"强化农村基本公共服务供给县乡村统筹,逐步实现标准统一、制度并轨"。

推进城乡融合发展,不仅对当前城乡发展关系出现的问题提出了解决方案,也为新时代乡村振兴提供了路径指南,是对未来新型城乡关系发展作出的重大战略部署,是加快推进农业农村现代化,实现乡村振兴的重要举措。

第十四章
以精准扶贫战略打赢脱贫攻坚战

随着"以工促农、以城带乡"新农村建设长效机制的建立和强农惠农政策的落实，特别是对贫困地区坚持不懈地进行扶贫开发，到2012年底，我国的贫困地区和贫困人口已大幅度减少，但仍然较大规模地存在。《中国农村扶贫开发纲要（2011—2020年）》显示，2011年12月在保留592个扶贫工作重点县和12.8万个贫困村的基础上，国家又确定了14个连片特困地区。这14个集中连片特困地区大多交通不便，基础设施和公共服务条件较差，农民人均纯收入仅2 676元，仅相当于全国平均水平的一半；在全国综合排名最低的600个县中，有521个在片区内，占86.8%。另外，除贫困地区绝大多数人是贫困人口外，全国其他地区也都还有一些贫困人口，到2012年底，全国还有9 899万贫困人口。

让这些贫困地区和贫困人口尽快脱贫，让贫困人口和贫困地区同全国一道进入全面小康社会，这是决胜全面建成小康社会，实施乡村振兴战略必须尽快补上的短板。2013年11月，习近平总书记考察湘西花垣县十八洞村时，提出了"实事求是、因地制宜、分类指导、精准扶贫"重要思想，首次提出"精准扶贫"的新时代扶贫工作基本方略。2014年1月，中央进行了精准扶贫工作模式的顶层设计，推动了"精准扶贫"落地。2015年11月，

精准扶贫首倡地——湖南省花垣县十八洞村

中共中央、国务院发布了《关于打赢脱贫攻坚战的决定》，要求实施精准扶贫方略，加快贫困人口精准脱贫，提出的目标是，到2020年，稳定实现农村贫困人口"两不愁、三保障"即不愁吃、不愁穿，义务教育、基本医疗和住房安全有保障。实现贫困地区农民人均可支配收入增长幅度高于全国平均水平，基本公共服务主要领域指标接近全国平均水平。确保我国现行标准下农村贫困人口实现脱贫，贫困县全部摘帽，解决区域性整体贫困。

精准扶贫精准脱贫基本方略是改变原有扶贫思路和方式，变大水漫灌为精准滴灌，其基本要求与主要途径是六个精准和五个一批：六个精准，就是扶贫对象精准、措施到户精准、项目安排精准、资金使用精准、因村派人（第一书记）精准、脱贫成

建档立卡贫困户档案

效精准；五个一批，是发展生产脱贫一批、易地搬迁脱贫一批、生态补偿脱贫一批、发展教育脱贫一批、社会保障兜底一批。总的说来，要锁定农村贫困人口，建档立卡，分类施策，不留"锅底"。

精准扶贫开启了扶贫工作新时代。长期以来，扶贫工作的主体是政府，精准扶贫时代要动员和凝聚全社会力量广泛参与，推进政府、社会、市场多元主体互动，形成专项扶贫、行业扶贫、社会扶贫"三位一体"协同推进的大扶贫格局。扶贫对象过去主要是地区，通过开发贫困地区来带动贫困人口脱贫，精准扶贫将扶贫对象从地区转移到以户为单位，通过对贫困户的精准识别，并建档立卡，然后根据不

安徽省泗县屏山镇发展花卉苗木产业扶贫项目，带动贫困户增收致富

同地区、不同贫困户、不同致贫原因配置不同扶贫资源，实施精准帮扶，增强扶贫的针对性和有效性。由于剩余的贫困人口主要分布在自然环境恶劣的地区，贫困程度较深，扶贫成本高，脱贫难度大，所以扶贫手段也要创新，从增加产业项目带动区域贫困人口脱贫的传统方式转变为发展生产、易地搬迁、生态补偿、发展教育、社会保障等多策并举。

以精准扶贫实现脱贫攻坚的战略取得了显著成绩，到2020年底，脱贫攻坚战取得了全面胜利，9 899万农村贫困人口全部脱贫，832个贫困县全面摘帽，12.8万个贫困村全部出列。

2021年中央1号文件提出，脱贫攻坚目标任务完成后，对摆脱贫困的县，

江西省大余县新城镇在农村设置"扶贫车间"，帮助贫困群众在家门口就业

从脱贫之日起设立5年过渡期，做到扶上马送一程。持续巩固拓展脱贫攻坚成果，接续推进脱贫地区乡村振兴，加大对脱贫县乡村振兴支持力度，加强农村低收入人口常态化帮扶。

目前，贫困问题是仍是当今世界面临的最严峻的挑战之一。中国成功实现全部人口脱贫，减贫成效卓著，对世界脱贫事业具有重要意义。长期以来，中国作为世界上最大的发展中国家，一直是世界减贫事业的积极倡导者和有力推动者。2020年我国脱贫攻坚任务完成后，提前10年实现了联合国2030年可持续发展议程的减贫目标。中国的减贫做法、战胜困难的经验受到全球各界人士的关注。联合国秘书长古特雷斯表示，精准扶贫方略是帮助贫困人口、实现2030年可持续发展议程设定的宏伟目标的唯一途径，中国的经验可以为其他发展中国家提供有益借鉴。

第十五章

开启农业农村现代化新征程的乡村振兴战略

中国农村的复兴，是几代人的梦想。在社会主义革命和建设时期，党中央、国务院多次提出建设社会主义新农村的要求，把指导农民走上农业合作化道路作为新农村建设的重要途径。进入改革开放和社会主义现代化建设时期，党的十六届五中全会通过的《中共中央关于制定国民经济和社会发展第十一个五年规划的建议》，把建设社会主义新农村作为重大历史任务，明确提出了"生产发展，生活宽裕，乡风文明，村容整洁，管理民主"二十字方针。此后，通过以工促农、以城带乡，城乡统筹发展，我国农业农村面貌发生了巨大变化，农村基础设施和社会保障体系建设不断完善，农民生活水平日益提高。但总体上看，三农工作仍然有较多问题尚待解决，农业生产方式仍显落后，农业的产业化体系不健全，并且管理方式落后，农民收入增长动力不足，农村老龄化、留守儿童、"空心村"等问题突出，很多乡村仍较落后，发展不充分，乡村和城市发展不平衡，这些问题成为全面建成小康社会、实现国家现代化的短板。

2017年11月，针对中国特色社会主义进入新时代，为解决人民对美好生活的需要与发展不平衡不充分的矛盾，党的十九大提出实施乡村振兴战略，并提出20个字总要求，即"产业兴旺、生态宜居、乡风文明、治理有效、生活富裕"。实施乡村振兴战略就是要从根本上解决三农问题，通过一系列切实有效的政策手段，使乡村在生产、生活、生态、文化等方面获得全面发展，实现农业强、农村美、农民富的宏伟目标。

2018年3月，习近平总书记在参加十三届全国人大一次会议山东代表团审议时提出推动乡村"五大振兴"，即产业、人才、文化、生态和组织振兴，为乡村振兴战略实施提供了方法和路径。"五大振兴"中，产业兴旺是重点，人才振兴是基石，文化振兴是精神动力，生态宜居是关键，组织振兴是保障。2018年1月，中共中央、国务院印发《关于实施乡村振兴战略的意见》，对走新时代乡村振兴之路、实现乡村全面振兴作了全面部署。同年9月，中共中央、国务院发布了《乡村振兴战略规划（2018—2022年）》，对实施乡村振兴战略作出阶段性谋划，分别明确至2020年全面建成小康社会和2022年召开党的二十大时的目标任务，指导各地各部门推动乡村全面振兴。

《人民日报》刊登《中共中央　国务院关于乡村振兴战略的意见》

《乡村振兴战略规划
（2018—2022）》

根据《乡村振兴战略规划（2018—2022年）》，到2020年，乡村振兴的制度框架和政策体系基本形成，全面建成小康社会的目标如期实现；到2022年，乡村振兴的制度框架和政策体系初步健全，农业农村各项事业进一步发展，乡村振兴取得阶段性成果；到2035年，乡村振兴取得决定性进展，农业农村现代化基本实现；到2050年，乡村全面振兴，农业强、农村美、农民富全面实现。

对于如何落实乡村振兴战略，规划提出22项主要指标，部署7个方面59项重点任务以及82项重大工程、重大计划、重大行动。围绕落实中央统筹、省负总责、市县抓落实的乡村振兴工作机制，从坚持党的领导、尊重农民意愿、强化规划引领、注重分类施策和把握节奏力度等5个方面提出要求。坚持把党政一把手作为第一责任人，五级书记抓乡村振兴，让乡村振兴成为全党全社会的共同行动。规划提出，要切实发挥农民主体作用，避免代替农民选择，形成全体人民群策群力、共建共享的乡村振兴局面。

2020年10月，党的十九届五中全会作出实施乡村建设行动的决策部署，进一步推动农村公共基础设施往村覆盖、往户延伸，推进农村基本公共服务提标扩面，加快推进村庄规划工作，不断改善农村生产生活条件。2021年1月，中共中央、国务院印发《关于全面推进乡村振兴加快农业农村现代化的意见》，对乡村建设行动提出具体要求，对"十四五"期间和2021年的乡村振兴工作进行具体部署。

产业振兴是乡村振兴的重要基础，是解决农村一切问题的前提。只有在乡村实现因地制宜、突出特点、发挥优势、形成基于市场竞争力又能可持续发展的现代农业产业体系，乡村才能真正有活力，经济才能大发展。2019年6月，国务院印发《关于促进乡村产业振兴的指导意见》提出，充分挖掘乡村多种功能和价值，聚焦重点产业，聚集资源要素，强化创新引领，突出集群成链、延长产业链、提升价值链，培育发展新动能，加快构建现代农业产业体系、生产体系和经营体系，推动形成城乡融合发展格局。意见提出，力争用5~10年时间，农村一二三产业融合发展增加值占县域生产总值的比重实现较大幅度提高，乡村产业振兴取得重要进展，乡村产业体系健全完备，农业供给侧结构性改革成效明显，绿色发展模式更加成熟，乡村就业结构更加优化，农民增收渠道持续拓宽，产业扶贫作用进一步凸显。

人才振兴是乡村振兴的关键因素。为建立健全乡村人才振兴体制机制，培养造就投身乡村、服务乡村的人才队伍，2021年2月，中共中央办公厅、国务院办公厅印发《关于加快推进乡村人才振兴的意见》，提出加快培养农业生产经营人才、农村二三产业发展人才、乡村公共服务人才、乡村治理人才、农业农村科技人才，促进各类人才投身乡村建设。到2025年，乡村人才振兴制度框架和政策体系基本形成，乡村振兴各领域人才规模不断壮大、素质稳步提升、结构持续优化，各类人才支持服务乡村格局基本形成，乡村人才初步满足实施乡村振兴战略基本需要。

文化振兴是乡村振兴的铸魂工程。实施乡村振兴战略要物质文明和精神文明一起抓，既要塑形，也要铸魂。中共中央、国务院发布的《乡村振兴战略规划（2018—2022年）》明确指出，"坚持以社会主义核心价值观为引领，以传承发展中华优秀传统文化为核心，以乡村公共文化服务体系建设为载体，培育文明乡风、良好家风、淳朴民风，推动乡村文化振兴，建设邻里守望、诚信重礼、勤俭节约的文明乡村"。2019年12月，中共中央宣传部印发《推进乡村文化振兴工作方案》，对促进乡村文化繁荣兴盛作出全面部署；

2021年中央1号文件进一步提出，弘扬和践行社会主义核心价值观，继承创新优秀传统乡土文化，把保护传承和开发利用结合起来，赋予中华农耕文明新的时代内涵。持续推进农村移风易俗，建强用好县级融媒体中心，办好中国农民丰收节，推动培育文明乡风、良好家风、淳朴民风。

生态振兴是乡村振兴的重要内容。2005年8月，时任浙江省委书记的习近平同志在浙江省安吉县余村考察时，第一次提出"绿水青山就是金山银山"的理念。2013年9月，习近平总书记进一步指出："我们既要绿水青山，也

"两山论"诞生地——浙江省安吉县余村

要金山银山。宁要绿水青山，不要金山银山，而且绿水青山就是金山银山。"经济发展和生态环保的辩证关系，彰显了尊重自然、谋求人与自然和谐发展的价值理念。推动乡村生态振兴，必须尊重自然、顺应自然、保护自然，充分科学合理利用自然山水资源，有效保护生态环境，治理美化生活环境，真正使乡村成为山清水秀、风景如画、生态宜居的美丽乡村，实现百姓富、生态美的统一。为此，2018年中央1号文件提出，要"统筹山水林田湖草系统治理""加强农村突出环境问题综合治理"。2018年2月，中共中央办公厅、国务院办公厅印发《农村人居环境整治三年行动方案》，提出以建设美丽宜居村庄为导向，以农村垃圾、污水治理和村容村貌提升为主攻方向，动员各方力量，整合各种资源，强化各项举措，加快补齐农村人居环境突出短板。2021年中央1号文件进一步要求实施农村人居环境整治五年行动，分类有序推进农村厕所革命，加强中西部地区农村户用厕所改造。健全农村生活垃圾收运处置体系，推进源头分类减量、资源化处理利用。健全农村人居环境设施管护机制，深入推进村庄清洁和绿化行动。

组织振兴是乡村振兴的保障条件。乡村振兴离不开造就一大批强有力

的基层党组织和建立健全党组织领导下的自治、法治、德治相结合的乡村治理体系。2018年12月，中共中央印发《中国共产党农村基层组织工作条例》，对党的农村基层组织的组织设置、职责任务、领导班子和干部队伍建设、党员队伍建设等作出明确规定。2019年6月，中共中央办公厅、国务院办公厅印发《关于加强和改进乡村治理的指导意见》，提出到2020年，现代乡村治理的制度框架和政策体系基本形成，农村基层党组织更好发挥战斗堡垒作用，以党组织为领导的农村基层组织建设明显加强，村民自治实践进一步深化，村级议事协商制度进一步健全，乡村治理体系进一步完善。到2035年，乡村公共服务、公共管理、公共安全保障水平显著提高，党组织领导的自治、法治、德治相结合的乡村治理体系更加完善，乡村社会治理有效、充满活力、和谐有序，乡村治理体系和治理能力基本实现现代化。2021年中央1号文件要求，充分发挥农村基层党组织领导作用，持续抓党建促乡村振兴。

对于刚脱贫的地区，如何实现巩固拓展脱贫攻坚成果同乡村振兴有效衔接？2020年10月，党的十九届五中全会通过的《国民经济和社会发展第十四个五年规划和2035年远景目标纲要》提出，要实现巩固拓展脱贫攻坚成果同乡村振兴有效衔接，建立完善农村低收入人口和欠发达地区帮扶机制，保持主要帮扶政策和财政投入力度总体稳定，接续推进脱贫地区发展。2020年12月，中共中央、国务院印发《关于实现巩固拓展脱贫攻坚成果同乡村振兴有效衔接的意见》，提出2020年脱贫攻坚目标任务完成后，设立五年过渡期，与"十四五"规划相衔接，同时，明确到2025年、2035年的目标任务。2021年3月，中共中央办公厅、国务院办公厅印发《关于确定国家乡村振兴重点帮扶县的意见》《关于坚持和完善东西部协作机制的意见》《关于坚持做好中央单位定点帮扶工作的意见》等文件，要求保持帮扶政策总体稳定，做到"不摘责任、不摘政策、不摘帮扶、不摘监管"。在西部原深度贫困县中，确定160个国家乡村振兴重点帮扶县。深化东西部协作和定点帮扶，通过"万企兴万村"等行动，广泛动员社会力量参与。

实施乡村振兴战略，必须走城乡融合发展之路，强化以工补农、以城带乡，推动形成工农互促、城乡互补、协调发展、共同繁荣的新型工农城乡关系。2019年4月，中共中央、国务院印发《关于建立健全城乡融合发展体制机制和政策体系的意见》，提出了城乡融合发展体制机制改革的整体框架。2021年中央1号文件提出，加快县域内城乡融合发展，把县域作为城乡融合发展的重要切入点。积极推动城乡公共基础设施建设一体化，推动城乡基本公共服务均等化，推动农民工市民化，协调实施新型城镇化战略和乡村振兴战略。

为保障乡村振兴战略的实施，2021年4月29日，十三届全国人大常委会第二十八次会议通过了《中华人民共和国乡村振兴促进法》，2021年6月1日起施行。这标志着实施乡村振兴战略已迈入法治化轨道。乡村振兴促进法将党中央、国务院关于乡村振兴的重大决策部署和各地行之有效的实践经验法定化、制度化，进一步规范和健全推进乡村振兴战略的制度体系、体制机制和具体措施，确保乡村振兴战略部署得到落实。

乡村振兴战略已实现良好开局。实施乡村振兴的"四梁八柱"制度框架和基本政策体系已经形成；粮食和重要农产品保供能力稳步提升，粮食产量连续6年超过1.3万亿斤，其他重要农产品市场供应充足；农民收入连年增长，提前一年实现比2010年翻一番目标，城乡居民收入比不断缩小，决战脱贫攻坚取得决定性胜利；农村生态建设得到加强，村容村貌明显改善，农村人居环境整治三年行动取得重要成果，卫生厕所普及率超过68%；农村教育、文化、卫生等社会事业全面发展，城乡协调发展格局正在形成。

乡村振兴是一项长期的历史性任务，任重道远。未来三农工作重心将转向全面推进乡村振兴，三农政策的目标将是加强党对三农工作的全面领导，举全党全社会之力推动乡村振兴，促进农业高质高效、乡村宜居宜业、农民富裕富足，开启农业农村现代化的新征程。

后记

2021年是中国共产党成立100周年，中国农业出版社约我撰写一本反映中国共产党领导下的百年农政史方面的书，我欣然应约，并与出版社商定书名为《从土地革命到乡村振兴——中国农政百年变迁》。编写这本书这对于我来说，是一项既光荣又艰巨的任务。我虽然长期从事近现代农业史、农政史方面的研究，并因在中国农业博物馆工作而撰写过不少相关陈列展览的内容大纲和脚本，对百年农政史基本能做到胸中有数，但心中仍然诚惶诚恐，因为我深知，这不光是一部现代农业史科普著作，也应是一部学党史讲农史的辅助材料，对其政治性、学术性和科普性应有更高的要求，这对我形成了多方面挑战。

本书是以我10年前编写的《中国农业百年图说》一书为基础，根据新的要求进行较大程度的补充、修改而完成的，其基本读者对象是广大三农工作者和农科类大学生及三农爱好者。本书结构篇章编排和内容撰写的基本思考是：各章节内容既是全书的组成部分，也可以独立成章，以便读者既可以从头到尾通读，从而对中国共产党领导下的三农政策演变有一总体的宏观了解，又能选择性阅读，感知某一历史阶段或某一专题领域的农政农情。在内容写作上，放眼历史大趋势，放弃对历史细节的纠缠，以串联农业发展史上的大事件，揭示三农发展大"真象"，让读者从波澜壮阔的百年农政发展历程中感受党领导三农工作的智慧和成就。

本书吸收了最新农史、农经和社会学界等的研究成果，参考了国内外公开出版的文献资料，在此，对有关作者和专家表示感谢。本书使用的插图，多数为中国农业博物馆馆藏图片，并已与作者或著作权人协商了使用权，但也有相当一部分图片因年代久远或来源路径渠道复杂而没有找到作者或著作权人，希望相关图片的作者能和我联系，并在此对本书所选用图片的所有者中国农业博物馆表示感谢。我还要特别感谢中国人民大学农业与农村发展学院孔祥智教授在百忙之中为本书作序，感谢中国农业出版社对本书出版的大力支持。

修史以资政、存史以育人。本书作为一部农政史科普著作，期待它能为广大三农爱好者、农业管理干部、农业院校师生等人士提供一个了解我党三农政策变迁历程与成就的平台，进一步坚定三农工作者的理想、信念和目标，从党领导三农工作的历史中汲取实施乡村振兴战略、推进农业农村现代化的力量。

由于水平有限，本书在观点、表述、逻辑、事实等方面一定还存有不足，恳请广大读者批评指正。

周晓庆

2021 年 4 月 28 日

图书在版编目（CIP）数据

从土地革命到乡村振兴：中国农政百年变迁 / 周晓庆编著. —北京：中国农业出版社，2022.3
ISBN 978-7-109-29223-9

Ⅰ.①从… Ⅱ.①周… Ⅲ.①农村经济 – 经济改革 – 史料 – 中国 Ⅳ.①F320.2

中国版本图书馆CIP数据核字（2022）第043463号

中国农业出版社出版
地址：北京市朝阳区麦子店街18号楼
邮编：100125
责任编辑：赵 刚
版式设计：王 晨 责任校对：吴丽婷
印刷：中农印务有限公司
版次：2022年3月第1版
印次：2022年3月北京第1次印刷
发行：新华书店北京发行所
开本：700mm×1000mm 1/16
印张：19
字数：300千字
定价：128.00元